全国高等院校财务会计"专业+证书"改革创新示范规划教材

新编成本会计

（1+X系列教材）

主　编　王淑平　王艳芳
副主编　曹　阳　贾　茹
　　　　郑月梅

中国商业出版社

图书在版编目(CIP)数据

新编成本会计/ 王淑平,王艳芳主编. - - 北京:中国商业出版社,2021.11

1+X系列教材

ISBN 978-7-5208-1792-9

Ⅰ.①新… Ⅱ.①王…②王… Ⅲ.①成本会计-教材 Ⅳ.①F234.2

中国版本图书馆 CIP 数据核字(2021)第 184786 号

责任编辑:李 华

中国商业出版社出版发行

010-63180647   www.c-cbook.com

(100053 北京广安门内报国寺1号)

新华书店经销

北京广达印刷有限公司印刷

*

787毫米×1092毫米 16开 18.5印张 380千字

2021年11月第1版 2021年11月第1次印刷

定价:68.00元

* * *

(如有印装质量问题可更换)

前　言

为贯彻落实教育部等四部门印发的《关于在院校实施"学历证书+若干职业技能等级证书"制度试点方案》(教职成〔2019〕6号)有关精神,在高职院校实施"教师、教材、教法"改革,黑龙江商业职业学院会计系特推出同时适用1+X证书的系列教材。教材内容紧扣工作实际与X证书需求,能同时满足工作岗位、工作领域、技术技能三方面的要求,可以实现专业教育与X证书培训同步进行。本系列教材是黑龙江商业职业学院会计系教材改革的验证成果,也是黑龙江商业职业学院会计系实施"三教"改革,推动课堂改革的有益尝试。

本教材是在基于1+X证书制度下,融入了X职业技能等级证书相关内容,结合"三教"改革编写而成。本教材在结构和内容上体现如下特点:

1. 体系完整,简化理论叙述,注重实践。本书在保证学科体系完整的基础上,充分把握"基础理论必需、够用"的原则,既保证了知识的系统性、完整性,又力求内容精练、准确、通俗易懂。

2. 充分体现1+X证书制度需求。将学历教育内容与"X"职业技能等级证书内容充分融合,满足培养高素质、复合型技术技能人才需求,提高人才培养质量。

3. 结构新颖,打破传统教材编写方法。强调以学生为主体,以真实的工作任务及其工作过程为依据,整合序化教学内容,科学设计学习性工作任务,采用任务驱动,让学生带着问题去学习,使教、学、做相结合,突出应用性,强化操作性。

本书由黑龙江商业职业学院会计系教师王淑平、王艳芳任主编,曹阳、贾茹、郑月梅担任副主编。编写具体分工:贾茹(项目一、项目二);王艳芳(项目三、项目四);王淑平(项目五、项目六);曹阳(项目七、项目八);郑月梅(项目九)。全书由王竞雄审定。

本书在编写过程中得到黑龙江商业职业学院会计系领导的大力支持,在此一并表示感谢!

本书的完成只是我们在基于1+X证书制度下进行"三教"改革的阶段性探索,在编写过程中难免存在不足,我们期待听取同人的意见和建议,并在以后的编写过程中不断改进。

目 录

项目一 认识成本会计 ………………………………………………………… (1)
  任务一 成本的含义 …………………………………………………… (3)
  任务二 成本会计的对象和职能 …………………………………………… (6)
  任务三 成本会计的任务和工作组织 ……………………………………… (9)

项目二 成本核算概述 …………………………………………………………… (13)
  任务一 产品成本核算的原则和要求 ……………………………………… (14)
  任务二 成本核算的基础工作及核算程序 …………………………………… (18)
  任务三 生产费用要素与成本项目 ……………………………………… (22)

项目三 要素费用的归集与分配 ……………………………………………… (27)
  任务一 材料费用的归集与分配 ………………………………………… (28)
  任务二 外购动力费的归集与分配 …………………………………… (41)
  任务三 职工薪酬的归集与分配 ………………………………………… (45)
  任务四 折旧费用及其他费用的归集与分配 ………………………………… (54)

项目四 综合费用的归集与分配 ……………………………………………… (65)
  任务一 辅助生产费用的归集与分配 ……………………………………… (66)
  任务二 制造费用的归集与分配 ………………………………………… (82)
  任务三 损失性费用的归集与分配 ……………………………………… (88)

项目五 生产费用在完工产品和在产品之间的分配 …………………… (109)
  任务一 在产品的核算 ………………………………………………… (111)
  任务二 生产费用在完工产品和在产品之间分配 ……………………… (114)

项目六 产品成本计算的基本方法 …………………………………………… (136)
  任务一 产品成本计算方法的确定 …………………………………… (137)
  任务二 运用品种法计算产品成本 …………………………………… (142)
  任务三 运用分批法计算产品成本 …………………………………… (156)
  任务四 运用分步法计算产品成本 …………………………………… (165)

项目七 产品成本计算的辅助方法 …………………………………………… (205)
  任务一 运用分类法计算产品成本 …………………………………… (206)
  任务二 运用定额法计算产品成本 …………………………………… (211)
  任务三 联产品、副产品的成本计算 ……………………………………… (221)

项目八 成本控制与考核 ……………………………………………………… (232)
  任务一 标准成本法控制成本 ………………………………………… (233)
  任务二 标准成本差异分析 …………………………………………… (239)

  任务三 成本考核……………………………………………………………（245）
项目九 成本报表编制与分析 ……………………………………………（253）
  任务一 编制成本报表………………………………………………（254）
  任务二 分析成本报表………………………………………………（263）

项目一 认识成本会计

【知识目标】
1. 成本的含义。
2. 成本会计的含义。
3. 成本会计的作用及职能。

【能力目标】
1. 能够结合特定企业的具体情况,科学设置成本会计机构。
2. 合理选择成本核算方式。
3. 能熟悉成本会计相关法律制度。

【素质目标】
1. 树立正确的价值观,注重培养学生诚实守信、遵纪守法、严谨工作的职业道德。
2. 注重学生职业养成教育,培养学生具备良好的职业情感,认真勤奋的工作态度。

工作情境

童乐玩具厂是一家个体工厂,2020年5月雇用了一个工人从事生产、发货等工作。该厂工人的月产量为100件,每件售价20元,单位产品的直接材料费用为3元,劳务费用为每月500元/人,管理费用为每月300元。如果某客户打算把订货量扩大到200件。由于生产场地等条件的限制,其产量不能与工人数量成正比变动。所以,该厂打算再雇用两个工人,以完成200件的订货任务。经过测算成本变化数据如表1—1所示。

表1—1　　　　　　　　　　　成本资料

童乐玩具厂　　　　　　　　2020年5月　　　　　　　　单位:元

工人数	材料费用	劳务费	管理费	总成本	产量(件)
1	300	500	300	1100	100
3	600	1500	300	2400	200

产量由 100 件增加到 200 件引起单位成本的变化是:

一个工人:1 100/100＝11(元/件)

三个工人:2 400/200＝12(元/件)

把两种情况都扣除管理费后,雇三个工人的成本较高。基于这种考虑,厂长认为该工厂增加雇工是不合算的。如果你是成本会计,你认为这种观点正确吗?

任务一　成本的含义

【任务准备】

无论是中小企业还是大型公司,只要从事生产经营,都必然涉及成本费用的核算。企业如何正确地计算成本,加强对成本的控制与考核,使利润最大化,这是每个管理者、经营者所面对的重要问题,也是成本管理的重中之重。要解决这个问题,企业的每一位员工应了解什么是成本,成本在企业发展中的作用是什么,增强成本意识,为企业节约成本、降低损耗发挥作用。财务主管人员和成本核算人员必须会计算成本,会分析、控制成本,为企业的经营决策提供有用的成本信息资料。现在我们就从认识成本开始吧。

一、成本的经济实质

"成本"一词被人们频繁使用,在实际工作中人们对成本的表述不同,对成本含义的理解也不相同,即使在同一领域也不例外。但是不管人们处于什么环境,出于什么目的,首先必须正确理解成本的经济实质,这样才能发挥成本所具有的作用,为社会经济发展和成本会计的研究提供理论上的支持。成本一般包括理论成本和现实成本。

马克思在分析资本主义商品生产时指出:"按照资本主义方式生产的每一个商品 W 的价值,用公式来表示是 $W=c+v+m$。如果从这个产品价值中减去剩余价值 m,那么,在商品中剩下的,只是一个在生产要素上耗费掉的资本价值 $c+v$ 的等价物或补偿价值。""只是补偿商品使资本家自身耗费的东西,所以对资本家来说,这就是商品的成本价格。"马克思在这里所说的"商品的成本价格",指的就是商品成本。

在市场经济中,产品的价值由三部分组成。(1)已耗费的生产资料转移的价值,一般用 c 表示;(2)劳动者为自己劳动所创造的价值,一般用 v 表示;(3)劳动者为社会劳动所创造的价值,一般用 m 表示。从理论上讲,即 $c+v$ 两个部分是产品价值中的补偿部分,它构成了产品的理论成本。

在会计实务中,成本是按照现行的会计法律法规规定的成本开支范围,以正常生产经营活动为前提,根据生产过程中实际消耗的物化劳动的转移价值和活劳动所创造价值中,计入成本范围的那部分价值的货币表现。实际上,产品成本除 $c+v$ 外,还包括不形成产品价值的损失性支出,如废品损失和停工损失虽然实质不形成产品价值,但是根据经济核算的要求将其计入成本;而一些在产品生产过程中发生的期间费用,如管理费用、销售费用、财务费用却不计入产品成本而是在发生当期计入损益。因此理论成本和实际成本既有区别又有联系。

二者的联系是:实际成本确认是以理论成本为基础。而理论成本不考虑生产经营活动中偶然因素和异常情况的消耗,只对正常的物化劳动和活劳动消耗进行货币计量;而实际成本往往受客观条件,包括经济政策、财经法规、会计准则和当期生产经营条件变化的影响,实际成本在一定程度上脱离理论成本,这又形成理论成本和实际成本的区别。

综上所述,成本的经济实质可以概括为:生产经营过程中所耗费的生产资料转移的价值和劳动者为自己劳动所创造的价值的货币表现,也就是企业在生产经营中所耗费的各项资金的总和。其基本特征是耗费与补偿。

在实际工作中,为了使企业成本计算口径一致,防止成本乱摊,国家统一制定了成本开支的范围来规定哪些费用允许列入产品成本,哪些费用开支不允许列入产品成本。

在现行财务制度下,产品成本开支范围一般包括:

(1)为生产产品而消耗的原材料、辅助材料、外购半成品及燃料;

(2)生产产品而耗用的动力费;

(3)生产性固定资产折旧费、租赁费(不包括融资租赁费用)和周转材料的摊销费;

(4)可支付给产品生产工人的薪酬;

(5)为组织和管理生产而支付的办公费、取暖费、水电费、差旅费、保险费和劳动保护费等费用;

(6)因生产原因而发生的废品损失以及季节性和修理期间的停工损失。

在考虑了国家政策和企业管理的前提下,按照产品成本开支范围的内容计算的产品成本,称为现实成本。本书所讲的成本,通常是指现实成本。

二、成本的作用

第一,成本是补偿生产耗费的尺度。为了保证企业再生产的不断进行,必须对生产耗费进行及时、足额的补偿。企业是独立核算、自负盈亏的商品生产者和经营者,其生产耗费是通过销售产品取得收入得以补偿的。而成本就是衡量这一补偿份额大小的尺度。

企业在取得销售收入后,必须把相当于成本的数额划分出来,用以补偿生产经营中的资产耗费。这样,才能维持资金周转按原有(或超过原有)规模进行。如果企业不能按照成本来补偿生产耗费,企业资金就会短缺,再生产就不能顺利进行。

第二,成本是制定产品价格的基础。产品价格是产品价值的货币表现。产品价格应大体上符合其价值。企业在制定产品价格时都应遵循价值规律的基本要求。但在现阶段,人们还不能直接计算产品的价值,而只能计算成本,通过成本间接地、相对地掌握产品的价值。因此,成本就成了制定产品价格的重要因素。

第三,成本是综合反映企业工作质量的重要指标。成本是一项综合性的经济指标,企业经营管理中各方面工作的业绩,都可以直接或间接地从成本中反映出来。例如,产品设计的好坏、生产工艺的合理程度、固定资产的利用情况、原材料消耗节约与浪费、劳动生产率的高低、产品质量的好坏、产品产量的增减以及供、产、销各环节的工作是否得以有序协调等,都可以通过成本直接或间接地反映出来。

第四,成本是企业进行生产经营决策的重要依据。在市场价格一定的情况下,成本高低直接影响企业的盈利水平和参与市场竞争的能力。企业进行的生产经营或投资的决策,都是以经济效益高低为评价决策方案的标准,而衡量决策方案经济效益高低时,成本是必须考虑的主要因素。同时,在成本较低的情况下,可以提高企业在市场竞争中的地位,以增加决策实施的保障程度。因此,成本是企业进行生产经营决策的重要依据。

三、成本和费用

企业一定时期内在生产经营过程中发生的各种耗费统称为费用。企业为生产一定种类和一定数量的产品所发生的各种耗费,就是产品的成本,亦称为产品的生产成本或产品的制造成本,如图1-1所示。

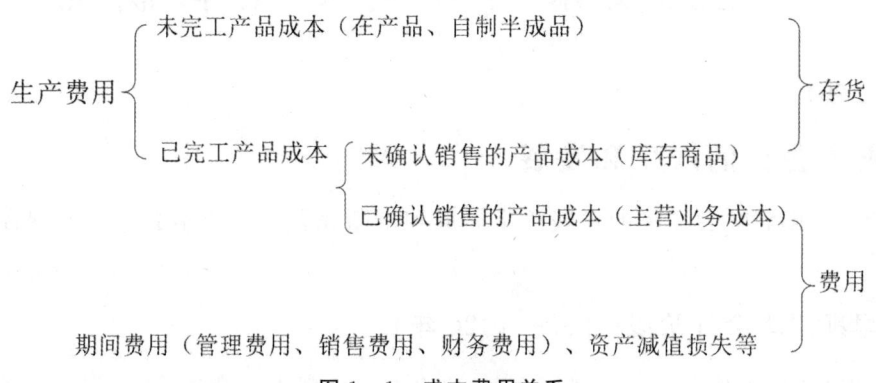

图1-1 成本费用关系

在完全成本法和制造成本法两种不同的成本制度下,产品实际成本的构成是有差异的。在完全成本法制度下,产品的实际成本不仅包括企业在生产产品的过程中所发生的各种生产费用,还包括企业在经营管理中所发生的各种期间费用,也就是说,这里的成本是一个"全部成本"的概念。在制造成本法制度下,实际的产品成本仅包括企业在制造产品过程中所耗费的各种生产费用,而不包括管理费用、销售费用、财务费用等期间费用。在制造成本法下,产品的生产成本就是对象化了的生产费用。采用"制造成本法"使产品成本的计算更加符合国际通用的成本核算标准,提高了会计信息的可比性,同时,也使产品成本的计算更加准确。

【任务实施与解析】

【任务1-1】产品理论成本由( )构成。

A.耗费的生产资料的价值　　　　B.劳动者为社会创造的价值

C.劳动者为自己的劳动所创造的价值　D.以上A和C

【答案】D。在市场经济中,产品的价值由三部分组成。(1)已耗费的生产资料转移的价值,一般用 c 表示;(2)劳动者为自己劳动所创造的价值,一般用 v 表示;(3)劳动者为社会劳动所创造的价值,一般用 m 表示。从理论上讲,即 $c+v$ 两个部分是产品价值中的补偿部分,它构成了产品的理论成本。

【任务1-2】下列各项不应计入产品成本的是( )。

A.废品损失　　　　　　B.管理费用

C.修理期间的停工损失　D.季节性停工损失

【答案】B。管理费用属于期间费用,发生计入当期损益。

任务二 成本会计的对象和职能

【任务准备】

一、成本会计的产生和发展

成本会计是随着社会经济的发展逐步形成和不断完善的。成本会计的发展经历了三个阶段。

(一)早期成本会计阶段(1880—1920年)

起源于英国,后来传入美国和其他国家,被称为记录型成本会计,核算仅限于计算产品成本和销售成本,主要采用分批或分步成本会计制度计算产品成本,以确定存货成本及销售成本,建立间接费用的分配方法。美英成立了专门的成本会计组织。1919年,美国成立了全国成本会计师联合会;同年,英国也成立了成本和管理会计师协会。

(二)近代成本会计阶段(1921—1945年)

20世纪初,美国开始推行泰罗制的科学管理制度,美国会计学家提出标准成本制度,成为成本会计发展史上的重要里程碑,它实现了成本核算与成本管理的有机结合。成本会计开始注重事先制定成本标准,注重成本控制和分析,形成管理成本会计的雏形,预算控制开始被引入成本会计体系,弹性预算是20年代成本会计的最大发现,成本会计应用范围更加广泛和深入,成本会计形成了完全独立的学科。

(三)现代成本会计阶段(1945年以后)

成本会计重点转移到预测、决策和规划成本,形成注重管理的经营型成本会计,加强事前成本控制,实行最优化控制,美国管理学家德鲁克在20世纪50年代提出目标管理理论,成本会计开始引入目标成本的计算;实施责任成本核算,将成本目标分解为各级责任单位的责任成本,实行变动成本法,1936年由美国哈里斯提出,20世纪末,质量成本概念基本形成,开始推行质量成本核算。现代成本会计与管理直接结合,其内涵丰富,在实现企业生产经营最优化运作和提高企业经济效益及市场竞争力等方面发挥着重要作用。

二、成本会计的对象

成本会计的对象是由成本会计所核算和监督的内容。成本是企业生产经营中物化劳动和活劳动的耗费,虽然不同企业的生产经营过程不同,但成本的基本内容是相同的。因此成本会计的对象包括:各行业企业的生产经营业务成本和有关的经营管理费用,简称为成本、费用。所以,成本会计实际上是成本、费用会计。由于成本会计主要研究物资生产部门为制造产品而发生的成本即产品生产成本,所以成本会计核算和监督的内容主要指产品的生产成本。例如,为制造产品消耗的原材料、辅助材料、外购半成品及燃料的原价和运输、装卸、整理等费用;为制造产品耗用的动力费用;支付给生产工人的职工薪酬;生产性固定资产折旧费、租赁费(不包括融资租赁费)、修理费和周转材料的摊销费用;企业生产单位因生产原因发生的废品损失,以及季节性、修理期间的停工损失;企业生产单位为组织和管理生产而支付的办公费、取暖费、水电费、差旅费、运输费、保险费、设计制图费、试验检验费和劳动保护费等。

需要说明的是,在产品生产过程中,除了发生产品生产耗费外,还会发生管理支出、销售支出和筹资支出,分别计入管理费用、销售费用、财务费用。管理费用是指企业的行政管理部门为组织和管理生产而发生的各种费用,如企业的董事会和行政管理部门在企业的经营管理中发生的,应当由企业统一负担的公司经费(包括行政管理部门职工工资、修理费、物料消耗、低值易耗品摊销、办公费用和差旅费等)、工会经费、保险费、业务招待费及技术转让费等。销售费用是指在产品销售过程中,企业为销售产品发生的各种费用,如销售产品过程中发生的运输费、包装费、保险费、展览费、广告费以及为销售本企业产品而专设的销售机构的员工工资薪酬、业务费等。财务费用是指企业为筹集和调度资金而发生的各项费用,如企业生产经营期间发生的利息支出、汇兑净损失、金融机构手续费等。

由于上述费用支出与产品生产没有直接联系,不按产品归集,而是按照其发生的期间进行归集,因此,这些费用统称为企业的期间费用,直接计入当期损益,不能计入产品成本。但这些费用,作为生产经营者的管理费用,与产品生产也不是毫无关系,而是服务于产品生产,没有这些费用支出发生,产品生产也就不可能进行。所以生产单位把它们连同产品成本,列为成本会计的对象。

随着经济的发展与科技进步、企业经营管理要求的提高,成本概念的内涵和外延处于不断发展变化中。所以现代成本会计中,还出现了许多新的成本概念,如变动成本、固定成本、边际成本、机会成本、目标成本、标准成本、可控成本、责任成本,从而组成了多元化的成本概念体系。

三、成本会计的职能

成本会计的职能是指成本会计在企业经营管理中所具有的功能。现代成本会计的职能包括成本预测、成本决策、成本计划、成本控制、成本核算、成本分析、成本考核等七项职能。

1. 成本预测

成本预测是指根据与成本有关的各种数据及其各种技术经济因素的依存关系,采用一定的程序、方法和模型,对未来的成本水平及其变化趋势作出科学的推测。成本预测的目的在于寻找降低产品成本的途径,挖掘降低成本的潜力,提高成本管理的科学性与预见性。

2. 成本决策

成本决策是指在成本预测的基础上,按照既定的目标要求,运用专门的方法,在若干个与生产经营和成本有关的方案中,选择最优方案,据以制定目标成本。做出最优的可行性方案,以及计划达到的管理水平。

3. 成本计划

成本计划是根据成本预测和成本决策所制定的目标成本,具体规定出在计划期内为完成规定任务所达到的成本、费用水平,并提出为达到目标成本、费用水平所应采用的各种措施。

成本计划是进行成本控制、成本分析和成本考核的依据。

4.成本控制

成本控制是指根据成本计划具体制定的原材料、燃料、动力和工时等消耗定额和各项费用定额,对各项实际发生的成本、费用进行审核、控制,并将其限制在标准成本或计划内,同时揭示差异,消除不利因素,保证计划完成。成本控制包括事前控制、事中控制和事后控制,通过成本控制可以保证成本目标的实现。

5.成本核算

成本核算是根据一定的成本计算对象,采用适当的成本计算方法,按规定的成本项目,通过各种费用的归集和分配,计算出各种产品的总成本和单位成本。成本核算可以考核成本计划的完成情况,评价成本计划的控制情况,并据此编制成本报表,为企业的成本管理提供成本信息,同时也为制定产品价格提供依据。

6.成本分析

成本分析是根据成本核算所提供的成本数据和其他有关资料,通过与本期计划成本、上年同期实际成本、本企业历史先进成本水平,以及国内外先进企业的成本水平等进行比较,研究成本变动的因素和原因,揭示差异并分清单位与个人的责任,挖掘降低成本的潜力,提出合理建议,以便采取有效措施,达到降低成本的目的。

7.成本考核

成本考核是指在成本分析的基础上,对成本计划的执行结果或完成情况进行考察评价。一般是以责任部门、单位或个人为成本责任对象,以可控成本为前提,按照责任的归属来考察其成本指标的完成情况。成本考核一般与奖惩制度相结合,以便调动各责任人完成目标成本的积极性。

以上七个方面的内容相互联系、相互依存,构成企业成本会计工作的有机整体。成本预测是成本决策的前提,决策又是预测的结果、计划的依据,计划是决策的具体化,控制是对计划实施的监督,核算是对计划的检验,分析与考核是实现决策目标和完成计划的手段。其中,成本核算是成本管理最基本的职能。

任务三 成本会计的任务和工作组织

【任务准备】

一、成本会计的任务

成本会计的任务是成本会计职能的具体体现,只有在成本会计对象和职能范围内,为企业经营管理提供所需要的的信息资料,参与管理,降低成本费用,更合理地控制成本结构,企业才能不断提高经济效益。

1. 了解成本构成,正确计算成本,及时提供准确信息

成本核算是企业成本管理的重要内容,是成本会计的关键和基础。企业只有正确计算产品成本并及时提供成本信息,企业才能有效地考核成本计划完成情况,正确计算损益和存货,正确估价,完成成本预测、决策等相关工作,为编制财务报表提供资料。

2. 加强成本控制,节约开支,优化成本决策

进行成本预测、参与经营决策、编制成本计划,为企业有计划地进行成本管理,提高管理水平和经济效益服务,为企业挖掘降低成本的潜力,提高经济效益指明方向和途径。

3. 建立责任制度,严格成本业绩考核,防止舞弊现象发生

建立成本核算责任制是企业控制成本、获取可靠信息的基础。为避免企业某些人员为了达到一定目的,故意歪曲企业财务状况,使成本资料不能准确反映出企业成本的真实耗费,企业建立成本核算责任制度,明确责任人,将责、权、利结合起来形成激励机制,增强企业活力。

二、成本会计的工作组织

(一)成本会计机构

成本会计机构专门从事企业成本核算工作,企业成本会计机构内部的组织分工可以按成本会计的职能分工,也可以按成本会计的对象分工。为了科学组织成本核算工作,还应按照分工建立成本核算岗位制,明确每一个成本核算人员的责任。

企业内部各级成本会计机构之间主要有集中工作和分散工作两种方式。集中工作是把企业成本会计工作集中在厂部成本会计机构进行,车间等其他部门的成本会计机构或人员只负责原始记录和原始凭证的填制汇总,为厂部核算提供基础资料。分散工作方式是企业的成本会计工作由车间等基层单位的成本会计机构或人员进行,厂部只负责有关成本数据核算和统计。

集中方式的优点便于企业管理部门及时掌握有关成本信息,便于集中对成本数据进行处理,同时减少成本会计机构的层次和成本会计人员的数量。缺点是不便于直接从事生产经营活动的各单位和职工及时掌握本单位成本信息,不利于调动车间控制成本的积极性。

分散方式的优点是车间及有关职能部门及时了解本车间或部门的成本费用信息,能够及时分析本车间或部门的成本指标,有效控制费用降低成本。缺点是这种方式会增加成本会计机构的层次和成本核算人员的数量,加大工作量。

因此企业在选择成本核算方式时要结合企业实际情况,规模相对来说大一些的企业适合分散管理方式。

(二)成本会计人员

企业要有意识地培养成本会计人员的核算能力和提升成本核算人员的素质水平。成本会计人员应当具有相应的会计任职资格并具备从事会计工作相适应的专业知识和业务能力。另外成本会计人员应当深入生产经营各个环节,结合实际情况及时了解企业成本信息,发现成本核算问题,提出管理和改正意见。

【任务实施】

【任务1-3】成本会计最基本的职能是( )。

A.成本预算　　B.成本决策　　C.成本核算　　D.成本考核

【答案】C。成本核算是成本管理最基本的职能。

【任务1-4】成本集中核算方式和分散核算方式是指( )的分工方式。

A.企业内部各级成本会计机构　　B.企业内部成本会计职能

C.企业内部成本会计对象　　　　D.企业成本会计任务

【答案】A。

【任务强化与实操】

一、单项选择

1.产品的理论成本由( )构成。

A.耗费的生产资料的价值　　　　B.劳动者为社会创造的价值

C.劳动者为自己的劳动所创造的价值　　D.以上的A和C

2.下列各项不应计入产品成本的是( )。

A.废品损失　　　　　　　　　B.管理费用

C.修理期间的停工损失　　　　D.季节性停工损失

3.成本会计最基本的职能是( )。

A.成本预算　　　　　　　　　B.成本决策

C.成本核算　　　　　　　　　D.成本考核

4.集中核算方式和分散核算方式是指( )的分工方式。

A.企业内部各级成本会计机构　　B.企业内部成本会计职能

C.企业内部成本会计对象　　　　D.企业内部成本会计任务

5.下列不属于工业企业生产产品发生的生产耗费的有( )。

A.材料消耗　　　　　　　　　B.劳动力消耗

C.设备、厂房的折旧　　　　　D.购买机器设备的支出

6.成本会计的任务主要决定于( )。

A.企业经营管理的要求　　　　B.成本核算

C.成本控制　　　　　　　　　D.成本决策

7.成本会计最基本的任务和中心环节是（　　）。
A.进行成本预测,编制成本计划
B.审核和控制各项费用的支出
C.进行成本核算,提供实际成本的核算资料
D.参与企业的生产经营决策

8.下列各项中可以列入产品成本开支的是（　　）。
A.购建固定资产的支出　　　　B.购建无形资产的支出
C.废品损失和停工损失　　　　D.企业行政管理部门发生的各项费用

二、多项选择

1.成本会计的基础工作中,要建立健全的原始记录主要包括（　　）。
A.材料物资的原始记录　　　　B.劳动资源方面的原始记录
C.设备使用方面的原始记录　　D.费用开支方面的原始记录

2.制造业生产经营过程中发生的下列支出,(　　)不应计入产品成本。
A.管理费用　　　　　　　　　B.财务费用
C.销售费用　　　　　　　　　D.制造费用

3.下列关于成本会计职能的说法中,正确的有（　　）。
A.成本预测是成本决策的前提
B.成本计划是成本决策目标的具体化
C.成本控制对成本计划的实施进行监督
D.成本分析和考核对以后的预测和决策以及编制新的成本计划提供依据

4.下列会计法规、制度中,属于企业内部的成本会计制度、规程和办法的有（　　）。
A.关于成本预测和决策的制度　　B.《企业会计准则》
C.关于成本定额、成本计划的编制制度　　D.《企业会计制度》

5.下列关于成本会计、财务会计和管理会计之间的关系的描述中,正确的有（　　）。
A.成本会计提供的成本信息既可以为财务会计编制财务报表之用,也可以满足企业内部管理人员进行决策或业绩评价的需要
B.就财务报表的编制而言,成本会计附属于财务会计
C.从管理角度来看,成本会计也是管理会计的一个组成部分
D.财务会计与管理会计,两者都必须依赖于成本会计系统所提供的信息

三、判断

1.成本是为实现一定目的而发生的耗费,是对象化的耗费。（　　）
2.只有制造业才有成本会计。（　　）
3.在成本会计工作组织上,大中型企业一般采用分散工作方式,小型企业一般采用集中工作方式。（　　）
4.企业在经营过程中发生的各项经营管理费用,应计入产品成本。（　　）
5.企业生产单位为生产产品而发生的废品损失不应列入产品成本的开支范围。（　　）
6.成本预测是成本会计的基础。（　　）
7.企业某一时期的生产费用等于同一时期的产品成本。（　　）

8.企业生产单位为管理和组织生产而发生的各种费用,包括办公费、水电费、租金、差旅费等应列入产品成本的开支范围。( )

四、任务实操

1.某工业企业2020年7月投产甲、乙两种产品各若干件,当月甲产品发生生产费用12万元,乙产品发生生产费用10万元,当月没有任何产品完工。8月又开始投产丙产品,有关数据如下。

(1)本月消耗原材料10万元,其中甲产品耗用6万元,乙产品耗用4万元,管理部门耗用1万元。

(2)本月甲产品工人工资8万元,乙产品工人工资6万元,丙产品工人工资5万元,管理人员工资3万元,销售人员工资5万元。

(3)月末甲、乙两种产品全部完工,丙产品没有完工产品。

请问:

(1)7月该企业生产费用是多少?

(2)8月该企业生产费用是多少?期间费用是多少?

(3)甲产品的生产成本是多少?

(4)乙产品的生产成本是多少?

项目二 成本核算概述

【知识目标】

1. 了解产品成本核算的要求。
2. 掌握成本核算的一般程序。
3. 掌握要素费用和成本项目。

【能力目标】

1. 能对成本费用进行分类。
2. 能够正确划分各种费用。
3. 能设置成本核算的账户并能够正确运用各账户。

【素质目标】

1. 掌握成本核算程序为以后从事成本工作打下良好基础。
2. 提高学生思想认识,了解企业成本核算在会计工作中的重要性。

工作情境

宏伟电动车厂2020年8月有关数据如下:购进材料100万元,其中80%被生产领用;基本生产车间生产工人工资20万元,车间管理人员工资7万元,厂部行政管理人员工资9万元,企业技术开发人员工资20万元;支付广告费13万元;购买新设备90万元,原设备维修费6万元;基本生产车间水电费25万元,行政管理部门水电费9万元;向灾区捐款20万元。

以上是宏伟电动车厂2020年8月的业务,假设你是成本会计人员,你该如何核算企业成本?核算成本时需要遵循哪些原则?

任务一 产品成本核算的原则和要求

【任务准备】

成本核算过程,既是对生产过程中各种耗费归类反映的过程,又是为满足企业管理要求进行成本信息反馈的过程,同时,还是对成本计划的实施进行检验和控制的过程,因此要按成本核算原则和核算要求进行评价。

一、成本核算的原则

为规范成本会计工作,提供有用的成本管理信息,企业必须严格遵循以下成本会计核算原则。

(一)合法性原则

合法性原则是指进行成本核算时,计入成本的费用,必须符合国家有关的法律、法规和制度的规定,严格遵守国家关于成本、费用开支范围的规定。如非日常经营活动不应计入成本(企业购置和建造固定资产、购买无形资产以及对外投资)而是属于资本性支出;又如,一些非企业日常支出(被没收的财物、各项罚款以及由于自然灾害等原因)发生的非常损失,都不是企业日常经营活动而发生的,也不应计入成本;再如,管理费用、财务费用和销售费用等应该作为期间费用,与当期的收入配比,不能计入成本。乱计或少计生产费用,都会使成本计算结果不实,从而不利于企业成本管理。因此,企业应遵守国家关于成本费用开支范围的规定,正确计算成本。

(二)历史成本原则

历史成本原则,也称实际成本原则。从会计核算的角度来看,由于整个财务会计核算都是以历史成本作为计量属性的,而成本会计主要是为了正确地反映企业的财务状况和经营成果,所以必须以实际发生的经济资源耗费为依据。要求企业发生的成本费用按所耗某项财产物资的实际成本计量。在计划成本下,虽然日常转入的费用成本是计划成本,但在期末必须将成本差异进行结转,将计划成本调整为实际成本。

(三)分期核算原则

企业的生产经营活动是一个连续不断的生产经营过程,为有效地控制与监督企业的生产经营过程,向决策者提供有用的会计信息,需要人为地把持续不断的生产经营活动划分成一个个首尾相接、间隔相等的会计期间。成本核算的分期,与会计上月、季、年期间的划分一致,有利于经营成果的确定。需要注意的是,产品成本的分期核算,是对产品负担生产费用所规定的起讫期,与产品成本计算期是有区别的。产品成本计算期主要取决于生产组织的特点,受产品生产类型的影响,计算完工产品的期间并不一定完全与产品的生产周期或会计结算期一致。但生产费用的归集与分配、废料和退料成本的冲销等日常工作,都必须按月进行,并在月末把有关生产费用账簿上登记的数额加以结计,以便考核成本费用的发生情况。

(四)权责发生制原则

在成本核算过程中,要遵循权责发生制原则,即凡是当期应当承担的费用,无论款项是否支付,都应当作为当期的费用;凡是不应当由当期承担的费用,即便是款项在当期支付,也不能作为当期费用。许多费用的发生期间与应归属的期间往往不相一致。成本核算贯彻权责发生制原则,能使成本信息较为准确地反映成本责任,从而为正确计算损益提供可靠的依据。

(五)重要性原则

在进行成本核算时,对经济业务应当区分其重要程度,采用不同的成本核算方法、费用分配方法等。对于重要性程度高的产品、重要费用,应当采用比较科学、详细的方法进行核算和分配,而对于重要性程度低的产品和费用,则可以采用简化方法进行核算和分配。遵循重要性原则,能够保证工作的重点,解决关键性问题,使成本核算工作达到事半功倍的效果。

二、成本核算的要求

(一)坚持算管结合,算为管用

成本核算是加强企业成本管理的重要手段,成本核算应该从满足企业管理的要求出发,做到成本核算与加强企业管理相结合,并为企业管理和企业决策所用。为此,成本核算不仅要对各项费用支出进行事后的核算,提供事后的成本信息,还必须以国家有关的法规、制度和企业成本计划及相应的消耗定额为依据,加强对各项费用支出的事前和事中的审核和控制,并及时进行信息反馈。

同时,在成本计算中,既要防止片面追求简化,以致不能为管理提供所需资料的做法,也要防止为算而算,脱离管理实际需要的做法。成本核算应该做到:分清主次,区别对待,主要从细,简而有理,细而有用,做到算为管用,管算结合。

另外,为了满足企业经营管理和决策需要,成本核算不仅要按照国家有关法规、制度计算产品成本和各项期间费用,还应借鉴西方的一些成本概念和成本计算方法,为不同的管理目的提供不同的管理成本信息,如变动成本信息与固定成本信息,可控制成本信息与不可控制成本信息、作业成本信息等。

(二)正确确定财产物资的计价和结转方法

工业企业的生产经营过程,同时也是各种劳动的耗费过程。为了正确计算成本,对于各种财产物资的计价和结转方法,都应采用既较为合理又较为简便的方法。国家有统一规定的,应采用国家统一规定的方法。财产物资的耗费(生产资料价值的转移)在各种劳动耗费中占有相当的比重。因此,这些财产物资的计价和结转方法是否恰当,直接影响成本计算的正确性。各种方法一旦确定,应保持相对稳定,不能随意改变,以保证成本信息口径的可比性。要防止任意改变财产物资的计价和价值结转方法,借以人为调节成本和费用的错误做法。

(三)正确划分各种费用界限

为了加强各种费用的控制,保证产品成本客观准确,进行成本核算,必须正确划分以下几方面的费用界限:

1. 正确划分资本性支出和收益性支出的界限

我们把支出的效益仅与本会计年度相关,因而应在本会计年度实现的收入得到补偿的支出称为收益性支出;而把支出的效益与多个会计年度相关,应在多个会计年度所实现的收益中逐步得到补偿的支出称为资本性支出。

企业用于产品生产和销售、用于组织和管理生产经营活动以及用于筹集生产经营资金的各种费用,属于收益性支出,应计入成本费用;企业用于购置和建造固定资产、购买无形资产以及对外投资等支出都属于资本性支出,不得列入成本、费用。

2. 正确划分生产成本和期间费用界限

计算产品成本时生产一定种类和数量的产品而发生的材料耗费、工资等生产费用应计入产品成本,并要在收入实现后才转化为费用,计入企业的损益;为管理和组织企业生产经营活动而发生的管理费用、为销售产品而发生的产品销售费用,以及筹集资金发生的财务费用等,与产品生产无直接关系,作为期间费用直接计入当期损益。

因此,为了正确计算产品成本和期间费用,正确计算各月损益,必须正确划分计入产品成本和不计入产品成本的费用界限。应当防止混淆产品生产费用和期间费用的界限,借以调节各月产品成本和各月损益的错误做法。

3. 正确划分各个会计期间的费用界限

企业应当根据权责发生制原则,正确划分各期费用成本的界限。凡是应由本期产品成本负担的费用,应全部计入本期产品,不应由本期产品成本负担的费用,则不应计入本期产品成本。对于已经发生的支出,如果其受益期不仅包括本期,而且还包括以后各期,就应按其受益期分摊,不能全部列作本期费用;对于应由本期负担但尚未支出的费用,则应计入本期费用中。

4. 正确划分各种产品应负担的费用界限

如果企业生产的产品不止一种,那么为了正确计算各种产品的成本,正确地分析和考核各种产品成本计划或定额成本的执行情况,必须将应计入本月产品成本的生产费用在各种产品之间正确地进行划分。凡属于某种产品单独发生,均应直接计入该种产品成本;凡属于应由几种产品共同承担的费用,则应该按照受益原则,选择合理的分配方法,分配计入这几种产品的成本。

5. 正确划分完工产品成本和在产品成本的费用界限

期末,如果某种产品都已经完工,产品明细账中归集的是该种产品所有费用;如果某种产品全部没完工,其归集的各项成本费用之和就是该产品的期末在产品成本并列入明细账;如果部分完工,部分未完工就需要采用适当的分配方法在完工产品和在产品之间进行分配。期初在产品成本、本期成本费用、完工产品成本和期末在产品成本四者之间的关系如下。

$$期初在产品成本 + 本期成本费用 = 完工产品成本 + 期末在产品成本$$

各种支出费用界限划分,见图2—1。

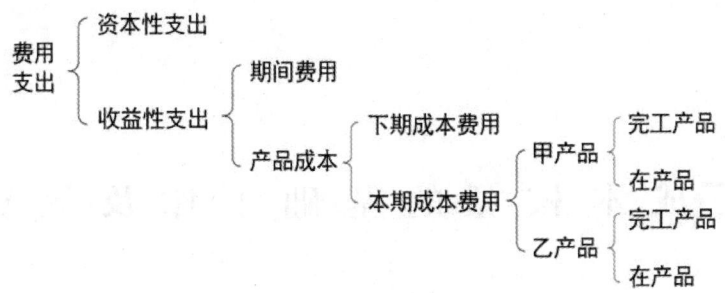

图 2—1 各种支出费用界限划分

【任务实施与解析】

【任务 2—1】以下属于成本核算原则的有( )。

A.合法性原则　　　　　　B.收付实现制原则

C.分期核算原则　　　　　D.可比性原则

【答案】ACD。

【任务 2—2】应由本期成本负担的费用,无论是否已经支付,都要计入本期成本;不应由本期成本负担的费用(已计入以前各期的成本,或应由以后各期成本负担的费用),虽然在本期支付,但不应计入本期成本,以便正确提供各项目的成本信息。指的是成本核算的( )原则。

A.权责发生制原则　　　B.收付实现制原则

C.分期核算原则　　　　D.可比性原则

【答案】A。

【任务 2—3】下列属于收益性支出的是( )。

A.购置设备 1 台,支出 2 万元

B.缴纳照明电费 2 万元

C.购买专利技术,支出 2 万元

D.购置运输设备,支出 2 万元

【答案】B。

【任务 2—4】下列应计入产品成本的是( )。

A.销售费用　　　B.管理费用

C.财务费用　　　D.制造费用

【答案】B。

【任务 2—5】下列( )支出应计入甲产品成本。

A.车间耗用材料专门生产甲产品　　B.车间从事甲产品生产的人工工资支出

C.车间生产甲产品发生的制造费用　D.生产甲、乙产品管理部门共同耗用的费用支出

【答案】ABC。几种产品共同发生的费用应采用适当的分配标准分配后计入各种产品成本。

任务二　成本核算的基础工作及核算程序

【任务准备】

一、成本核算的基础工作

为了更好地核算企业产品成本，加强成本控制，企业应做好下列基础工作。

(一)建立健全原始记录

原始记录是反映生产经营活动的原始资料，是进行成本预测、编制成本计划、进行成本核算、分析消耗定额和成本计划执行情况的依据。因此，企业会计部门应会同有关职能部门制定既科学又简便易行的原始记录制度，对生产过程中材料的领用、动力与工时的耗费、费用的开支、废品的发生、在产品及半成品的内部转移、产品质量检验及产品入库等有关经济事项进行记录，按规定的程序进行登记、传递、审核和保管，以便正确、及时地为成本核算和其他有关方面的管理提供所需的原始资料。

(二)实行定额管理

定额是企业根据技术、设备条件和技术水平，在充分考虑人的积极因素的基础上，对生产的产量、质量以及人力、物力、财力消耗规定应达到的标准。企业必须制定原材料、燃料、动力消耗定额，工时消耗定额，设备利用定额和其他费用定额。先进可行的定额，不仅是编制、修订产品成本计划和期间费用计划的依据，也是对产品成本分析、考核、控制的标准。在计算产品成本时，往往是以产品的原材料和工时的定额耗用量和定额费用作为分配实际生产费用的标准。因此，成本会计人员应积极配合生产技术、劳动工资、设备动力等部门制定定额，并根据生产的发展、技术的进步、劳动生产率的提高，不断修订定额，以保持定额的先进、可行，充分发挥定额管理的作用。

(三)做好材料物资的计量、收发、领退和盘点工作

为正确地进行成本核算，必须建立健全材料物资的计量、收发、领退和盘点制度，防止乱拿乱用，积压浪费，霉烂变质和贪污盗窃。做好这项工作，对正确计算产品成本，强化成本的控制，加强生产、物资和资金的管理，保护企业财产的安全完整，都具有重要的作用。

(四)制定和修订企业内部结算价格

企业内部各单位之间在生产经营过程中经常发生相互提供原材料、半成品和劳务的经济事项，为便于分析考核企业内部各单位成本计划的完成情况，分清各单位的经济责任，要求企业尽可能制定既符合客观实际，又保持相对稳定的内部结算价格体系。在已建立内部结算价

格体系的企业中,对原材料的消耗、半成品的转移,以及各车间和部门相互提供的劳务,都应按事先确定的价格计算,月末再采用一定方法计算调整价格差异,据以计算实际的成本与费用。这样不仅可以提高成本计算工作的及时性,而且有利于加强对各部门费用数额的考核与分析。

二、成本核算的账户设置

设置账户是会计核算方法的一个重要组成部分,是对会计对象具体内容进行分类核算的一种专门方法。成本核算是会计核算的一个重要组成部分,为了正确计算产品成本,企业通常设置以下账户。

(一)"生产成本"账户

性质:成本类账户。通常有"生产成本——基本生产成本"和"生产成本——辅助生产成本"两个明细账,基本生产成本账户通常登记企业当期发生的直接生产费用及结转的制造费用;辅助生产成本账户一般登记辅助生产车间所发生的各项生产费用,并计算辅助车间生产的产品和劳务成本。结构如下。

生产成本——基本生产成本	
登记当期发生的直接生产费用及结转的制造费用	登记当期入库完工产品的成本
余额:表示生产过程中尚未完工的在产品的实际成本	

"基本生产成本明细账"按产品品种、批别、各生产步骤半成品等设置生产成本明细账(成本计算单),"辅助生产成本明细账"按辅助生产车间和生产的产品或提供的劳务设置明细账。

"辅助生产成本"账户的借方,登记企业从事辅助生产活动的生产单位(分厂、车间)所发生的各项消耗;该账户的贷方,登记分配给各受益对象的已完成劳务(如修理服务)的成本;该账户期末结转以后一般应无余额。

(二)"制造费用"账户

性质:成本类账户。核算企业车间(分厂)为组织和管理生产所发生的各项间接费用。该账户期末结转后一般无余额(季节性生产企业除外)。该账户按车间设置明细账,按费用项目设专栏进行明细核算。结构如下。

制造费用	
登记生产车间当期发生的各项间接费用	登记期末结转分配至"生产成本"账户的金额

三、成本核算的程序

企业成本核算的一般程序,是指对企业生产经营中发生的各项费用,按照成本核算的要求,进行归集和分配,最终计算出各种产品的成本和期间费用。

(一)确定成本计算对象并设置明细账

成本核算对象是生产费用的承担者,即生产费用归集和分配的对象,企业应根据自身的生产特点和管理要求,选择合适的产品成本计算对象,并根据确定的成本计算对象开设产品成本明细账。

成本计算对象有产品品种、产品批别、产品生产步骤。

(二)确定成本项目

成本项目是生产费用按经济用途进行分类的具体项目。如图2—2所示。

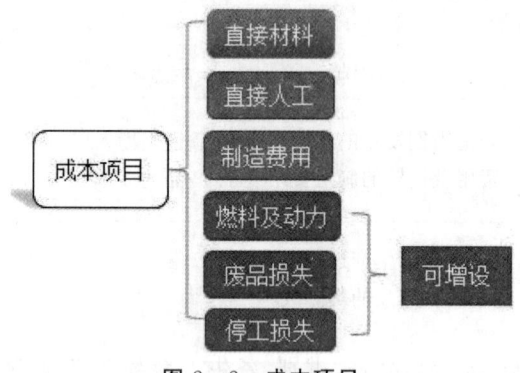

图2—2 成本项目

(三)确定成本计算期

成本计算期是指计算成本的时间间隔。通常情况下企业采用品种法,每月月末计算产品成本,成本计算期与会计核算期间相同。若企业以产品批别为计算对象,成本计算期则与该批产品的生产周期相一致。

(四)归集和分配生产费用

将应计入产品成本的各项生产费用按成本计算对象进行归集和分配,计入各成本项目。

(五)计算完工产品和在产品成本

成本计算期末,产品全部完工,所归集的费用就是本期完工产品成本;成本计算期末,产品全部未完工,所归集的费用就是本期在产品成本;成本计算期末,若产品部分完工,应将所归集的费用在本期完工产品与在产品间分配,计算出完工产品成本和期末在产品成本。

月初在产品成本 + 本期发生的生产费用 = 本期完工产品成本 + 月末在产品成本

完工产品成本 = 月初在产品成本 + 本期发生的生产费用 − 月末在产品成本

产品成本核算的账户之间存在着一定的内在联系,这种联系是以相关的业务发生为主线的。为直观地、总括地了解和掌握成本核算的一般程序,成本核算程序,见图2—3所示。

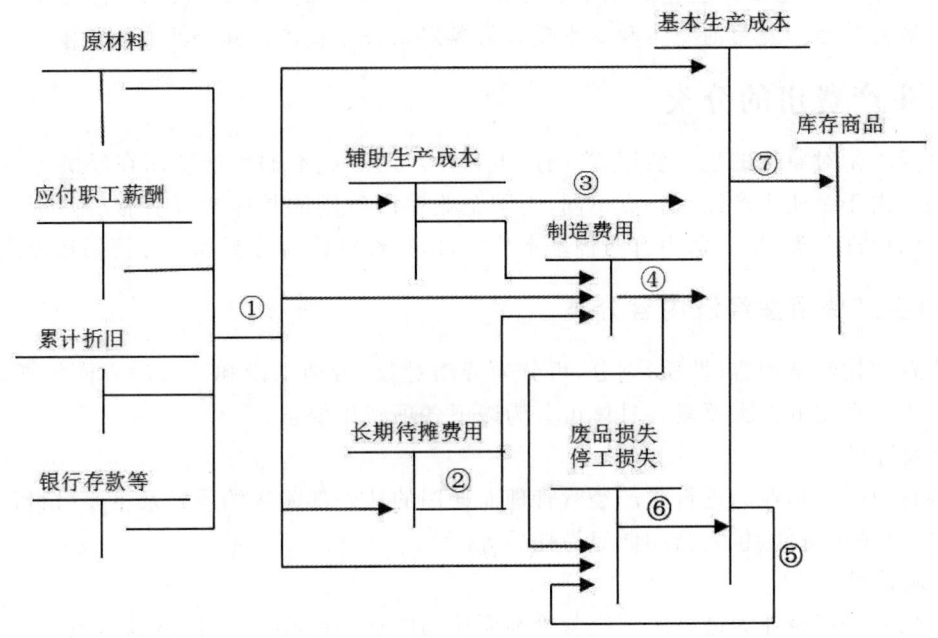

图 2—3 成本核算程序

【任务实施与解析】

【任务2—6】成本核算的基本流程包括( )。

A.确定成本计算对象   B.归集和分配生产费用

C.计算完工产品成本与月末在产品成本   D.分配期间费用

【答案】ABC。

任务三 生产费用要素与成本项目

【任务准备】

成本核算过程,既是对生产过程中各种耗费归类反映的过程,又是为满足企业管理要求进行信息反馈的过程。费用的分类和成本项目的确定是企业正确计算产品成本的重要条件。

一、生产费用的分类

产品成本是对象化的生产费用,产品成本和计入产品成本的生产费用在经济内容上是完全一致的。由于企业生产经营特点不同,不同企业生产费用的具体内容会有所差别。费用可以按不同的标准分类,生产费用有两种基本分类,即按经济内容分类和按经济用途分类。

(一)生产费用按经济内容分类

生产费用按经济内容(性质)划分,可分为劳动对象、劳动手段和活劳动方面的耗费,统称工业企业生产费用的三大要素。具体可分为以下各项费用要素。

1. 外购材料

外购材料是指企业为进行生产经营管理而耗用的从外部购入的原料及主要材料、半成品、辅助材料、修理用备件、包装物和低值易耗品等。

2. 外购燃料

外购燃料是指企业为进行生产经营管理而耗用的从外部购入的各种燃料,包括固体燃料、液体燃料、气体燃料。

3. 外购动力

外购动力指企业为生产耗用而从外部购进的各种动力,例如,电力。

4. 职工薪酬

职工薪酬是指企业为获得职工提供的服务而给予各种形式的报酬以及其他相关支出,包括:职工工资、奖金、津贴和补贴;职工福利费;医疗保险费、养老保险费、失业保险费、工伤保险费和生育保险费等社会保险费;住房公积金;工会经费和职工教育经费;非货币性福利;因解除与职工的劳动关系给予的补偿;其他与获得职工提供的服务相关的支出等。

5. 利息支出

利息支出指企业按规定计入生产费用的借款利息支出减去利息收入后的金额。

6. 折旧费

折旧费指企业按照规定方法计提的固定资产折旧费。

7. 其他支出

其他支出指不属于以上各要素的费用但应计入产品成本或期间费用的费用支出,如差旅费、办公费、租赁费、外部加工费、保险费和诉讼费等。

(二)生产费用按经济用途分类

生产费用按经济用途分类,分为计入产品成本的生产费用和计入当期损益的期间费用。

1.计入产品成本的生产费用

(1)直接材料,也称原材料,指直接用于产品生产,构成产品实体的原材料、主要材料、外购半成品及有助于产品形成的辅助材料。

(2)直接人工,也称职工薪酬,指直接从事产品生产工人的工资、奖金和各种津贴以及按规定提取按工资总额一定比例计提的职工福利费、社会保险费、工会经费、职工教育经费等。

(3)制造费用,指企业各生产单位(分厂、车间)为组织和管理生产所发生的各项费用,如水电费、车间管理人员的工资、固定资产折旧费等,应由产品生产成本负担,不能直接计入各产品成本的间接生产费用。

2.计入当期损益的期间费用

期间费用指企业当期发生的必须从当期收入中得到补偿的费用。包括管理费用、销售费用和财务费用,它们与生产经营期有关但与产品生产无关,因此期间费用不能计入产品成本。

(三)生产费用的其他分类

1.生产费用按与生产工艺的关系,可分为直接生产费用和间接生产费用

直接生产费用是指由于生产工艺本身引起的、直接用于产品生产的各项费用。如产品生产过程中,直接耗用的原材料、生产工人的薪酬和机器设备折旧费等。间接生产费用是指与生产工艺无直接关系、间接用于产品生产的费用。如车间机物料的消耗、车间管理人员的工资和车间厂房折旧费等。

2.生产费用按计入成本的方法分类,可分为直接计入费用和间接计入费用

直接计入费用是指费用发生时能分清哪种产品所耗用的费用,可以直接计入某种产品成本的费用,如生产某种产品领用的材料,生产该种产品的工资薪酬等。间接计入费用是指费用发生时不能分清哪种产品所耗用,不能直接计入某种产品成本,必须先按地点或用途进行归集,然后按一定标准分配计入有关产品的成本的费用。如甲、乙产品共同领用的材料费用和制造费用。

直接生产费用大多是直接计入费用,间接生产费用大多是间接计入费用,但并不都是这样。如在只生产一种产品或只提供一种劳务的企业或车间中,直接生产费用和间接生产费用都可直接计入该种产品的成本,都是直接生产费用;在用同一种原料同时生产出几种产品的联产品生产的企业中,直接生产费用和间接生产费用都不能直接计入某种产品的成本,而是间接计入费用。

二、成本项目

为具体反映计入产品成本的生产费用的来源,除提供产品成本构成情况的资料外,还应进一步划分成本中的费用为若干个项目,即产品生产成本项目。企业应当根据其生产特点和成本管理的要求,设置适合本企业产品成本核算的项目。

工业企业一般应设置以下几个成本项目。

1. 直接材料

直接材料指企业生产过程中由产品实际消耗的原材料、辅助材料、设备配件、外购半成品、燃料、动力、包装物及其他直接材料。

2. 直接人工

直接人工指企业直接从事产品生产人员的薪酬,包括工资、奖金、津贴和补贴等报酬及其他相关支出。

3. 制造费用

制造费用指企业各个生产单位(分厂、车间)为生产产品、提供劳务等所发生的各项间接费用。

除以上三项外,企业根据管理要求还可设置"燃料及动力""废品损失""停工损失"等成本项目。企业成本项目一经确定,不得随意变更,如需要变更,应当根据管理权限,经股东大会或董事会,或经理(厂长)会议或类似机构批准并在会计报表附注中予以说明。

【任务强化与实操】

一、单项选择

1. 下列费用中,应计入产品成本的有( )。
   A. 管理费用　　　　　　　　B. 财务费用
   C. 制造费用　　　　　　　　D. 销售费用

2. 下列属于要素费用的是( )。
   A. 直接材料　　　　　　　　B. 外购材料
   C. 直接人工　　　　　　　　D. 制造费用

3. 下列支出属于资本性支出的是( )。
   A. 购入无形资产　　　　　　B. 支付本期照明用电费
   C. 购入印花税票　　　　　　D. 支付利息费用

4. 用来核算企业为生产产品和提供劳务而发生的各项间接费用的账户是( )。
   A. 基本生产成本　　　　　　B. 制造费用
   C. 管理费用　　　　　　　　D. 财务费用

5. 不在"财务费用"账户核算的项目是"( )"。
   A. 业务招待费　　　　　　　B. 利息费用
   C. 汇兑损失　　　　　　　　D. 金融机构结算手续费

6. 制造费用应分配计入( )账户。
   A. 基本生产成本和辅助生产成本　　B. 基本生产成本和期间费用
   C. 生产成本和管理费用　　　　　　D. 财务费用和销售费用

7. 下列各项中不应计入产品成本的是( )。
   A. 企业行政管理部门用固定资产的折旧费　B. 车间厂房的折旧费
   C. 车间生产用设备的折旧费　　　　　　　D. 车间辅助人员的工资

8. 下列各项中应计入管理费用的是( )。
   A. 银行借款的利息支出　　　　B. 银行存款的利息收入
   C. 企业的业务招待费　　　　　D. 车间管理人员的工资

9.下列各项中,属于产品生产成本项目的是( )。
A.外购动力费用 B.制造费用
C.工资及提取的职工福利费用 D.折旧费用
10.为了保证按每个成本计算对象正确地归集应负担的费用,必须将应由本期产品负担的生产费用正确地在( )。
A.各种产品之间进行分配
B.完工产品和在产品之间进行分配
C.盈利产品与亏损产品之间进行分配
D.可比产品与不可比产品之间进行分配

二、多项选择
1.下列属于成本项目的有( )。
A.工资 B.直接人工
C.直接材料 D.制造费用
2.计入产品成本的生产费用按计入方式不同分为( )。
A.制造费用 B.直接人工
C.直接计入费用 D.间接计入费用
3."制造费用"账户核算的内容包括下列的( )。
A.车间的固定资产折旧费 B.车间的固定资产修理费
C.企业的业务招待费 D.印花税
4.下列各项中属于销售费用的是( )。
A.广告费 B.委托代销手续费
C.展览费 D.专设销售机构的办公费
5.下列各项中,应计入产品成本的费用有( )。
A.车间办公费 B.企业行政管理人员工资
C.车间设计制图费 D.在产品的盘亏损失

三、判断
1.要素费用中的职工薪酬与成本项目中的直接人工是相同的。( )
2.企业在生产经营活动中发生的一切费用支出都应计入产品成本。( )
3.凡是在生产过程中发生的、与产品生产有关的所有直接或间接耗费,均应作为生产费用计入产品成本。( )
4.内部结算价格一般以计划单位成本为基础。( )
5.制造费用是间接生产费用,直接材料、直接人工是直接生产费用。( )
6.期间费用一般应当分配计入当期产品、劳务的成本。( )
7.某一会计期间完工产品的成本,仅包括本期发生的生产费用。( )
8.成本项目,就是费用按其经济用途分类核算的项目。( )

四、任务实操
某企业为进行生产而耗用从外部购进的主要材料600 000元、辅助材料200 000元。其中,生产产品直接耗用主要材料550 000元、辅助材料180 000元;基本生产车间消耗主要材料50 000元、辅助材料20 000元。本月薪酬总额为360 000元,其中,生产工人工资250 000元、基本生产车间管理人员工资 50 000 元、行政管理部门人员工资 60 000 元。按工资 14% 的比例提取应付福利费。

要求：

(1) 计算生产费用要素中外购材料、职工薪酬的金额。

(2) 计算产品成本项目中直接材料、直接人工、制造费用的金额。

项目三
要素费用的归集与分配

【知识目标】
1. 掌握材料费用的核算内容及分配程序。
2. 掌握外购动力费用核算的内容。
3. 掌握职工薪酬的核算内容。
4. 掌握折旧费用的计提方法。

【能力目标】
1. 能够选择并运用材料费用的分配方法。
2. 能够进行外购动力费用分配。
3. 能够计算工资并分配人工费用。
4. 能够进行折旧费用分配。

【素质目标】
1. 培养精益求精的工匠精神。
2. 养成遵纪守法不做假账的会计职业操守。

工作情境

海润有限责任公司是一家中型工业企业,主要生产 A-11 和 B-21 两种型号的机床,在生产过程中发生了外购材料、外购燃料、职工薪酬、折旧费、办公费等多项费用,如果你是成本会计,如何才能将上述众多的费用进行合理分配,计入其生产的 A-11 和 B-21 两种型号机床的生产成本中呢?

任务一 材料费用的归集与分配

【任务准备】

材料费用按其在生产中的用途可分为原料及主要材料、辅助材料、外购半成品、燃料、修理用备件、包装物、低值易耗品等。本任务内容主要包括原材料费用的归集和分配、燃料费用的归集和分配、低值易耗品的领用与摊销、包装物的领用与摊销等。

一、材料费用的核算

(一)材料费用概述

产品的生产过程也是材料的耗用过程。在产品生产过程中耗用的材料,根据其用途的不同可以分为直接材料耗用和间接材料耗用。

1.直接材料耗用是指产品生产直接耗用的材料,包括:

(1)构成产品主要实体的各种原料、主要材料、外购半成品等,如纺织企业在生产中消耗的原棉、棉纱,机械制造企业在生产中消耗的钢材;

(2)产品生产工艺过程耗用的燃料和动力,如冶炼企业在金属冶炼过程中消耗的煤、电力等;

(3)与产品实体相结合或有助于产品形成的各种辅助材料,如化工企业在原料反应过程中耗用的催化剂等。

2.间接材料耗用也称一般消耗性材料耗用。是指为组织和管理产品生产以及保证生产正常进行而耗用的各种辅助材料、燃料、动力等,如为创造正常生产条件而耗用的润滑油、机油和修理用备件等。

无论是直接材料耗用还是间接材料耗用,一经投入使用,都会被全部消耗,或改变其原有的实物形态,其价值一次性、全部转移到所生产的产品成本中,构成产品价值的主要组成部分。

(二)材料消耗的计量与计价

1.材料消耗的原始记录

为了有效地控制生产成本,必须严格办理有关材料的领取和退库手续,做好相关的原始记录。一般来说,材料费用的原始记录有领料单、限额领料单、领料登记表等。会计部门应对领料凭证所列材料的类别、数量和用途等相关信息进行审核,检查所列材料的种类和用途是否符合规定,所领数量有无超过定额或计划。只有经过审核、签章的领料凭证,才能发料,作为材料核算的原始依据。

(1) 领料单

领料单是一种一单一料、一次有效的凭证，由领料单位按照领料单中所列项目如实填写，一般一式三联。其中一联领料后交领料部门，一联留存发料仓库，据以登记材料明细账，另一联交会计部门，据以进行发出材料的核算并进行材料费用的分配，其格式如表3—1所示。

领料单样例：

表3—1

领 料 单

领料部门 一车间2组							编号：0312256								
生产单号 12680				2020年3月15日					仓库：1号库						
制品名称： A产品			制造数量：			领料用途：生产A产品									
编号	品名	规格	单位	请领数量	实发数量	单价	金额								备注
							千	百	十	万	千	百	十	元	角	分	
01-351	圆钢	2mm		0.5	0.5	5000				2	5	0	0	0	0	
附件：		1		张		合 计				2	5	0	0	0	0	
会计	记账	发料	王芳	领料	吕亮	制单	许新	领讫日期				月 3			日 15	

第二联：交会计部门

(2) 限额领料单

限额领料单是一种在规定时间和规定限额内多次使用的累计领料凭证，由企业的生产计划部门或供应部门，根据产品的生产计划和材料消耗定额等资料编制，一般一式两联，一联交领料单位据以领料；另一联由仓库保管，据以发料。月末，应计算全月实领数量和结余额，并计算出金额，将其转交会计部门，作为确定材料费用的依据。实行限额领料制度，可以控制领发的数量，有助于降低成本中的材料耗费，其格式如表3—2所示。

限额领料单样例：

表 3－2　　　　　　　　　　　　　限额领料单

领料单位:一车间　　　　　　单位消耗定额:2.5千克　　　　　　发料仓库:1号库
计划产量:300台　　　　　　　2020年5月　　　　　　　　　　　编号:0905003

材料类别编号	材料名称	规格	计量单位	单价	领用限额	用途
05－215	铸件	TJ－2	千克	25	600	电机生产
领用日期	请领数量	实发数量	累计实发数量	发料人	领料人	限额结余
5月2日	150	150	150	张明	赵丽	450
5月8日	50	50	200	张明	赵丽	400
5月10日	200	150	350	张明	赵丽	250
5月25日	100	100	450	张明	赵丽	150
5月27日	150	150	600	张明	赵丽	0

供应部门负责人:李林　　领料单位负责人:赵丽　　生产部门负责人:张娜　　仓库管理人员:张明

(3)领料登记表

领料登记表是一种多次使用有效的累计领料凭证,一般一单一料开设,一式两联,平时放在材料仓库,每次领料时根据表中所列项目进行填写。月末结算全月累计领料数量后,一联交给领料单位予以核对,另一联交财会部门,作为材料费用核算的依据,其格式如表3－3所示。

领料登记表样例:

表 3－3　　　　　　　　　　　　　领料登记表

材料类型:辅助材料　　　　　　　　　　　　　　　领料单位:维修车间
材料编号:115　　　　　　　　　　　　　　　　　发料仓库:3号库
材料编号:115　　　　　　2020年5月　　　　　　计量单位:个

日期	领用数量		用途	发料人签章	领料人签章	备注
	当日	累计				
7日	35	35	一般耗用	张明	吴爽	
8日	45	80	一般耗用	张明	吴爽	
25日	30	110	一般耗用	张明	吴爽	

月末生产所剩余料,应编制退料单,据以退回仓库。对于车间已领未用,下月继续使用的材料,可办理假退料手续。就是说材料实物仍在车间,填制一张本月退料单,表示余料已退回仓库,同时填制一张下月领料单,表示余料下月领用。这样既保证车间计算上的正确性,又避免了手续上的麻烦。

2.材料消耗数量的计算

(1)永续盘存制(也称账面盘存制)。采用这种方法,必须按材料的具体品种设置材料明细账,逐笔或逐日登记收入和发出的数量,因而随时可以从账上结算出每种材料的收入数量、发出数量、结存数量。其计算公式如下:

期末结存数量＝期初结存数量＋本期收入数量－本期发出数量

(2)实地盘存制(也称定期盘存制):材料出库不入账,当期材料消耗量通过期末盘点后倒挤算出。计算公式如下:

$$本期材料耗用量＝期初结存量＋本期收入量－期末结存量(盘存数)$$

3.材料消耗的计价

为了反映和监督材料物资的增减变动情况,正确地核算产品成本中的材料费用,原则上最终必须按实际成本对材料进行计价。但就每一种材料来说,在日常核算中,可以采用实际成本计价,也可以采用计划成本计价。

(1)发出材料按计划成本计价指每一种材料的收发结存,都按预先确定的计划成本计价。应设置"原材料""材料采购""材料成本差异"账户进行核算,其基本计算公式如下:

$$消耗材料的实际成本＝消耗材料的计划成本＋消耗材料应分摊的成本差异$$

$$消耗材料的计划成本＝材料实际消耗量×计划单价$$

$$消耗材料应分摊的成本差异＝消耗材料的计划成本×材料成本差异率$$

$$材料成本差异率＝\frac{月初结存材料成本差异＋本月收入材料成本差异}{月初结存材料计划成本＋本月收入材料计划成本}×100\%$$

(2)发出材料按实际成本计价指每一种材料的收发结存,都按其在采购(或委托加工、自制)过程中所发生的实际成本进行计价。材料一般分批、分次购入,其单价并不一致,材料发出时可采用的方法有先进先出法、全月一次加权平均法、移动加权平均法、个别计价法等。

(三)材料费用的汇总

在实务操作中,会计部门应该对发料凭证所列材料的种类、数量和用途等进行审核,并对经过审核、签章的发料凭证进行汇总,编制发料凭证汇总表。

其格式如表3-4所示。

表3-4

			发料凭证汇总表				
			年 月 日				单位:元
日期	领料单张数	贷方科目	借方科目				
			生产成本		制造费用	管理费用	合计
			甲产品	乙产品			
1-10日							
11-20日							
21-31日							
合计							

二、材料费用的分配

在企业的生产经营活动中,材料有着不同的用途,有的用于产品生产,有的用于组织和管理生产等。材料费用核算时,能明确其成本计算对象的,即直接用于产品生产、构成产品实体的材料费用,按重要性原则,在成本明细账中设有单独的成本项目,通常按产品品种分别领用,直接归集到该成本计算对象中(如某一种产品);有几种成本计算对象(如生产几种产品)共同领用的材料,属于间接计入费用,先按发生地点归集汇总,然后采用一定的分配标准分配计入各种成本计算对象。

间接计入原材料费用的分配标准有很多种选择,可以按产品的重量、体积分配,在材料消耗定额比较准确的情况下,原材料费用可以按照产品的定额消耗量或产品的定额费用进行分配。材料费用分配时,应遵循受益原则,即谁受益、谁负担,受益多少与负担数额成正比。

(一)分配程序

1. 确定被分配的原材料费用数额。
2. 确定各个原材料费用受益对象的分配标准。
3. 计算原材料费用的分配率。
4. 计算每一受益对象应负担的原材料费用。
5. 编制材料费用分配表。
6. 根据分配结果进行账务处理。

(二)材料费用分配对象的确定

材料费用的分配对象一般按材料的用途、受益对象来确定。

(三)材料费用分配的方法

对几种产品共同领用一种(或几种)材料进行产品生产的材料费用分配要解决的问题,是如何将发生的材料费用计入各个受益对象的成本费用中。分配间接计入费用选择的标准主要有以下几种。

1. 成果类,如产品的重量、体积、产量、产值等。
2. 消耗类,如生产工时、生产工人工资、机器工时、原材料消耗量或原材料费用等。
3. 定额类,如定额消耗量、定额费用等。

$$费用分配率 = 待分配费用 / 分配标准之和$$
$$某受益对象应负担费用 = 该受益对象的分配标准 \times 费用分配率$$

企业平时根据领料凭证逐笔登记材料明细账,以反映各种材料的收发和结存余额。总分类核算应该根据实际成本计价的领料、发料凭证,按领用部门和用途进行归类汇总,定期编制"发料凭证汇总表",并据以编制记账凭证登记有关账簿。

三、燃料费用的核算

燃料实际上也是材料,燃料费用分配及账务处理与上述原材料费用分配及账务处理方法相同。在燃料费用占产品成本比重较大的情况下,为加强管理,可在产品成本明细账中单独设置"燃料及动力"成本项目,应增设"燃料"为一级账户,燃料费用分配表单独编制。

四、周转材料费用的核算

周转材料主要包括根据包装物和低值易耗品,两者领用的发生环节及价值确认方式不同,费用的分配与核算也有所不同。

(一)包装物

在生产过程中领用的包装物品,作为产品成本的构成部分直接计入"基本生产成本"账户的"直接材料"成本项目;在产品销售时领用,随同产品出售的包装物,区分是否单独计价,对不单独计价的包装物品,作为产品销售成本,计入"销售费用"账户;对单独计价的包装物品,取得的销售收入作为企业的"其他业务收入",结转的包装物成本作为"其他业务成本"处理。

(二)低值易耗品

为生产产品而直接耗用的低值易耗品,计入"基本生产成本"账户的"直接材料"成本项目;属于辅助生产车间耗用的,计入"辅助生产成本"账户的"直接材料"成本项目;如果生产车间耗用低值易耗品费用较少,则可一并计入"制造费用"账户;属于车间管理部门耗用的,先计入"制造费用"账户,再分配计入有关产品的成本;属于销售部门耗用的,计入"销售费用"账户。

低值易耗品的摊销方法主要有一次摊销法和五五摊销法。

1. 一次摊销法

一次摊销法适于单位价值较低、使用期限较短的低值易耗品。领用时,其价值一次计入当期成本、费用。即借记"制造费用""管理费用"等账户,贷记"周转材料—低值易耗品"账户。报废时,其残料价值冲减有关成本、费用。即借记"原材料"等账户,贷记"制造费用""管理费用"等账户。

2. 五五摊销法

五五摊销法适于单位价值较高、使用期限较长的低值易耗品。低值易耗品在领用时摊销其价值的一半,报废时摊销另一半。低值易耗品下要设"在用""在库""摊销"等明细科目。

【任务实施与解析】

一、发出材料费用按实际成本汇总

【任务3-1】新兴公司2020年8月编制的"发料凭证汇总表"如表3-5所示。根据所列发料凭证汇总表编制会计分录和记账凭证如下。

表3-5　　　　　　　　　　发料凭证汇总表
单位名称:新兴公司　　　　2020年8月　　　　　　单位:元

应借科目＼应贷科目	原材料A	原材料B	合计
基本生产成本—甲产品	115 000	7 500	122 500
辅助生产成本	7 000	2 530	9 530
制造费用	2 000		2 000
管理费用	4 200		4 200
合计	128 200	10 030	138 230

根据所列发料凭证汇总表编制如下会计分录:

借:基本生产成本—甲产品　　　　　　　　　　　122 500
　　辅助生产成本　　　　　　　　　　　　　　　　9 530

制造费用　　　　　　　　　　　　　　　　　2 000
管理费用　　　　　　　　　　　　　　　　　4 200
　贷:原材料—A　　　　　　　　　　　　　　　　　　128 200
　　　　　—B　　　　　　　　　　　　　　　　　　 10 030

表3-6

记 账 凭 证

2020年8月31日　　　　　　　　　　　　　　　　第9号

摘要	会计科目		借方金额	贷方金额	账页或√
	总账科目	明细科目	百十万千百十元角分	百十万千百十元角分	
领用材料	基本生产成本	甲产品	1 2 2 5 0 0 0 0		
	辅助生产成本		9 5 3 0 0 0		
	制造费用		2 0 0 0 0 0		
	管理费用		4 2 0 0 0 0		
	原材料	A		1 2 8 2 0 0 0 0	
		B		1 0 0 3 0 0 0	
	合计		¥1 3 8 2 3 0 0 0	¥1 3 8 2 3 0 0 0	

附件1张

会计主管　××　　　　记账　××　　　　出纳　　　　审核　××　　　　制单　××

二、发出材料费用按计划成本汇总

【任务3-2】大华工厂发出材料按计划成本核算。2020年9月根据发料原始凭证汇总编制"发料凭证汇总表"如表3-7所示。材料成本差异率为2%,进行业务处理。

表3-7

发料凭证汇总表

2020年9月　　　　　　　　　　　　　　　　　　　　　　　单位:元

应贷科目 / 应借科目	原材料			
	计划成本	成本差异率	成本差异	实际成本
基本生产成本—乙产品	50 000	2%	1 000	51 000
制造费用	40 000		800	40 800
管理费用	35 000		700	35 700
销售费用	5 000	2%	100	5 100
合计	130 000		2 600	132 600

根据"发料凭证汇总表",编制会计分录如下:

借:基本生产成本 —乙产品　　　　　　　　　　50 000
　　制造费用　　　　　　　　　　　　　　　　 40 000
　　管理费用　　　　　　　　　　　　　　　　 35 000

销售费用　　　　　　　　　　　　　　　　　　5 000
　　　贷:原材料　　　　　　　　　　　　　　　　　　　　130 000
　借:基本生产成本——乙产品　　　　　　　　　　　1 000
　　制造费用　　　　　　　　　　　　　　　　　　　800
　　管理费用　　　　　　　　　　　　　　　　　　　700
　　销售费用　　　　　　　　　　　　　　　　　　　100
　　　贷:材料成本差异　　　　　　　　　　　　　　　　 2 600

三、产品共同耗用材料费用的分配

1. 定额耗用量比例分配法

【任务3—3】前进工厂2020年4月实际耗用A材料4 500千克,每千克单价4元,共计18 000元。生产甲产品30件,单位消耗定额为200千克;生产乙产品50件,单位消耗定额为60千克。现采用定额消耗量比例分配材料费用如下:

甲产品A材料定额消耗量=30×200=6 000(千克)

乙产品A材料定额消耗量=50×60=3 000(千克)

A材料定额消耗总量=6 000+3 000=9 000(千克)

材料消耗量分配率=$\frac{4\ 500}{9\ 000}$=0.5

甲产品应分配的材料费用=0.5×6 000×4=12 000(元)

乙产品应分配的材料费用=0.5×3 000×4=6 000(元)

上述计算分配,可以考核原材料消耗定额的执行情况,有利于加强原材料消耗的实物管理,但分配计算的工作量较大。为了简化分配计算的工作量,也可以按原材料定额消耗量的比例,直接分配原材料费用。

仍以【任务3—3】资料计算分配如下:

材料费用分配率=$\frac{4\ 500\times 4}{6\ 000+3\ 000}$=2

甲产品应分配材料费用=2×6 000=12 000(元)

乙产品应分配材料费用=2×3 000=6 000(元)

上述两种计算方法结果相同。但后一种方法不能提供各种产品材料的实际消耗量,不利于加强材料消耗的实物管理。

表3—8　　　　　　　　　　　　　　**材料费用分配表**

曙光工厂　　　　　　　　　　　2020年6月　　　　　　　　　金额单位:元

产品名称	产量(件)	单位消耗定额(千克/件)	材料定额耗用量(千克)	分配率(%)	应分配的材料费用(元)
甲产品	30	200	6 000	2	12 000
乙产品	50	60	3 000		6 000
合计			9 000		18 000

根据表 3—8 编制会计分录：
借：基本生产成本—甲产品　　　　　　　　　　12 000
　　　　　　　—乙产品　　　　　　　　　　　 6 000
　　贷：原材料—A 材料　　　　　　　　　　　　　　　 18 000

定额耗用量比例分配法是以各种产品的材料消耗量总定额为标准，来分配材料费用的方法。采用定额耗用量比例分配法，要求企业各种产品的材料消耗，都制定有比较先进和合理的消耗定额。

定额耗用量比例分配法的第一种方法公式如下：

某种产品材料定额消耗量＝该种产品实际产量×单位产品材料定额消耗量

材料消耗量分配率＝材料实际总消耗量／各种产品材料定额消耗量之和

某种产品应分配的材料数量＝该种产品的材料定额消耗量×材料消耗量分配率

某种产品应分配的材料费用＝该种产品应分配的材料数量×材料单价

第二种方法公式如下：

某种产品材料定额消耗量＝该种产品实际产量×单位产品材料消耗定额

材料费用分配率＝材料实际总消耗量×材料单价／各种产品材料定额消耗量之和

某种产品应分配的材料费用＝该种产品的材料定额消耗量×材料费用分配率

2.定额费用比例分配法

【任务 3—4】利民工厂 2020 年 5 月生产 A、B 两种产品，共同领用甲、乙两种材料，本月材料费用合计 15 951 元。本月生产 A 产品 70 件，B 产品 30 件。单位 A 产品的材料消耗定额：甲材料 6 千克，乙材料 9 千克；单位 B 产品的材料消耗定额：甲材料 5 千克，乙材料 4 千克。甲材料单价 11 元，乙材料单价 8 元。

计算分配如下：

A 产品材料定额费用＝70×6×11＋70×9×8＝9 660（元）

B 产品材料定额费用＝30×5×11＋30×4×8＝2 610（元）

$$材料费用分配率＝\frac{15\ 951}{9\ 660＋2\ 610}＝1.3$$

A 产品应分配材料费用＝9 660×1.3＝12 558（元）

B 产品应分配材料费用＝2 610×1.3＝3 393（元）

表 3—9　　　　　　　　　　　　　材料费用分配表

恒通工厂　　　　　　　　　　　　2020 年 5 月　　　　　　　　　金额单位：元

产品名称	产品产量（件）	材料定额费用（元）	分配率	应分配的材料费用（元）
A 产品	70	9 660	1.3	12 558
B 产品	30	2 610		3 393
合计	—	12 270		15 951

根据表3-9编制会计分录：
借：基本生产成本——A产品　　　　　　　　　12 558
　　　　　　　　——B产品　　　　　　　　　 3 393
　　贷：原材料　　　　　　　　　　　　　　　　　　　　15 951

定额费用比例分配法，是按照产品的材料消耗定额费用比例分配材料费用的一种方法。材料费用定额是指单位产品可以消耗材料费用的标准，是材料消耗定额与材料计划单价的乘积，是材料消耗定额的货币表现。这种方法一般是在各种产品共同耗用几种材料以及材料消耗定额健全且比较准确的情况下采用。其计算公式为：

某种产品材料定额费用＝该种产品实际产量×单位产品材料定额费用
材料费用分配率＝各种产品材料实际费用总额/各产品材料定额费用之和
某产品应负担材料费用＝该产品材料定额费用×材料费用分配率

3.产品产量比例分配法

【任务3-5】达利公司2020年9月"材料费用分配表"如表3-10所示。

表3-10　　　　　　　　　　材料费用分配表
　　　　　　　　　　　　　　2020年9月

产品名称	实际产量（件）	分配率	应分配费用(元)
甲产品	3 000		33 000
乙产品	2 000		22 000
合计	5 000	11	55 000

计算过程如下：
材料费用分配率＝55 000/(3 000＋2 000)＝11
甲产品应分配材料费用＝3 000×11＝33 000(元)
乙产品应分配材料费用＝2 000×11＝22 000(元)
根据表3-10编制会计分录：
借：基本生产成本——甲产品　　　　　　　　　33 000
　　　　　　　　——乙产品　　　　　　　　　22 000
　　贷：原材料　　　　　　　　　　　　　　　　　　　　55 000

产品产量比例分配法是以各种产品的产量为分配标准，分配材料费用的一种方法。
材料费用分配率＝各种产品耗用的实际材料费用/各种产品的产量之和
某产品应分配的材料费用＝该产品实际产量×材料费用分配率

四、材料费用分配业务处理

【任务3-6】编制光华机械厂2020年9月"材料费用分配表"如表3-11所示。

表 3-11　　　　　　　　　　　材料费用分配表

光华机械厂　　　　　　　　　　　2020 年 9 月　　　　　　　　　金额单位:元

应借账户		成本或费用项目	间接计入			直接计入	合计
			定额耗用量（千克）	分配率	分配金额		
基本生产成本	甲产品	直接材料	4 000	3.4	13 600	20 400	34 000
	乙产品	直接材料	2 500		8 500	42 500	51 000
	小计		6 500		22 100	62 900	85 000
辅助生产成本	供电车间	材料				2 130	2 130
	机修车间	材料				1 860	1 860
	合计					3 990	3 990
制造费用	基本生产车间	机物料消耗				5 200	5 200
管理费用		机物料消耗				350	350
销售费用		机物料消耗				210	210
合计					22 100	72 650	94 750

计算过程如下：

材料费用分配率 $= \dfrac{22\ 100}{4\ 000 + 2\ 500} = 3.4$

甲产品应分配材料费用 $= 4\ 000 \times 3.4 = 13\ 600$(元)

乙产品应分配材料费用 $= 2\ 500 \times 3.4 = 8\ 500$(元)

根据表 3-11 编制会计分录：

借：基本生产成本—甲产品　　　　　　　　　34 000
　　　　　　　　—乙产品　　　　　　　　　51 000
　　辅助生产成本—供电车间　　　　　　　　2 130
　　　　　　　　—机修车间　　　　　　　　1 860
　　制造费用—基本生产车间　　　　　　　　5 200
　　管理费用　　　　　　　　　　　　　　　350
　　销售费用　　　　　　　　　　　　　　　210
　　贷：原材料　　　　　　　　　　　　　　94 750

编制记账凭证如下：

表 3-12   记 账 凭 证

2020 年 9 月 30 日   第 39 号

摘要	会计科目		借方金额	贷方金额	账页或√
	总账科目	明细科目	百十万千百十元角分	百十万千百十元角分	
领用材料	基本生产成本	甲产品	3 4 0 0 0 0		
	基本生产成本	乙产品	5 1 0 0 0 0		附件1张
	辅助生产成本	供电车间	2 1 3 0 0		
	辅助生产成本	机修车间	1 8 6 0 0		
	制造费用	基本生产车间	5 2 0 0 0		
	管理费用		3 5 0 0 0		
	销售费用		2 1 0 0 0		
	原材料			9 4 7 5 0 0	
	合计		¥9 4 7 5 0 0	¥9 4 7 5 0 0	

会计主管 ××   记账 ××   出纳   审核 ××   制单 ××

五、燃料费用分配

【任务3-7】光华机械厂2020年9月生产甲、乙产品,共耗用燃料30 750元,编制燃料费用分配表。

表 3-13   燃料费用分配表

2020 年 9 月   单位:元

应借科目		成本项目	直接计入	分配计入		合计
				定额燃料费用	分配份额	
基本生产成本	甲产品	燃料及动力		4 500	11 250	11 250
	乙产品	燃料及动力		5 600	14 000	14 000
	小计			10 100	25 250	25 250
辅助生产成本	供电车间	燃料及动力	3 500			3 500
	机修车间	燃料及动力	2 000			2 000
合计			5 500		25 250	30 750

甲、乙产品共同耗用燃料分配计算过程如下:

燃料费用分配率 $= \dfrac{25\ 250}{4\ 500+5\ 600} = 2.5$

甲产品应分配材料费用 $= 4\ 500 \times 2.5 = 11\ 250$(元)

乙产品应分配材料费用 $= 5\ 600 \times 2.5 = 14\ 000$(元)

借:基本生产成本——甲产品   11 250
　　　　　　　　——乙产品   14 000

  辅助生产成本——供电车间   3 500
      ——机修车间   2 000
    贷：燃料   30 750

六、周转材料费用核算

  【任务3—8】甲公司的基本生产车间领用专用工具一批，实际成本为20 000元，采用五五摊销法进行摊销。

  (1)领用专用工具：
  借：周转材料——低值易耗品——在用   20 000
    贷：周转材料——低值易耗品——在库   200 000
  (2)领用时摊销其价值的一半：
  借：制造费用   10 000
    贷：周转材料——低值易耗品——摊销   10 000
  (3)报废时摊销其价值的一半：
  借：制造费用   10 000
    贷：周转材料——低值易耗品——摊销   10 000
  同时，
  借：周转材料——低值易耗品——摊销   20 000
    贷：周转材料——低值易耗品——在用   20 000

任务二 外购动力费的归集与分配

【任务准备】

外购动力费用是指企业在生产经营、管理过程中耗用的从外部购进的各种动力,本企业自产的动力不包括在内。外购动力费主要包括外购电力费、蒸汽费等。本任务主要解决外购动力费的归集与分配问题。

一、外购动力费的分配原则

外购动力费包括外购电力费、蒸汽费等。外购动力费的分配原则有以下内容。

外购动力费的分配,在有仪表的情况下,应根据仪表所示耗用数量及单价计算;在无仪表的情况下,可按生产工时比例、定额消耗量比例、机器功率时数比例分配;产品成本明细账是否单设"燃料及动力"成本项目,应视情况而定。若外购动力费、燃料费占产品成本的比重较大,应单设"燃料及动力"成本项目;若外购动力费、燃料费占产品成本的比重较小,不需单设"燃料及动力"成本项目,燃料费计入"直接材料"成本项目,外购动力费计入"制造费用"成本项目。

二、外购动力费的分配方法

外购动力费的分配方法主要有按生产工时比例、定额消耗量比例、机器功率时数比例分配等,外购动力费用的分配通过编制外购动力费用分配表进行。

(一)基本生产车间耗用的动力

基本生产车间耗用的动力按用途,可分为直接用于产品生产的生产工艺动力用电和照明用电。

1.直接用于产品生产工艺动力用电,属于直接燃料及动力,应计入"基本生产成本"和相应产品的基本生产成本明细账的"直接燃料及动力"成本项目。

2.基本生产车间照明用电,则计入"制造费用"总账和所属明细账进行归集。月末分配计入"基本生产成本"和相应产品的基本生产成本明细账的"制造费用"成本项目。

(二)辅助生产车间耗用的动力

1.直接用于辅助产品生产工艺动力用电,应计入"辅助生产成本"和相应产品或劳务的明细账的"燃料及动力"成本项目。用于辅助生产车间照明用电先计入"制造费用"总账和所属明细账进行归集。月末分别计入"辅助生产成本"和所属明细账的"制造费用"成本项目。

2.如果辅助生产不对外提供商品产品,而且辅助生产车间规模较小,辅助产品或劳务单一,那么为了简化核算工作,可不设辅助生产的"制造费用"科目,辅助生产车间耗用所有电力直接全部计入"辅助生产成本"相应的明细账。

(三)销售机构、行政管理部门耗用的动力

销售机构、行政管理部门耗用的电力,不计入产品成本,而应分别计入"销售费用""管理费用"总账和所属明细账,作为期间费用转入"本年利润"账户,冲减当期损益。

三、外购动力费用的核算

外购动力费用的核算一般分为两种情况。

第一种情况:每月支付动力费用的日期基本固定,而且每月付款日到月末的应付动力费用相差不多,将每月支付的动力费用作为应付动力费用,在付款时直接借记各成本、费用账户,贷记"银行存款"账户。

第二种情况:通过"应付账款"账户核算,即在付款时先作为暂付款处理,借记"应付账款"账户,贷记"银行存款"账户,月末按照外购动力的用途分配费用时再借记各成本、费用账户,贷记"应付账款"账户,冲销原来计入"应付账款"账户借方的暂付款。"应付账款"账户借方所记本月所付动力费用与贷方所记本月应付动力费用,往往不相等。如果是借方余额,为本月支付款大于应付款的多付动力费用,可以抵冲下月应付费用;如果是贷方余额,为本月应付款大于支付款的应付未付动力费用,可以在下月支付。

如果生产工艺用的燃料和动力没有专门设立成本项目,直接用于产品生产的燃料费用和动力费用,可以分别计入"原材料"成本项目和"制造费用"成本项目,作为原材料费用和制造费用进行核算。

【任务实施与解析】

【任务3—9】光华机械厂2020年9月各部门耗用的外购电力情况汇总如表3—14所示。生产产品共同耗用的电费按产品的生产工时分配,甲、乙产品的工时记录为:甲产品4 500小时,乙产品5 500小时,分配外购动力费用。

表3—14　　　　　各部门外购电力耗用量汇总表
科苑机械厂　　　　　2020年9月　　　　　单位:元

受益部门	耗用量(度)	每度电费	费用总额
产品生产	40 000	0.5	20 000
基本生产车间	2 800	0.5	1 400
供电车间	4 000	0.5	2 000
机修车间	5 500	0.5	2 750
行政管理部门	1 200	0.5	600
销售机构	1 800	0.5	900
合计	55 300	0.5	27 650

甲、乙产品按生产工时比例法分配动力费用,计算如下:

电费分配率 $= \dfrac{20\ 000}{4\ 500 + 5\ 500} = 2$

甲产品负担的电费 $= 4\ 500 \times 2 = 9\ 000$(元)

乙产品负担的电费＝5 500×2＝11 000(元)

【任务3—10】根据表3—14各部门外购电力耗用量汇总及上述计算结果,编制外购动力费用分配表,如表3—15所示。

表3—15　　　　　　　　　　外购动力费用(电费)分配表
科苑机械厂　　　　　　　　　　2020年9月　　　　　　　　　　单位:元

应借账户	成本项目或费用项目	生产工时（小时）	分配率	度数（单价0.5元）	分配金额
基本生产成本	甲产品	燃料及动力	4 500		9 000
	乙产品	燃料及动力	5 500		11 000
	小计		10 000	40 000	20 000
辅助生产成本	供电车间	燃料及动力			4 000	2 000
	机修车间	燃料及动力			5 500	2 750
	小计				9 500	4 750
制造费用	基本生产车间	水电费			2 800	1 400
管理费用		水电费			1 200	600
销售费用		水电费			1 800	900
合计					55 300	27 650

编制会计分录：

借：基本生产成本—甲产品　　　　　　　　　　9 000
　　　　　　　　—乙产品　　　　　　　　　　11 000
　　辅助生产成本—供电车间　　　　　　　　　2 000
　　　　　　　　—机修车间　　　　　　　　　2 750
　　制造费用—基本生产车间　　　　　　　　　1 400
　　管理费用　　　　　　　　　　　　　　　　600
　　销售费用　　　　　　　　　　　　　　　　900
　　贷：应付账款　　　　　　　　　　　　　　27 650

编制记账凭证如下：

表 3—16

记 账 凭 证

2020 年 9 月 30 日　　　　　　第 31 号

摘要	会计科目		借方金额	贷方金额	账页或√
	总账科目	明细科目	百十万千百十元角分	百十万千百十元角分	
分配动力费	基本生产成本	甲产品	9 0 0 0 0 0		
	基本生产成本	乙产品	1 1 0 0 0 0 0		
	辅助生产成本	供电车间	2 0 0 0 0 0		
	辅助生产成本	机修车间	2 7 5 0 0 0		
	制造费用	基本生产车间	1 4 0 0 0 0		
	管理费用		6 0 0 0 0		
	销售费用		9 0 0 0 0		
	应付账款			2 7 6 5 0 0 0	
合计			￥9 4 7 5 0 0 0	￥9 4 7 5 0 0 0	

附件 1 张

会计主管 ×× 　　记账 ×× 　　出纳 　　审核 ×× 　　制单 ××

任务三 职工薪酬的归集与分配

【任务准备】

职工为企业提供服务的会计期间,企业应根据职工提供服务的受益对象,将应确认的职工薪酬进行分配。职工薪酬涵盖的内容很丰富,包括短期薪酬、离职后福利、辞退福利和其他长期职工福利。这些项目内容虽然都属于职工薪酬,但其确认、计量和核算的方法不尽相同,本任务将解决不同类别的职工薪酬如何进行归集与分配的问题。

一、工资薪酬的内容

职工薪酬,是指企业为获得职工提供的服务或解除劳动关系而给予的各种形式的报酬或补偿。

职工薪酬包括短期薪酬、离职后福利、辞退福利和其他长期职工福利。企业提供给职工配偶、子女、受赡养人、已故员工遗属及其他受益人等的福利,也属于职工薪酬。

这里所称的"职工",主要包括三类人员:一是与企业订立劳动合同的所有人员,含全职、兼职和临时职工;二是未与企业订立劳动合同,但由企业正式任命的企业治理层和管理层人员,如董事会成员、监事会成员等;三是在企业的计划和控制下,虽未与企业订立劳动合同或未由其正式任命,但向企业所提供服务与职工所提供服务类似的人员,也属于职工的范畴,包括通过企业与劳务中介公司签订用工合同而向企业提供服务的人员。

职工薪酬主要包括以下几个方面的内容。

(一)短期薪酬

短期薪酬,是指企业在职工提供相关服务的年度报告期间结束后12个月内需要全部予以支付的职工薪酬,因解除与职工的劳动关系给予的补偿除外。短期薪酬具体包括以下内容。

1.职工工资、奖金、津贴和补贴,是指按照构成工资总额的计时工资、计件工资、支付给职工的超额劳动报酬和增收节支的劳动报酬,为补偿职工特殊或额外的劳动消耗和因其他特殊原因支付给职工的津贴,以及为保证职工工资水平不受物价影响支付给职工的物价补贴等。其中,企业按照短期奖金计划向职工发放的奖金属于短期薪酬,按照长期奖金计划向职工发放的奖金属于其他长期职工福利。

2.职工福利费,是指企业向职工提供的生活困难补助、丧葬补助费、抚恤费、职工异地安家费、防暑降温费等职工福利支出。

3.医疗保险费、工伤保险费和生育保险费等社会保险费,是指企业按照国家规定的基准和比例计算,向社会保险经办机构缴纳的医疗保险费、工伤保险费和生育保险费。

4.住房公积金,是指企业按照国家规定的基准和比例计算,向住房公积金管理机构缴存的住房公积金。

5.工会经费和职工教育经费,是指企业为了改善职工文化生活、为职工学习先进技术和提高文化水平及业务素质,用于开展公益活动和职工教育及职业技能培训等相关支出。

6.短期带薪缺勤,是指职工虽然缺勤但企业仍向其支付报酬的安排,包括年休假、病假、婚假、产假、丧假、探亲假等。长期带薪缺勤属于其他长期职工福利。

7.短期利润分享计划,是指因职工提供服务而与职工达成的基于利润或其他经营成果提供薪酬的协议。长期利润分享计划属于其他长期职工福利。

8.其他短期薪酬,是指除上述薪酬以外的其他为获得职工提供服务而给予的短期薪酬。

(二)离职后福利

离职后福利,是指企业为获得职工提供的服务而在职工退休或与企业解除劳动关系后,提供的各种形式的报酬和福利,短期薪酬和辞退福利除外。企业应当将离职后福利计划分类为设定提存计划和设定受益计划。离职后福利计划,是指企业与职工就离职后福利达成的协议,或者企业为向职工提供离职后福利制定的规章或办法等。其中,设定提存计划,是指向独立的基金缴存固定费用后企业不再承担进一步支付义务的离职后福利计划;设定受益计划,是指除设定提存计划以外的离职后福利计划。

(三)辞退福利

辞退福利,是指企业在职工劳动合同到期之前解除与职工的劳动关系,或者为鼓励职工自愿接受裁减而给予职工的补偿。

(四)其他长期职工福利

其他长期职工福利,是指除短期薪酬、离职后福利、辞退福利之外所有的职工薪酬,包括长期带薪缺勤、长期残疾福利、长期利润分享计划等。

二、应付职工薪酬的科目设置

企业应当设置"应付职工薪酬"科目,核算应付职工薪酬的计提、结算、使用等情况。该科目的贷方登记已分配计入有关成本费用项目的职工薪酬的数额,借方登记实际发放职工薪酬的数额,包括扣还的款项等;该科目期末贷方余额,反映企业应付未付的职工薪酬。

"应付职工薪酬"科目应当设置"工资、奖金、津贴和补贴""职工福利费""非货币性福利""社会保险费""住房公积金""工会经费和职工教育经费""带薪缺勤""利润分享计划""设定提存计划""设定受益计划义务""辞退福利"等职工薪酬项目设置明细账进行明细核算。

三、工资薪酬的分配

(一)工资结算凭证的编制

企业办理工资结算时,必须先编制工资结算凭证。工资结算凭证主要有工资结算表(也称工资结算单、工资单、工资表)、工资卡片、工资结算汇总表等。

1.工资结算表

工资结算表是根据考勤记录、工时记录、产量记录、工资等级和标准等资料计算编制的,是工资结算和支付工资的原始凭证。工资结算表一般按部门、车间或班组设置。

表3-17　　　　　　　　　　　　　　　工资结算表
部门：　　　　　　　　　　　年　月　　　　　　　　　　　　单位：元

姓名	工资标准	应付职工薪酬											代扣款项				实发工资	领取人签名
^	^	计时工资	计件工资	奖金	加班加点工资	津贴和补贴			…	缺勤扣款				其他工资	合计	房租	水电费	其他	合计	^	^
^	^	^	^	^	^	夜班津贴	高空津贴	粮油补贴	^	事假		病假		^	^	^	^	^	^	^	^
^	^	^	^	^	^	^	^	^	^	天数	金额	天数	金额	^	^	^	^	^	^	^	^
合计																					

2. 工资结算汇总表

为了便于工资发放和工资结算的总分数核算，在发放工资前，财会部门应根据工资结算表或工资卡汇总编制"工资结算汇总表"。该表反映了各部门、车间的工资构成，同时，由于计算出了各类人员的工资额，也便于对工资费用进行分配的总分类核算。

表3-18　　　　　　　　　　　　　工资结算汇总表
　　　　　　　　　　　　　　　　　　年　月　　　　　　　　　　　　单位：元

部门		应付职工薪酬									代扣款项				实发工资
		计时工资	计件工资	奖金	加班加点工资	津贴和补贴				缺勤扣款		应付工资	房租	水电费	其他	合计	^
|| ^	^	^	^	夜班津贴	高空津贴	…	副食补贴	粮油补贴	事假	病假	^	^	^	^	^	^
一车间	生产工人																
^	管理人员																
^	合计																
…… ||															
医务及福利部门 ||															
编外及长期病假人员 ||															
总计 ||															

（二）工资薪酬的核算

1. 货币性职工薪酬

（1）工资、奖金、津贴和补贴

对于职工工资、奖金、津贴和补贴等货币性职工薪酬，企业应当在职工为其提供的服务会计期间，将实际发生的职工工资、奖金、津贴和补贴等，根据职工提供的服务的受益对象，将应确认的职工薪酬,借记"生产成本""制造费用""劳务成本"等科目,贷记"应付职工和薪酬——工资、奖金、津贴和补贴"科目。

企业可以根据具体情况采用各种不同的工资制度,其中最基本的工资制度是计时工资制度和计件工资制度。

①计时工资的计算。

计算计时工资的方法有月薪制和日薪制两种。

月薪制是按月薪制计算计时工资,不考虑当月的实际日历天数,职工只要出全勤,就可以得到固定的月标准工资。如有缺勤,按规定标准扣薪。计算公式如下:

$$日工资率=\frac{月标准工资}{月工作天数}$$

日工资率确定后,则可计算每月应付计时工资。其计算方法有两种。

第一种方法:按月标准工资扣除缺勤工资计算,其计算公式如下:

$$应付计时工资=月标准工资-(病假日数×日工资标准×病假扣款率)$$
$$-(事假日数×日工资标准)$$

第二种方法:直接根据职工出勤天数计算,其计算公式如下:

$$应付计时工资=出勤日数×日工资率+病假日数×日工资率×(1-病假扣款率)$$

月工作天数通常有两种确定方法。

第一种方法:按月平均日历天数计算,即每月 30 天。按月工作日 30 天计算日工资时,对出勤期间的双休日和节假日均做出勤处理;对缺勤期间的双休日和节假日均做缺勤处理。

第二种方法:按月平均实际工作日数计算,即每月 20.83 天[(365-104-11)/12=20.83]。每年 104 个双休日,11 个法定节假日。但按照《劳动法》的规定,法定节假日用人单位应当依法支付工资,即折算日工资、小时工资时不剔除国家规定的 11 天法定节假日。据此,月计薪天数如下:

$$月计薪天数=(365-104)/12=21.75(天)$$

这种方法计算的日工资率不论大小月一律按 21.75 天计算,月内的休息日不付工资,缺勤期间的休息日,当然也不扣工资。

缺勤包括旷工、事假、六个月以内的短期病假和超过六个月的长期病假。缺勤应扣发工资的比例企业根据管理需要自行确定。

②计件工资的计算。

计件工资是按照工人生产的产品数量、产品质量和单位计件工资标准计算的劳动报酬。企业计算计件工资的依据是产量记录和单位计件工资标准。计算计件工资的产品数量包括合格品数量和生产中因材料质量问题形成的废品(料废品)数量,不包括在产品生产中因工人的过失而产生的废品(工废品)数量。计件工资的计算包括个人计件工资的计算和集体计件工资的计算,不同之处是集体计件工资还要在集体内部各工人之间按照贡献大小进行分配。

个人计件工资是按个人完成的产品数量和单位计件工资标准计算的工资。个人计件工资计算的公式如下:

$$个人计件工资=\Sigma[(合格品数量+料废品数量)×单位计件工资]$$

对需要两人以上共同生产产品的计件工资,要采用集体计件工资的计算方法进行计算。集体计件工资的计算程序及相关公式如下:

计算集体计件工资,计算公式与个人计件工资计算公式相同。
计算计件工资分配率:

$$\text{计件工资分配率} = \frac{\text{集体计件工资}}{\text{集体计时工资总额}}$$

$$\text{某人应得计件工资} = \text{该人计时工资} \times \text{计件工资分配率}$$

(2)职工福利费

对于职工福利费,企业应当在实际发生时根据实际发生额计入当期损益或相关资产成本,借记"生产成本""制造费用""管理费用""销售费用"等科目。

(3)国家规定计提标准的职工薪酬

对于国家规定了计提基础和计提比例的医疗保险费、工伤保险费、生育保险费等社会保险费和住房公积金,以及按规定提取的工会经费和职工教育经费,企业应当在职工为其提供服务的会计期间,根据规定的计提基础的计提比例计算确定相应的职工薪酬金额,并确认相关负债,按照受益对象计入当期损益或相关资产成本,借记"生产成本""制造费用""管理费用"等科目,贷记"应付职工薪酬"科目。

(4)短期带薪缺勤

对于职工带薪缺勤,企业应当根据其性质及职工享有的权利,分为累积带薪缺勤和非累积带薪缺勤两类。企业应当对累积带薪缺勤和非累积带薪缺勤分别进行会计处理。如果带薪缺勤属于长期带薪缺勤的,企业应当作为其他长期职工福利处理。

①累积带薪缺勤,是指带薪权利可以结转下期的带薪缺勤,本期尚未用完的带薪缺勤权利可以在未来期间使用。企业应当在职工提供了服务从而增加了其未来享有的带薪缺勤权利时,确认与累积带薪缺勤相关的职工薪酬,并以累积未行使权利而增加的预期支付金额计量。确认累积带薪缺勤时,借记"管理费用"等科目,贷记"应付职工薪酬—带薪缺勤—短期带薪缺勤—累积带薪缺勤"科目。

②非累积带薪缺勤,是指带薪权利不能结转下期的带薪缺勤,本期尚未用完的带薪缺勤将予取消,并且职工离开企业时也无权获得现金支付。我国企业职工休婚假、产假、丧假、探亲假、病假期间的工资通常属于非累积带薪缺勤。由于职工提供服务本身不能增加其能够享受的福利金额,企业在职工未缺勤时不应当计提相关费用和负债。为此,企业应当在职工实际发生缺勤的会计期间确认与非累积带薪缺勤相关的职工薪酬。

企业确认职工享有的与非累积带薪缺勤权利相关的薪酬,视同职工出勤确认的当期损益或相关资产成本。通常情况下,与非累积带薪缺勤相关的职工薪酬已经包括在企业每期向职工发放的工资等薪酬中,因此,不必额外做相应的财务处理。

2.非货币性职工薪酬

企业以其自产产品作为非货币性福利发放给职工的,应当根据受益对象,按照该产品的公允价值计入相关资产成本或当期损益,同时确认应付职工薪酬,借记"管理费用""生产成本""制造费用"等科目,贷记"应付职工薪酬—非货币性福利"科目。将企业拥有的房屋等资产无偿提供给职工使用的,应当根据受益对象,将该住房每期应计提的折旧计入相关资产成本或当期损益,同时确认应付职工薪酬,借记"管理费用""生产成本""制造费用"等科目,贷记"应付职工薪酬—非货币性福利"科目。并且同时借记"应付职工薪酬—非货币性福利"科目,贷记"累计折旧"科目。租赁住房等资产供职工无偿使用的,应当根据受益对象,贷记"累计折旧"科目。租赁住房等资产供职工无偿使用的,应当根据受益对象,将每期应付的租金计入相关资产成本或当期损益,并确认应付职工薪酬,借记"管理费用""生产成本""制造费用"等科目,贷记"应付职工薪酬—非货币性福利"科目。难以认定受益对象的非货币性福利,直接计入当期损益和应付职工薪酬。

【任务实施与解析】

一、工资计算与分配

【任务3—11】利华公司某工人的月工资标准为2 400元,8月该工人病假4天,事假2天,休假8天,出勤17天。根据该工人的工龄,其病假工资按工资标准的90%计算。该工人的病假和事假期间没有节假日。计算该工人8月的标准工资如下。

(1)按30天计算日工资率:

$$日工资率=\frac{2\ 400}{30}=80$$

按缺勤天数扣月工资计算:

应付工资=2 400－80×4×10%－80×2=2 208(元)

按出勤天数计算月工资:

应付工资=80×(17＋8)＋80×4×90%=2 288(元)

(2)按21.75天计算日工资率:

$$日工资率=\frac{2\ 400}{21.75}=110.34$$

按缺勤天数扣月工资计算:

应付工资=2 400－110.34×4×10%－110.34×2=2 135.18(元)

按出勤天数计算月工资:

应付工资=110.34×17＋110.34×4×90%=2 273(元)

【任务3—12】江南机电有限责任公司某生产小组由4个不同级别的工人组成,共同完成一项工作任务,共得计件工资4 356元。小组成员的个人计件工资计算分配如表3—19所示。

表3—19　　　　　　　　　　小组计件工资分配表

工人姓名	日工资率	出勤天数	计时工资	计件工资分配率	应得计件工资
李响	18	21	378	3	1 134
吴新	17	22	374	3	1 122
贾丽	20	20	400	3	1 200
钟涛	15	20	300	3	900
合计			1 452		4 356

注:计件工资分配率=$\frac{4\ 356}{1\ 452}$=3。

【任务3—13】光华机械厂2020年9月各部门工资汇总表如下,请根据工资分配汇总编制会计分录。

表 3—20

工资费用分配汇总表

2020 年 9 月　　　　　　　　　　　　　　　　　　单位:元

应借科目		工资			
总账	明细科目	分配标准（工时）	分配率	分配金额	工资合计
基本生产成本	甲产品	28 000	2	56 000	56 000
	乙产品	30 000		60 000	60 000
	小计	58 000		116 000	116 000
辅助生产成本	供电车间				90 000
	机修车间				110 000
	小计				200 000
制造费用	基本车间				10 000
管理费用					15 000
销售费用					20 000
合计					361 000

工资分配率 = $\dfrac{116\,000}{28\,000 + 30\,000}$ = 2

甲产品负担的工资费用 = 28 000 × 2 = 56 000(元)

乙产品负担的工资费用 = 30 000 × 2 = 60 000(元)

根据表 3—20 编制工资分配的会计分录：

借：基本生产成本——甲产品　　　　　　56 000
　　　　　　　　　　——乙产品　　　　　　60 000
　　辅助生产成本——供电车间　　　　　　90 000
　　　　　　　　　　——机修车间　　　　　110 000
　　制造费用——基本生产车间　　　　　　10 000
　　管理费用　　　　　　　　　　　　　　15 000
　　销售费用　　　　　　　　　　　　　　20 000
　　贷：应付职工薪酬——工资　　　　　　361 000

二、工资发放

【任务 3—14】通达有限公司根据"工资结算汇总表"结算本月应付职工工资总额 160 310 元，代扣住房公积金 10 260 元，代扣个人所得税 6 080 元，实发工资 143 970 元。工资薪酬从银行提现并发放。做出该公司的有关会计处理。

表 3-21 工资结算汇总表
2020 年 10 月

车间部门	人员类别	应付工资					代扣款项			实发工资
		标准工资	各种奖金	各种津贴	缺勤扣款	合计	公积金	个人所得税	合计	
基本生产车间	生产工人	150 000	4 000	6 000	1 000	159 000	5 000	4 500	9 500	149 500
	管理人员	23 000	2 300	1 500	400	26 400	1 600	820	2 420	23 980
辅助生产车间	生产工人	7 000	800	700	50	8 450	600	220	820	7 630
行政管理部门	管理人员	10 000	1 200	850		12 050	800	370	1 170	10 880
医务室	福利人员	3 800	200	120		4 120	260	50	310	3 810
销售部门	销售人员	9 000	1 500	500	80	10 920	800	320	1 120	9 800
合计		202 800	10 000	9 670	1 530	220 940	9 060	6 280	15 340	205 600

会计分录:
向银行提取现金时:
借:库存现金　　　　　　　　　　　　　　　　205 600
　　贷:银行存款　　　　　　　　　　　　　　　　　205 600
发放工资,支付现金时:
借:应付职工薪酬—工资　　　　　　　　　　　205 600
　　贷:库存现金　　　　　　　　　　　　　　　　　205 600
代扣款项时:
借:应付职工薪酬—工资　　　　　　　　　　　15 340
　　贷:其他应付款—住房公积金　　　　　　　　　　9 060
　　　　应缴税费—应缴个人所得税　　　　　　　　　6 280

三、福利费费用核算

【任务 3-15】乙企业下设一所职工食堂,每月根据在岗职工数量及岗位分布情况,相关历史经验数据等计算需要补贴食堂的金额,从而确定企业每期因补贴职工食堂需要承担的福利费金额。2020 年 9 月,企业在岗职工共计 200 人,其中管理部门 30 人,生产车间 170 人,企业的历史经验数据表明,每个职工每月需补贴食堂 150 元。乙企业应编制如下会计分录:
借:基本生产成本　　　　　　　　　　　　　　25 500
　　管理费用　　　　　　　　　　　　　　　　 4 500
　　贷:应付职工薪酬—职工福利费　　　　　　　　　30 000
本任务中,乙企业应当计提的职工福利费=150×200=30 000(元)。

【任务 3-16】承【任务 3-15】2020 年 10 月,乙企业支付 30 000 元补贴给食堂。乙企业应编制如下会计分录:

借：应付职工薪酬——职工福利费　　　　　　　　　30 000
　　贷：银行存款　　　　　　　　　　　　　　　　　　　　30 000

【任务3—17】甲公司为家电生产企业，共有职工200名，其中170名为直接参加生产的职工，30名为总部管理人员。2020年12月，甲公司以其生产的每台成本为900元的电暖器作为春节福利发放给职工。该型号的电暖器市场售价为每台1 000元，甲公司适用的增值税税率17%。甲公司应编制如下会计分录：

借：基本生产成本　　　　　　　　　　　　　　　198 900
　　管理费用　　　　　　　　　　　　　　　　　　35 100
　　贷：应付职工薪酬——非货币性福利　　　　　　　　　234 000

本任务中，应确认的应付职工薪酬=200×1 000+200×1 000×17%=234 000(元)。其中，应计入"基本生产成本"科目的金额=170×1 000+170×1 000×17%=198 900(元)应计入"管理费用"科目的金额=30×1 000+30×1 000×17%=35 100(元)。

四、社会保险费核算

【任务3—18】2020年12月，丙企业根据国家规定的计提标准，计算应向社会保险经办机构缴纳职工基本医疗保险费共计97 020元，其中，应计入基本生产车间生产成本的金额为67 200元，应计入制造费用的金额为14 700元，应计入管理费用的金额为15 120元。丙企业应编制如下会计分录：

借：基本生产成本　　　　　　　　　　　　　　　67 200
　　制造费用　　　　　　　　　　　　　　　　　14 700
　　管理费用　　　　　　　　　　　　　　　　　15 120
　　贷：应付职工薪酬——社会保险费——基本医疗保险　　　97 020

任务四 折旧费用及其他费用的归集与分配

【任务准备】

企业在生产经营过程中使用的机器设备等固定资产必然会产生折旧费用,那么折旧费用与产品生产成本有联系吗？要如何合理地分配折旧费用呢？我国目前采用的折旧计算方法主要有年限平均法、工作量法、双倍余额递减法、年数总和法等方法。

一、折旧的计提范围与方法

企业应当根据固定资产的性质和使用情况,合理确定固定资产的使用寿命和预计净残值。固定资产的使用寿命、预计净残值一经确定,不得随意变更。

(一)影响折旧的因素

1. 固定资产原价。
2. 预计净残值。
3. 固定资产减值准备。
4. 固定资产的使用寿命。

(二)计提折旧的范围

固定资产月折旧额按月初固定资产的原值和规定的折旧率计算。即当月开始使用的固定资产,当月不计提折旧,从下月起计提折旧;当月减少或停用的固定资产,当月仍计提折旧,从下月起停止计提折旧。

除以下情况外,企业应对所有固定资产计提折旧:

1. 已提足折旧继续使用的固定资产;
2. 单独估价作为固定资产入账的土地。

未使用和不需用的固定资产,以及以经营租赁方式租入的固定资产不计提折旧;已经提足折旧超龄使用的固定资产不再计提折旧;提前报废的固定资产,不补提折旧。房屋和建筑物由于有自然损耗,不论使用与否都应计提折旧;以融资租赁方式租入的固定资产应视同自有的固定资产计提折旧;季节性停用及大修理期间的固定资产应计提折旧。

(三)固定资产的折旧方法

折旧方法可以采用平均年限法、工作量法、双倍余额递减法、年数总和法等,后两种又被称为加速折旧法。折旧方法的选择应当遵循一致性原则,如需变更,在会计报表附注中予以说明。

二、固定资产折旧的核算

企业固定资产折旧费的归集通常是采用固定资产折旧计算表的形式进行的。各车间、部门根据月初计提折旧固定资产的有关资料和上月固定资产增减的具体份额,按照确定的折旧计算方法,计算并编制"固定资产折旧费用计算表"。

车间、部门每月计提的折旧额可按下列公式计算:

　某车间本月折旧额＝该车间上月折旧额＋该车间上月增加固定资产应计提折旧额
　　　　　　　　　—该车间上月减少固定资产应停提折旧额

固定资产应当按月计提折旧,计提的折旧应当计入"累计折旧"科目,并根据用途计入相关资产的成本或者当期损益。典型的会计分录为:

借:制造费用
　　管理费用
　　销售费用等
　　贷:累计折旧

三、其他费用的核算

其他费用是指除以上费用以外的各项要素费用,具体包括邮电费、修理费、差旅费、保险费、劳动保护费、运输费、办公费、印刷费、交通补助费、业务招待费、排污费、利息和有关的费用性税金等。这些费用都没专设成本项目,在费用发生时,按照发生的车间、部门,分别计入"制造费用""辅助生产成本""管理费用""在建工程""财务费用"等账户;有的则可以采用摊提办法计入有关账户。

利息费用不是产品成本的组成部分,而是经营管理费用中财务费用的组成部分。短期借款的利息有以下两种处理方法:一种是利息按季支付,或者利息是在到期时与本金一起归还,且数额较大,应当按月预提计入财务费用,季末实际支付时冲减应付利息;另一种是利息按月支付,或者利息到期与本金一起归还,但数额不大,可直接计入支付当期财务费用。

【任务实施与解析】
一、固定资产折旧费用分配

【任务3-19】三洋工厂2020年5月固定资产折旧费用分配如表3-22所示。

表3-22　　　　　　　　　　固定资产折旧费用分配表

三洋工厂　　　　　　　　　　2020年5月

应借科目	车间或部门	上月固定资产折旧额	上月增加固定资产应提折旧额	上月减少固定资产应停提折旧额	本月固定资产折旧额
制造费用	基本生产第一车间	8 000	960	180	8 780
	基本生产第二车间	4 500	150	120	4 530
	小计	12 500	1 110	300	13 310

续表

应借科目	车间或部门	上月固定资产折旧额	上月增加固定资产应提折旧额	上月减少固定资产应停提折旧额	本月固定资产折旧额
辅助生产成本	供电车间	4 600	100	250	4 450
	修理车间	2 560	140	150	2 550
	小计	7 160	240	400	7 000
管理费用	行政管理部门	7 600		680	6 920
合计		27 260	1 350	1 380	27 230

根据表3—23编制会计分录：

借：制造费用—基本生产一车间　　　　　　　　　　　8 780
　　　　　　　—基本生产二车间　　　　　　　　　　　4 530
　　辅助生产成本—供电车间　　　　　　　　　　　　　4 450
　　　　　　　　—修理车间　　　　　　　　　　　　　2 550
　　管理费用　　　　　　　　　　　　　　　　　　　　6 920
　　贷：累计折旧　　　　　　　　　　　　　　　　　　　　　27 230

【任务3—20】光华机械厂8月末基本生产车间厂房计提的折旧额为6 000元，机器设备的折旧额为9 000元，其中机械设备4 500元、动力设备3 200元、专用设备1 300元，上月新增机械设备两台原值140 000元，减少机械设备一台原值80 000元，减少动力设备一台原值60 000元。要求编制生产车间9月固定资产折旧计提表，见表3—23。

表3—23　　　　　　　　基本生产车间固定资产折旧费用计算表

光华机械厂　　　　　　　　　　　　2020年9月　　　　　　　　　　　　单位：元

固定资产类别	月折旧率%	上月计提	上月增加固定资产		上月减少固定资产		本月折旧额
			原值	折旧额	原值	折旧额	
房屋	0.7	6 000					6 000
机械设备	0.3	4 500	140 000	420	80 000	240	4 680
动力设备	0.4	3 200			60 000	240	2 960
专用设备	0.8	1 300					1 300
合计		15 000	140 000	420	140 000	480	14 940

光华机械厂2020年9月全部固定资产折旧费用分配表见表3—24。

表 3-24　　　　　　　　　　　　固定资产折旧费用分配表
光华机械厂　　　　　　　　　　　　　2020 年 9 月　　　　　　　　　　　　　　单位:元

应借账户	部门	上月折旧额	上月增加折旧额	上月减少折旧额	本月折旧额
制造费用	基本生产车间	15 000	420	480	14 940
辅助生产成本	供电车间	4 300		160	4 140
	机修车间	3 850	230		4 080
	小计	8 150	230	160	8 220
管理费用	行政管理部门	2 700			2 700
销售费用	专设销售机构	1 500			1 500
合计		27 350	650	640	27 360

根据表 3-25 编制会计分录为:

借:制造费用——基本生产车间　　　　　　　　　　14 940
　　辅助生产成本——供电车间　　　　　　　　　　4 140
　　　　　　　　——机修车间　　　　　　　　　　4 080
　　管理费用　　　　　　　　　　　　　　　　　　2 700
　　销售费用　　　　　　　　　　　　　　　　　　1 500
　贷:累计折旧　　　　　　　　　　　　　　　　　　　27 360

【任务 3-21】光华机械厂 2020 年 9 月用银行存款支付车间及各部门的办公费 7 280 元、修理费 4 680 元、销售部门的运输费 800 元、摊销车间及各部门应负担的财产保险费 14 200 元、报刊费 1 130 元,预提借款利息 2 500 元,根据有关资料编制其他费用汇总表如表 3-25 所示。

表 3-25　　　　　　　　　　　　其他费用分配汇总表
光华机械工厂　　　　　　　　　　　　2020 年 9 月　　　　　　　　　　　　　　单位:元

应借科目		成本或费用项目						
总账科目	明细科目	办公费	保险费	修理费	运输费	报刊费	利息支出	合计
制造费用	基本生产车间	720	5 800			350		6 870
辅助生产成本	供电车间	260	2 100			120		2 480
	机修车间	500	2 000			230		2 730
	小计	760	4 100			350		5 210
管理费用		5 200	3 000	4 680		280		13 160
销售费用		600	1 300		800	150		2 850
财务费用							2 500	2 500
合计		7 280	14 200	4 680	800	1 130	2 500	30 590

根据表3—26编制会计分录：
借：制造费用—基本生产车间　　　　　　　　　　6 870
　　辅助生产成本—供电车间　　　　　　　　　　2 480
　　　　　　　—机修车间　　　　　　　　　　　2 730
　　管理费用　　　　　　　　　　　　　　　　　13 160
　　销售费用　　　　　　　　　　　　　　　　　2 850
　　财务费用　　　　　　　　　　　　　　　　　2 500
　　贷：银行存款　　　　　　　　　　　　　　　12 760
　　　　预付账款　　　　　　　　　　　　　　　15 330
　　　　应付利息　　　　　　　　　　　　　　　2 500

【任务小结】

　　产品成本是反映企业生产经营管理工作质量的综合性指标。产品成本核算过程，既是对生产耗费进行归类反映的过程，也是对成本计划实施控制的过程。产品成本核算应设置"基本生产成本""辅助生产成本""制造费用""管理费用"等账户。

　　本项目主要介绍了产品成本构成要素的核算，具体包括材料费用、动力费用、人工费用、折旧费用等。其中材料费用在成本核算中占有重要的地位。归集时直接耗费应直接计入产品成本，对于几种产品共同耗费的间接材料费，应选择适当的分配标准分配计入各产品成本明细账的"直接材料"成本项目。在要素费用计算的基础上还必须掌握各要素费用分配表和相关会计凭证的编制。

【任务强化与实操】

一、单项选择

1.下列项目中不属于产品成本材料费用要素的是（　　）。
A.产品消耗的原材料　　　　　B.材料保管过程中消耗的物料
C.维修机器设备消耗的备件　　D.直接装配在产品上的外购半成品

2.下列内容中，不属于材料实际成本构成内容的是（　　）。
A.关税　　　　　　　　　　　B.运费
C.途中损失　　　　　　　　　D.途中合理损耗

3.生产车间统计员的工资应计入（　　）。
A.管理费用　　　　　　　　　B.制造费用
C.生产成本　　　　　　　　　D.销售费用

4.下列不能计入产品成本的费用是（　　）。
A.燃料和动力费用　　　　　　B.生产工人工资及福利费用
C.车间管理人员工资及福利　　D.期间费用

5.应在本月计算折旧费用的固定资产是（　　）。
A.以经营租赁方式租入的房屋　B.本月内购进的机器设备
C.未使用的设备　　　　　　　D.本月减少的设备

6.在企业未设置"燃料及动力"成本项目的情况下，生产车间发生的直接用于产品生产的动力费用，应借记的账户是（　　）。

A.管理费用 B.基本生产成本
C.生产费用 D.制造费用

7.企业为筹集资金而发生的手续费,应借记"( )"科目。
A.制造费用 B.财务费用"
C.管理费用 D.销售费用"

8.下列各项中属于管理费用的有( )。
A.企业专设销售机构人员的工资 B.产品广告费用
C.企业诉讼费 D.车间的办公费用

9.下列各项中属于直接生产费用的是( )。
A.生产用设备的修理费 B.产品生产人员薪酬
C.企业行政管理部门固定资产的折旧费 D.生产车间的办公费用

10.某企业固定资产采用使用年限法计提折旧,某类固定资产残值率为5%,预计使用15年,则年折旧率为( )。
A.6.67% B.6.33%
C.5.37% D.6.00%

二、多项选择

1.下列各项中,应计入当期生产成本的有( )。
A.生产产品耗用的材料成本 B.生产人员的薪酬
C.行政管理部门固定资产折旧 D.生产设备的折旧

2.影响折旧的因素有( )。
A.固定资产原价 B.预计净残值
C.固定资产减值准备 D.固定资产的使用寿命

3.下列( )不计提折旧。
A.已提足折旧仍继续使用的固定资产 B.房屋建筑物
C.以经营租赁方式租入的固定资产 D.土地

4.下列不属于生产费用的是( )。
A.制造费用 B.生产成本
C.所得税费用 D.管理费用

5.进行工资费用分配时,可能借记的科目有( )。
A.制造费用 B.生产成本
C.在建工程 D.管理费用

6.低值易耗品摊销方法有( )。
A.一次转销法 B.分次摊销法
C.定期摊销法 D.五五摊销法

7.按下列人员工资总额计提的社保费用,应由管理费用负担的是( )。
A.车间管理人员 B.企业管理人员
C.企业销售人员 D.企业福利机构人员

8.企业提取的社保费用包括( )。
A.养老保险 B.医疗保险

C.工伤保险　　　　　　　　D.生育保险

9.下列固定资产中不计提折旧的有(　　)。

A.未使用的房屋和建筑物　　　　B.不需用的固定资产

C.提前报废的固定资产　　　　　D.以经营租赁方式租入的固定资产

10.发生下列费用时,可以直接借记"基本生产成本"的是(　　)。

A.车间照明用电费　　　　　　　B.构成产品实体的原材料费用

C.车间管理人员工资　　　　　　D.车间生产人员工资

三、判断

1.企业以自产产品发放给职工作为非货币性福利的,应按公允价值作为应付职工薪酬计入相关资产成本或当期费用。(　　)

2.要素费用一定是产品成本的构成要素。(　　)

3.直接费用就是直接计入的费用。(　　)

4.固定资产的更新改造等后续支出,满足费用化确认条件的,应当计入固定资产成本。(　　)

5.外购材料的实际成本包括材料购买过程中发生的所有支出。(　　)

6.结转发出材料的成本差异,都要记在材料成本差异账户的贷方。(　　)

7.外购动力费用通常是先分配计入有关的成本费用,再支付价款的。(　　)

8.企业将租赁的住房无偿提供给职工使用的,应将每期应付的租金作为应付职工薪酬计入相关资产成本或到期费用。(　　)

9.对不单独计价的包装物品的成本,作为产品销售成本,计入"主营业务成本"账户。(　　)

10.薪酬费用一般按薪酬费用发生的岗位及受益情况进行分配。(　　)

四、任务实操

1.某企业生产甲、乙两种产品,共同耗用某种材料1 200千克,每千克4元。甲产品的实际产量为140件,单件产品材料消耗定额为4千克;乙产品的实际产量为80件,单件产品材料消耗定额为5.5千克。按材料定额耗用量比例法分配甲、乙产品各自应负担的材料费,编制材料费用分配表,如表3—1—1所示,做出账务处理。

表3—1—1　　　　　　　　　　原材料费用分配表

2020年5月　　　　　　　　　　　　单位:元

应借账户	成本明细	间接计入			合计
		定额消耗量	分配率	分配额	
基本生产成本	甲产品				
基本生产成本	乙产品				
合计					

2.丙公司根据2020年7月领料单汇总各部门领料情况如表3—2—1所示。该企业材料收发采用实际成本核算;A、B两种产品共同耗用材料按定额耗用量比例分配。基本生产车间共同耗用某种材料4 000千克,单价100元,材料成本合计400 000元,生产A产品4 000件,B产品2 000件。A产品单位消耗定额为12千克,B产品单位消耗定额为26千克。计算A、B产品应分配的材料成本,编制材料费用分配表3—2—1并填制有关会计分录。

表 3－2－1　　　　　　　　　　　材料费用分配表

2020 年 7 月　　　　　　　　　　　　　　　　　　　单位:元

应借科目			共同耗用原材料的分配					直接领用的原材料（元）	原材料总费用（元）
总账	明细科目	项目	产量	单位消耗定额	定额消耗量（千克）	分配率	应分配材料费(元)		
基本生产成本	A产品	直接材料						408 000	
	B产品	直接材料						32 000	
	小计								
辅助生产成本	锅炉车间	直接材料						125 000	
	供电车间	直接材料						75 000	
	小计								
制造费用	基本车间	机物料消耗						60 000	
	合计								

3.某企业领用 A 材料 3 000 千克,其中 2 300 千克用于生产甲产品,700 千克用于行政管理部门耗用;领用 B 材料 2 500 千克其中 2 000 千克用于生产乙产品,500 千克基本车间一般耗用;领用 C 材料 6 000 千克,用于生产甲、乙两种产品,甲产品 C 材料消耗定额 7 千克,乙产品 C 材料消耗定额 5 千克,本月甲产品产量 750 件,乙产品产量 500 件。A 材料单价 15 元,B 材料单价 20 元,C 材料单价 25 元。产品共同耗用的材料采用定额耗用量比例法进行分配。请编制材料费用分配表 3－3－1,列出计算过程并做会计分录。

表 3－3－1　　　　　　　　　　　发出材料汇总表

项目　　　　　　　领料部门	A 材料	B 材料	C 材料	合计
基本车间—甲产品				
基本车间—乙产品				
基本车间——般耗用				
行政管理部门				
合计				

C 材料分配率＝

甲产品承担 C 材料费用＝

乙产品承担 C 材料费用＝

分录：

4.某企业生产 A、B 两种产品,共同耗用燃料。其耗用燃料的实际成本为 29 000 元。两种产品的燃料费用定额为:A 产品单位燃料费用定额 20 元,B 产品单位燃料费用定额 15 元;当月的实际产量为:A 产品 500 件、B 产品 300 件。

要求:

(1)采用定额费用比例法分配燃料费用;

(2)作出账务处理。

5.某工业企业 2020 年 9 月末查明各车间、部门耗电数为:基本生产车间耗电 35 000 度,其中车间照明用电 5 000 度;辅助生产车间耗电 8 900 度;企业行政管理部门耗电 6 000 度。该月应付外购动力费共计 24 950 元。10 月 6 日通过银行支付外购电费。

要求:

(1)按所耗电度数分配动力费用,A、B 产品按生产工时分配电费。A 产品生产工时为 36 000 小时,B 产品生产工时为 24 000 小时。

(2)编制该月分配外购电力费用表如表 3—4—1 所示,编制会计分录。该企业基本生产产品设有"燃料及动力"成本项目;辅助生产产品设有"燃料及动力"成本项目。

表 3—4—1　　　　　　　　　　　外购电力费用分配表

2020 年 9 月　　　　　　　　　　　　　　　　　　单位:元

应借科目		成本项目	生产工时 (分配率)	度数 (单价)	分配金额
基本生产成本	A 产品	电力费			
	B 产品	电力费			
	小计				
辅助生产成本		电力费			
制造费用	基本生产车间	电力费			
管理费用		电力费			
合计					

编制会计分录:

6.光华工厂2020年11月各部门固定资产折旧额和增减固定资产原值的金额如表3—5—1所示。

表3—5—1 　　　　　　　　　　**固定资产折旧计算表**
华光工厂　　　　　　　　　　　　2020年11月　　　　　　　　　　金额单位:元

使用单位或部门	上月折旧额	上月增加固定资产折旧额	上月减少固定资产折旧额	本月折旧额
基本生产车间	2 400	680	320	
机修车间	300	400		
行政管理部门	800		240	
合计	3 500	1 080	560	

(1)计算各部门本月应计提的折旧额。
(2)分配本月各部门计提的折旧费编制会计分录。

7.光明工厂2020年9月的应付工资总额为84 300元,生产甲、乙两种产品,其实际生产工时分别为4 000小时、6 000小时,共同发生的工资费用为42 000元,要求按生产工时比例分配工资,编制工资费用分配表如表3—6—1所示。

(1)工资费用分配率＝
(2)甲产品应负担的工资费用＝
(3)乙产品应负担的工资费用＝

表3—6—1 　　　　　　　　　　**职工薪酬分配表**
　　　　　　　　　　　　　　　　2020年9月　　　　　　　　　　金额单位:元

应借账户		成本项目	生产工时	分配率	分配金额
基本生产成本	甲产品	直接人工			
	乙产品	直接人工			
	小计				4 200
辅助生产成本	供电车间	职工薪酬			2 700
	机修车间	职工薪酬			4 200
	小计				6 900
制造费用	基本生产车间	职工薪酬			3 700
管理费用		职工薪酬			17 100
销售费用		职工薪酬			14 600
合计					84 300

编制工资分配的会计分录:

8.某企业工资及社会保险费资料见下表,计算并做出分配工资、计提住房公积金、计提社会保险费的会计分录。

工资及社会保险费分配汇总表

2020年9月　　　　　　　　　　　　　　　　　　　　　　　单位:元

人员类别	应付工资总额	计提住房公积金11%	计提社会保险费36%
A产品生产工人	300 000	33 000	108 000
机修车间人员	13 000	1 430	4 680
锅炉车间人员	15 000	1 650	5 400
生产车间技术人员	6 000	660	2 160
企业管理部门人员	25 000	2 750	9 000
合计	359 000	39 490	129 240

会计分录:
(1)分配工资

借:生产成本——A产品　　300 000
　　制造费用　　6 000
　　辅助生产成本——机修车间　　13 000
　　辅助生产成本——锅炉车间　　15 000
　　管理费用　　25 000
　　贷:应付职工薪酬——工资　　359 000

(2)计提住房公积金

借:生产成本——A产品　　33 000
　　制造费用　　660
　　辅助生产成本——机修车间　　1 430
　　辅助生产成本——锅炉车间　　1 650
　　管理费用　　2 750
　　贷:应付职工薪酬——住房公积金　　39 490

(3)社会保险费

借:生产成本——A产品　　108 000
　　制造费用　　2 160
　　辅助生产成本——机修车间　　4 680
　　辅助生产成本——锅炉车间　　5 400
　　管理费用　　9 000
　　贷:应付职工薪酬——社会保险费　　129 240

项目四 综合费用的归集与分配

【知识目标】
1. 掌握辅助生产费用的含义、内容及分配核算原理。
2. 掌握制造费用的内容,制造费用分配方法。
3. 掌握损失性费用特点和适用范围。

【能力目标】
通过本项目学习能设置辅助生产成本、制造费用明细账,能熟练运用各种费用分配方法分配相关费用并能编制各种费用分配表。

【素质目标】
1. 培养爱岗敬业、热情、耐心的服务意识。
2. 培养诚信品格和社会责任感。

工作情境

华瑞工厂有供水和供电两个辅助生产车间,2020年9月分别发生费用8 000元和12 000元,另外在9月的生产过程中出现了废品损失,生产的1 100件产品中合格品为1 060件,不可修复的废品有30件,可修复的废品有10件,那么9月发生在两个辅助生产车间的辅助费用应如何分配?废品损失应如何计算呢?

任务一　辅助生产费用的归集与分配

【任务准备】

辅助生产费用的归集和分配是正确计算基本生产车间产品成本的基础。企业成本核算员应根据要素费用分配表登记辅助生产明细账，归集所发生的辅助生产费用，并采用一定的方法将归集的辅助生产费用按受益对象进行分配。辅助生产费用的分配是一个较为复杂的过程，为了使分配的结果尽可能符合客观实际，分配时应根据企业各辅助生产部门生产产品或劳务的特点以及受益单位的具体情况，结合管理要求选用适当的方法分配辅助生产费用。

一、辅助生产费用的核算内容

辅助生产指为基本生产和行政管理部门服务而进行的产品生产或劳务供应。从事辅助生产活动的车间称为辅助生产车间，一般包括供电、供水、供汽、供风、机修、运输和工具模具生产等车间。

辅助生产与基本生产的最大区别是生产产品的目的不同。基本生产车间生产的产品主要是对外销售的，而辅助生产车间生产的产品或提供的劳务主要是对内服务的。辅助生产车间在生产产品或提供劳务过程中发生的生产费用，构成这些产品或劳务的成本。基本生产车间接受辅助生产车间提供的产品或劳务，成为基本生产车间生产产品的成本组成部分，有关部门接受辅助生产车间提供的产品或劳务，形成其他成本费用。辅助生产车间在生产过程中发生的材料费用、动力费用、人工费用、制造费用等就是辅助生产费用的归集的内容。辅助生产费用有两种：一种是生产一种产品或提供一种劳务，如供电、供水、供汽或运输等；另一种是生产多种产品或提供多种劳务，如从事工具、模具、修理用备件的制造以及机器设备的修理等。

二、辅助生产费用的归集

辅助生产费用的核算，通过"辅助生产成本"账户进行。为了反映各个辅助生产车间的费用发生情况，在"辅助生产成本"账户下，按不同的辅助生产车间分户，进行辅助生产的明细分类核算。对辅助生产车间发生的制造费用是否通过"制造费用"核算，没有统一要求，企业可以按照辅助生产车间规模的大小、制造费用发生额的多少，以及辅助生产车间提供产品或劳务是否单一等情况确定。

（1）一般来说，辅助生产车间对外提供商品产品，且辅助生产车间的制造费用数额较大的情况下，辅助生产车间的制造费用应先通过"制造费用—辅助生产车间"账户单独进行归集，月末再将其结转至相应的"辅助生产成本"账户，从而计入辅助生产产品或劳务的成本。在这种情况下辅助生产成本明细账的设置与"基本生产成本"明细账相似，一般分车间，按产品、劳务设置，明细账内再按规定的成本项目或费用项目设置。这种情况下的成本归集程序相对比较复杂。比如，某企业有供水、供电两个辅助生产车间，供电车间要耗用水，供水车间要耗用电，其归集程序如图 4-1 所示。

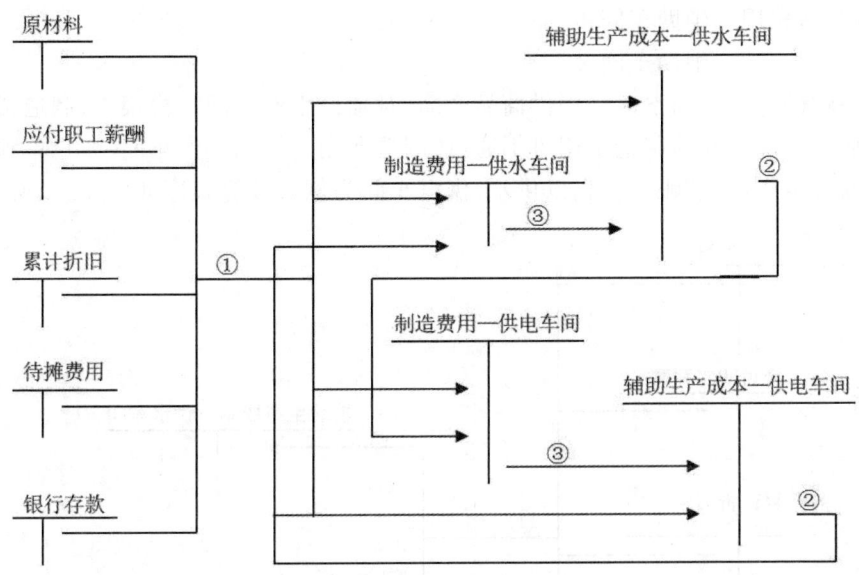

图 4-1 辅助生产费用归集的程序

注:辅助生产车间设制造费用账户归集程序。
① 根据各项要素费用分配表登记各辅助生产车间的成本明细账及该辅助生产车间的制造费用明细账。
② 分配辅助生产部门之间相互提供的劳务或产品,计入各辅助生产车间的制造费用明细账。
③ 期末将各辅助生产部门的制造费用结转至辅助生产成本明细账。

在这种情况下,辅助生产成本明细账如表 4-1 所示。

表 4-1 辅助生产成本明细账

车间名称:

年		凭证		摘要	直接材料	燃料及动力	直接人工	制造费用	合计
月	日	字	号						

辅助生产车间材料、燃料及动力、职工薪酬发生时:
借:生产成本—辅助车间 1 　　　　　　　　×××
　　　　　　 —辅助车间 2 　　　　　　　　×××
　　贷:原材料 　　　　　　　　　　　　　　　　　×××
　　　　应付职工薪酬等 　　　　　　　　　　　×××
辅助生产车间发生制造费用时:
借:制造费用—辅助车间 1 　　　　　　　　×××
　　　　　　 —辅助车间 2 　　　　　　　　×××
　　贷:累计折旧等 　　　　　　　　　　　　　　×××
制造费用转入辅助生产成本时:
借:生产成本—辅助车间 1 　　　　　　　　×××

　　　　　—辅助车间2　　　　　　　　　　　　　　×××
　　　贷:制造费用—辅助车间1　　　　　　　　　　×××
　　　　　—辅助车间2　　　　　　　　　　　　　　×××

(2)如果辅助生产车间不对外提供商品产品,且辅助生产车间规模很小、制造费用很少,为简化核算,辅助生产车间的制造费用可不通过"制造费用—辅助生产车间"账户单独归集,而是直接记入"辅助生产成本"账户。仍以供水、供电车间为例其核算程序如图4-2所示。

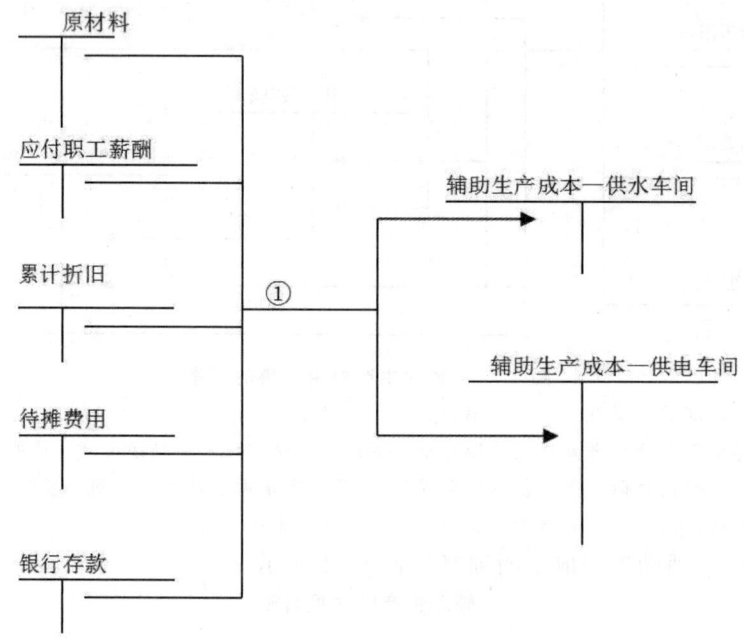

图4-2　辅助生产费用归集的程序

注:辅助生产车间不设制造费用账户归集程序。
① 根据各项要素费用分配表直接登记各辅助生产车间的成本明细账。

这时将产品的成本项目和制造费用的费用项目结合起来,设置"辅助生产成本"明细账,其格式如表4-2所示。

表4-2　　　　　　　　　　　辅助生产成本明细账
车间名称:　　　　　　　　　　　　　　　　　　　　　　　　　　单位:元

年		凭证		摘要	材料费	燃料及动力	职工薪酬	折旧费	办公费	其他	合计

辅助生产费用归集的会计分录如下。
　　借:辅助生产成本—辅助生产车间1　　　　　×××
　　　　　　—辅助生产车间2　　　　　　　　　×××

贷：原材料	×××
应付职工薪酬	×××
累计折旧	×××
银行存款等	×××

三、辅助生产费用的分配

辅助生产费用的分配就是将归集的各辅助生产成本在其受益对象之间采用适当的分配方法进行分配，即按照一定的标准和方法，将辅助生产费用分配给各受益对象的过程。

辅助生产成本向各受益对象进行分配通常有两种情况。

1.辅助生产车间所生产的产品，如工具、模具、修理用备件等，当产品完工时，从"辅助生产成本"账户的贷方，分别转入"原材料""周转材料—低值易耗品"账户的借方。

2.辅助生产车间提供的劳务，如供水、供电、修理和运输等，其发生的辅助生产费用通常于月末在各受益单位之间按一定的标准和方法进行分配。凡直接为生产产品提供的劳务，例如，供电车间为产品生产工艺提供动力用电，应按该产品接受劳务量计入"基本生产成本"账户；凡间接为生产产品提供劳务，例如，辅助生产供电车间为基本生产车间提供照明用电，应计入"制造费用"账户；凡向企业销售机构、行政管理部门提供办公、照明用电，应计入"销售费用"明细账和"管理费用"明细账等账户。

辅助生产车间提供劳务的费用分配是通过编制辅助生产费用分配表进行的。辅助生产费用的分配方法主要有：直接分配法、交互分配法、代数分配法、计划成本分配法和顺序分配法。

【任务实施与解析】

一、辅助生产费用归集核算

【任务4—1】大华工厂有供电和供水两个辅助生产车间，辅助生产车间的制造费用通过"制造费用"账户核算，2020年5月发生经济业务如下。

(1)供电车间生产领用材料32 000元，供水车间生产领用材料18 000元，供电车间一般耗用材料2 500元，供水车间一般耗用材料1 700元。

(2)应付辅助生产车间工人工资50 000元。其中，供电车间生产工人工资25 000元，车间管理人员工资5 000元，供水车间生产工人工资17 000元，车间管理人员工资3 000元。

(3)提取辅助生产车间生产用固定资产折旧33 000元，其中供电车间折旧20 000元，供水车间折旧13 000元。

(4)通过银行转账支付外购动力费4 000元，其中供电车间耗用2 500元，供水车间耗用1 500元。

(5)通过银行转账支付办公用品费2 500元，其中供电车间办公用品费1 800元，供水车间办公用品费700元。

(6)结转辅助生产车间制造费用。

要求：根据以上经济业务编制会计分录。

(1)借：辅助生产成本—供电车间	32 000
—供水车间	18 000
制造费用—供电车间	2 500
—供水车间	1 700

贷:原材料		54 200
(2)借:辅助生产成本—供电车间	25 000	
—供水车间	17 000	
制造费用—供电车间	5 000	
—供水车间	3 000	
贷:应付职工薪酬		50 000
(3)借:制造费用—供电车间	20 000	
—供水车间	13 000	
贷:累计折旧		33 000
(4)借:制造费用—供电车间	2 500	
—供水车间	1 500	
贷:银行存款		4 000
(5)借:制造费用—供电车间	1 800	
—供水车间	700	
贷:银行存款		2 500
(6)借:辅助生产成本—供电车间	31 800	
—供水车间	19 900	
贷:制造费用—供电车间		31 800
—供水车间		19 900

【任务4-2】根据【任务4-1】资料,采取辅助生产车间的制造费用不通过"制造费用"账户核算的方法进行账务处理。

(1)借:辅助生产成本—供电车间	34 500	
—供水车间	19 700	
贷:原材料		54 200
(2)借:辅助生产成本—供电车间	30 000	
—供水车间	20 000	
贷:应付职工薪酬		50 000
(3)借:辅助生产成本—供电车间	20 000	
—供水车间	13 000	
贷:累计折旧		33 000
(4)借:辅助生产成本—供电车间	2 500	
—供水车间	1 500	
贷:银行存款		4 000
(5)借:辅助生产成本—供电车间	1 800	
—供水车间	700	
贷:银行存款		2 000

二、辅助生产费用的分配核算

(一)直接分配法

【任务4-3】在项目三中光华机械厂有供电和机修两个辅助生产车间,该两个辅助生产车间的制造费用不通过"制造费用"科目核算,日常发生的各种辅助生产费用,均在"辅助生产成本"账户借方归集。登记该公司2020年9月有关辅助生产成本明细账资料如表4—3、表4—4所示。

表4—3　　　　　　　　　　　　辅助生产成本明细账

辅助车间:供电车间　　　　　　　　　　　　　　　　　　　　　　　单位:元

2020年		凭证		摘要	材料费	人工费	折旧费	燃料及动力费	其他	合计
月	日	字	号							
9	30			材料费用分配表	2 130					2 130
	30			燃料费用分配表				3 500		3 500
	30			外购动力分配表				2 000		2 000
	30			人工费用分配表		90 000				90 000
	30			折旧费用分配表			4 140			4 140
	30			其他费用分配表					2 480	2 480
	30			本月合计	2 130	90 000	4 140	5 500	2 480	10 450
	30			结转辅助生产费用	2 130	90 000	4 140	5 500	2 480	104 250

表4—4　　　　　　　　　　　　辅助生产成本明细账

辅助车间:机修车间　　　　　　　　　　　　　　　　　　　　　　　单位:元

2011年		凭证		摘要	材料费	人工费	折旧费	燃料及动力费	其他	合计
月	日	字	号							
9	30			材料费用分配表	1 860					1 860
	30			燃料费用分配表				2 000		2 000
	30			外购动力分配费				2 750		2 750
	30			人工费用分配表		110 000				110 000
	30			折旧费用分配表			4 080			4 080
	30			其他费用分配表					2 730	2 730
	30			本月合计	1 860	110 000	4 080	4 750	2 730	123 420
	30			结转辅助生产费用	1 860	110 000	4 080	4 750	2 730	123 420

光华机械厂供电车间、机修车间本月发生的费用分别为104 250元、123 420元,辅助生产为各部门提供的劳务量见表4—5。

表4－5　　　　　　　　　　供电、机修车间提供劳务量
光华机械厂　　　　　　　　　2020年9月

受益车间、部门		供电数量(度)	修理工时(小时)
辅助生产车间	供电车间		1 000
	机修车间	4 000	
基本生产	甲产品耗用	9 000	
	乙产品耗用	12 000	
	一般消耗	4 400	4 000
行政管理部门		3 600	1 500
专设销售机构		1 000	500
合计		34 000	7 000

根据上述资料，采用直接分配法分配辅助生产费用，编制辅助生产费用分配表，如表4－6所示。

表4－6　　　　　　　　辅助生产费用分配表(直接分配法)
光华机械厂　　　　　　　2020年9月　　　　　　　　　　　　单位:元

辅助生产车间			供电车间	机修车间	金额合计
待分配费用			104 250	123 420	227 670
对外提供劳务数量			30 000	6 000	
费用分配率(单位成本)			3.475	20.57	
基本生产车间	甲产品	数量	9 000		
		金额	31 275		31 275
	乙产品	数量	12 000		
		金额	41 700		41 700
	一般耗用	数量	4 400	4 000	
		金额	15 290	82 280	97 570
行政管理部门		数量	3 600	1 500	
		金额	12 510	30 855	43 365
专设销售机构		数量	1 000	500	
		金额	3 475	10 285	13 760
分配费用合计			104 250	123 420	227 670

对外提供劳务、产品数量：
供电车间＝34 000－4 000＝30 000(度)
机修车间＝7 000－1 000＝6 000(小时)

供电车间分配率 = $\dfrac{104\,250}{30\,000}$ = 3.475

机修车间分配率 = $\dfrac{123\,420}{600}$ = 20.57

会计处理如下：

借：基本生产成本——甲产品　　　　　　　　31 275
　　　　　　　　——乙产品　　　　　　　　41 700
　　制造费用——基本生产车间　　　　　　　97 570
　　管理费用　　　　　　　　　　　　　　　43 365
　　销售费用　　　　　　　　　　　　　　　13 760
　贷：辅助生产成本——供电车间　　　　　　　　　　104 250
　　　　　　　　　——机修车间　　　　　　　　　　123 420

直接分配法是直接将各辅助生产车间发生的成本分配给辅助生产以外的各个受益单位或产品。其特点是：辅助生产部门之间相互提供产品或劳务的成本忽略不计，各辅助生产车间互不分配费用。

其计算公式为：

某辅助车间费用分配率 = 该辅助生产车间归集的辅助生产费用 / 该辅助生产车间对外提供的劳务数量之和

某受益对象应负担的费用 = 该受益对象耗用的劳务数量 × 某辅助车间费用分配率

采用直接分配法，由于各辅助生产车间只对其以外的受益部门分配费用，计算工作简便。但由于各辅助生产部门内部不承担相互耗用的劳务费用，如【任务4—3】供电车间的费用不包括所耗用的修理费，机修车间的费用不包括所耗用的电费，因而结果不够客观准确，所以该方法适用于只有一个辅助车间或辅助生产车间内部相互提供劳务不多的情况。

（二）交互分配法

【任务4—4】以【任务4—3】光华机械厂的资料为例，采用交互分配法分配辅助生产费用，如表4—7所示。

表4—7　　　　　　辅助生产成本分配表（交互分配法）
2020年9月

项目		交互分配		对外分配		合计
辅助车间		供电车间	机修车间	供电车间	机修车间	
待分配费用		104 250	123 420	109 600	118 070	227 670
供应总数量		34 000	7 000	30 000	6000	
分配率		3.07	17.63	3.65	19.68	
辅助生产车间（供电车间）	数量		1 000			
	金额		17 630			

续表

项目		交互分配		对外分配		
辅助车间		供电车间	机修车间	供电车间	机修车间	合计
辅助生产车间（机修车间）	数量	4 000				
	金额	12 280				
	小计	12 280	17 630			
基本生产车间（甲产品）	数量			9 000		
	金额			32 850		32 850
基本生产车间（乙产品）	数量			12 000		
	金额			43 800		43 800
基本生产车间（一般耗用）	数量			4 400	4 000	
	金额			16 060	78 720	94 780
行政管理部门	数量			3 600	1 500	
	金额			13 240	29 510	42 750
专设销售机构	数量			1 000	500	
	金额			3 650	9 840	13 490
分配金额小计		12 280	17 630	109 600	118 070	227 670

注：分配率的小数保留两位，计算尾差计入行政管理部门应分配的费用。

① 交互分配的分配率：

供电车间 $=\dfrac{104\ 250}{34\ 000}\approx 3.07$

机修车间 $=\dfrac{123\ 420}{7\ 000}\approx 17.63$

供电车间向机修车间提供的电费 $=4\ 000\times 3.07=12\ 280$（元）

机修车间向供电车间提供的修理费 $=1\ 000\times 17.63=17\ 630$（元）

② 交互分配后对辅助生产车间以外受益部门分配费用

供电车间对外分配费用 $=104\ 250+17\ 630-12\ 280=109\ 600$（元）

机修车间对外分配费用 $=123\ 420+12\ 280-17\ 630=118\ 070$（元）

③ 对外分配的费用分配率：

供电车间 $=\dfrac{109\ 600}{30\ 000}\approx 3.65$

机修车间 $=\dfrac{118\ 070}{6\ 000}\approx 19.68$

会计处理如下：

(1) 交互分配：

借：辅助生产成本——供电车间　　　　　　　　　　　　17 630

	—机修车间	12 280	
	贷：辅助生产成本—机修车间		17 630
	—供电车间		12 280

(2) 对外分配：

借：基本生产成本—甲产品	32 850	
—乙产品	43 800	
制造费用—基本生产车间	94 780	
管理费用	42 750	
销售费用	13 490	
贷：辅助生产成本—供电车间		109 600
—机修车间		118 070

编制记账凭证如下。

表 4-8

记　账　凭　证

2020 年 9 月 30 日　　　　　　　　　　　第 61 号

摘要	会计科目		借方金额	贷方金额	账页
	总账科目	明细科目	百十万千百十元角分	十万千百十元角分	或 √
交互分配辅助费用	辅助生产成本	供电车间	1 7 6 3 0 0 0		
	辅助生产成本	机修车间	1 2 2 8 0 0 0		
	辅助生产成本	机修车间		1 7 6 3 0 0 0	
	辅助生产成本	供电车间		1 2 2 8 0 0 0	
	合计		￥2 9 9 1 0 0 0	￥2 9 9 1 0 0 0	

会计主管×× 　　　　记账×× 　　　　出纳 　　　　审核×× 　　　　制单　×× 　　附件 1 张

表 4－9　　　　　　　　　记　账　凭　证
2020 年 9 月 30 日　　　　　　　　第 62 号

摘要	会计科目		借方金额	贷方金额	账页
	总账科目	明细科目	百十万千百十元角分	百十万千百十元角分	或√
对外分配辅助费用	基本生产成本	甲产品	3 2 8 5 0 0 0		
	基本生产成本	乙产品	4 3 8 0 0 0 0		附件1张
	制造费用	基本生产车间	9 4 7 8 0 0 0		
	管理费用		4 2 7 5 0 0 0		
	销售费用		1 3 4 9 0 0 0		
	辅助生产成本	供电车间		1 0 9 6 0 0 0 0	
	辅助生产成本	机修车间		1 1 8 0 7 0 0 0	
	合计		¥2 2 7 6 7 0 0 0	¥2 2 7 6 7 0 0 0	

会计主管××　　记账××　　出纳　　审核××　　制单××

交互分配法是指企业各辅助生产车间之间有相互服务的情况下，首先将各辅助生产车间直接发生的费用进行一次交互分配，然后再进行一次直接的追加分配的一种辅助生产费用分配方法。

交互分配法对各辅助生产车间发生的辅助生产费用进行两次分配。首先根据各辅助生产部门交互分配前的分配率和相互提供的劳务数量在各辅助生产车间之间进行交互分配，也就是在辅助生产车间内部进行分配；然后将各辅助生产车间交互分配后的实际费用（交互分配前的费用加上交互分配转入的费用减去交互分配转出的费用），即对外分配费用，再向辅助生产部门以外的各受益对象进行分配。其计算步骤如下。

(1) 交互分配（辅助生产车间内部分配）

$$交互分配率 = 某辅助生产车间交互分配前的费用 / 劳务供应总量$$

$$某辅助生产车间应负担其他辅助车间费用 = 该辅助生产车间耗用的劳务量 \times 交互分配率$$

(2) 对外分配

$$该辅助生产车间对外分配的费用 = 该辅助生产车间交互分配前的费用 + 交互分配转入的费用 - 交互分配转出的费用$$

$$某辅助生产车间对外分配率 = 该辅助生产车间对外分配的费用 / 对外提供的劳务总量$$

某受益对象应负担的辅助生产费用＝该受益对象耗用的劳务量×对外分配率

采用这种方法分配费用时，同样是根据各辅助生产费用明细账上归集的费用及其提供劳务或产品的情况，通过编制"辅助生产费用分配表"进行分配的。

采用交互分配法分配,由于辅助生产车间内部进行了交互分配,其结果较直接分配法分配的结果更符合实际,因而提高了分配结果的准确性。但在进行交互分配时,计算的交互分配率并非辅助生产车间提供劳务的实际单位成本,因而分配的结果也不可能完全准确。同时,由于要进行交互和对外两次分配,计算两次分配率增加了分配的工作量。交互分配法通常适用于辅助生产车间之间相互耗用劳务较多的企业。

(三) 代数分配法

【任务4—5】以【任务4—3】光华机械厂的资料为例,采用代数分配法分配辅助生产费用,如表4—10所示。

假设供电车间每度电的单位成本为 x ,机修车间的单位劳务成本为 y

设立方程为:(保留四位小数)

$$\begin{cases} 104\ 250 + 1\ 000y = 34\ 000x \\ 123\ 420 + 4\ 000x = 7\ 000y \end{cases}$$

解:$x \approx 3.646 \qquad y \approx 19.7149$

分配结果如表4—10所示。

表4—10　　　　　　　　　辅助生产成本分配表(代数分配法)

2020年9月　　　　　　　　　　　　　　　　单位:元

辅助生产车间			供电车间	机修车间	合计
待分配费用			104 250	123 420	227 670
劳务数量			34 000	7 000	
费用分配率(实际单位成本)			3.646	19.7149	
辅助生产车间	供电车间	数量		1 000	
		金额		19 714.9	19 714.9
	机修车间	数量	4 000		
		金额	14 584		14 584
基本生产车间(甲产品)		数量	9 000		
		金额	32 814		32 814
基本生产车间(乙产品)		数量	12 000		
		金额	43 752		43 752
基本生产车间(一般耗用)		数量	4 400	4 000	
		金额	16 042.4	78 859.6	94 902
行政管理部门		数量	3 600	1 500	
		金额	13 126.5	29 572.05	42 698.55
专设销售机构		数量	1 000	500	
		金额	3 646	9 857.45	13 503.45
合计			123 964.9①	138 004②	261 968.9

注：合计数为等式左边即贷方合计数。①＝104 250＋19 714.9；②＝123 420＋14 584，尾差计入行政管理部门。

会计分录：

借：辅助生产成本——供电车间	19 714.9
——机修车间	14 584
基本生产成本——甲产品	32 814
——乙产品	43 752
制造费用——基本生产车间	94 902
管理费用	42 698.55
销售费用	13 503.45
贷：辅助生产成本——供电车间	123 964.9
——机修车间	138 004

代数分配法是根据代数中解多元一次方程组的原理，先计算出各辅助生产车间提供产品或劳务的单位成本（分配率），然后根据该单位成本和各受益对象耗用辅助生产车间产品或劳务数量进行辅助生产费用分配的方法。

其计算步骤如下：

1.把每个辅助生产车间的产品或劳务的单位成本设为一个未知数，以发生的辅助生产费用等于分配出去的辅助生产费用为依据列等式关系，并列方程组；

2.解方程组，算出各辅助生产车间的产品或劳务的单位成本；

3.根据方程组中解得的单位成本和各受益对象耗用辅助生产车间产品或劳务数量计算出各受益对象应分配的辅助生产费用。

采用代数分配法分配辅助生产费用，其优点是分配结果准确，因为该方法对内、对外分配率一致。其缺点是如果辅助生产部门较多，未知数较多，建立的方程组中等式就多，计算工作就比较复杂。因而，这种方法一般适用于已经实现电算化的企业。

(四)计划成本分配法

【任务4－6】以【任务4－3】光华机械厂的资料为例，假设每度电的计划成本为3.5元，机修车间每小时的计划成本为18元，采用计划成本分配法分配辅助生产费用，如表4－11所示。

表4－11　　　　　辅助生产成本分配表（计划成本分配法）

单位名称：振兴公司　　　2020年9月　　　　　　　　单位：元

辅助生产车间			供电车间	机修车间	合计
待分配费用			104 250	123 420	227 670
劳务数量			34 000	7 000	
计划单位成本			3.5	18	
辅助生产车间耗用	供电车间	数量		1 000	
		金额		18 000	18 000
	机修车间	数量	4 000		
		金额	14 000		14 000

续表

辅助生产车间			供电车间	机修车间	合计
基本生产车间	甲产品	数量	9 000		
		金额	31 500		31 500
	乙产品	数量	12 000		
		金额	42 000		42 000
	一般耗用	数量	4 400	4 000	
		金额	15 400	72 000	87 400
行政管理部门		数量	3 600	1 500	
		金额	12 600	27 000	39 600
专设销售机构		数量	1 000	500	
		金额	3 500	9 000	12 500
按计划成本分配合计			119 000	126 000	245 000
辅助生产实际成本			122 250	137 420	259 670
辅助生产成本差异			+3 250	+11 420	+14 670

辅助生产实际成本的计算过程为：

供电车间：104 250＋18 000＝122 250(元)

机修车间：123 420＋14 000＝137 420(元)

上列辅助生产车间实际成本由于转入的费用18 000元和14 000元是按计划单位成本计算的,因而不是"纯粹"的实际成本。

辅助生产成本差异的计算：

供电车间：122 250－119 000＝3 250(元)

机修车间：137 420－126 000＝11 420(元)

根据辅助生产费用分配表,编制会计分录如下：

借：辅助生产成本—供电车间	18 000	
—机修车间	14 000	
基本生产成本—甲产品	31 500	
—乙产品	42 000	
制造费用—基本生产车间	87 400	
管理费用	39 600	
销售费用	12 500	
贷：辅助生产成本—供电车间		119 000
—机修车间		126 000

调整辅助生产成本差异的分录：

借：管理费用	14 670	
贷：辅助生产成本—供电车间		3 250

| | —机修车间 | | 11 420 |

计划成本分配法是按辅助生产车间提供的产品或劳务的计划单位成本和各受益对象所耗用的产品或劳务数量进行辅助生产费用分配,然后再将计划成本分配额与实际费用之间的差额(辅助生产成本差异)进行调整分配的方法。其计算步骤如下。

1.按劳务的计划单位成本分配辅助生产部门为各受益对象(包括其他辅助生产车间)提供的费用。

$$\text{各受益对象应负担的辅助生产费用} = \text{该受益对象实际耗用的产品或劳务} \times \text{计划单位成本}$$

2.将辅助生产部门实际发生的费用(包括交互分配转入的费用在内)与按计划成本分配出去的费用的差额即成本差异,分配给辅助生产以外的受益单位。

$$\text{某辅助生产车间费用的差异额} = \left(\text{该辅助生产车间归集的费用} + \text{分配转入的费用}\right) - \text{该辅助生产车间按计划成本分配的金额}$$

3.如果差异额较大的企业应采用直接分配法再一次将差异额分配给辅助生产车间以外的受益单位。

如果差异额不大的企业,为简化计算分配工作,也可将辅助生产成本差异全部计入"管理费用"科目。

采用这种分配方法,不仅能反映和考核辅助生产车间的成本计划执行情况,而且还便于分析和考核各受益对象的成本,便于分清企业内部各部门的经济责任。这种方法一般适用于定额管理较好,有比较准确的计划成本资料的企业。

(五)顺序分配法

【任务4-7】伟业公司有机修和供电两个辅助生产车间。2020年5月,机修车间发生费用600万元,按修理工时分配费用,共提供修理工时250小时,其中供电车间耗用10小时,车间一般耗用210小时,行政管理部门耗用20小时,销售部门耗用10小时;供电车间发生费1 200万元,按耗电度数分配费用,共提供供电10万度,其中机修车间耗用2万度,基本车间一般耗用6.5万度,行政管理部门耗用1万度,销售部门耗用0.5万度。供电车间排在第一顺序先分配费用。采用顺序分配法编制的辅助生产费用分配表,如表4-12所示。

表4-12 　　　　　　　　　　辅助生产费用分配表(顺序分配法)

大华公司　　　　　　2020年5月　　　　　　　　　　单位:万元

供应部门	分配数量	分配费用			分配率	分配金额							
		直接发生费用	分配转入费用	小计		机修车间		基本生产车间		管理部门		销售部门	
						数量	金额	数量	金额	数量	金额	数量	金额
供电	10	1 200		1 200	120	2	240	6.5	780	1	120	0.5	60
修理	240	600	240	840	3.5			210	735	20	70	10	35

供电车间费用分配率 $= \dfrac{1\,200}{10} = 120$

修理车间费用分配率 $= \dfrac{600+240}{250-10} = 3.5$

注：因供电车间排在修理车间之前，故不承担修理费，计算修理车间费用分配率时用劳务总量扣除供电车间耗用量。

根据上表编制如下会计分录。

分配第一顺序供电车间：

借：辅助生产成本——机修车间　　　　　　240
　　制造费用——基本车间　　　　　　　　780
　　管理费用　　　　　　　　　　　　　　120
　　销售费用　　　　　　　　　　　　　　 60
　　贷：辅助生产成本——供电车间　　　　　　　1 200

分配第二顺序修理车间：

借：制造费用——基本车间　　　　　　　　735
　　管理费用　　　　　　　　　　　　　　 70
　　销售费用　　　　　　　　　　　　　　 35
　　贷：辅助生产成本——机修车间　　　　　　　840

顺序分配法也称梯形分配法，是按辅助生产车间受益多少的顺序分配费用，受益少的排在前面先分配，受益多的排在后面后分配，先分配的辅助生产车间不负担后分配的辅助生产车间的费用。该方法的分配特点是：前者分配给后者，而后者不分配给前者；后者的分配额等于其直接费用加上前者分配转入的费用之和。

计算公式如下：

$$\text{某辅助生产车间费用分配率} = \dfrac{\text{该辅助生产车间归集的费用} + \text{分配转入的辅助生产费用}}{\text{提供的劳务总量} - \text{排在该辅助生产车间之前的辅助生产车间耗用该车间的劳务量}}$$

$$\text{各受益对象应负担的辅助生产费用} = \text{该受益对象耗用的劳务数量} \times \text{辅助生产费用分配率}$$

采用顺序分配法不进行交互分配，各辅助生产部门按排定的顺序分配辅助生产费用，而且辅助生产费用分配给排在后面的其他辅助生产部门及以外的受益对象，因而计算工作较为简便；但因其没有全面考虑辅助生产部门之间互相提供劳务的关系，因此，分配结果不够准确。另外各辅助生产部门费用分配的先后顺序也较难确定。所以，这种方法一般只适用于辅助生产部门较多而且相互提供劳务有较明显顺序的企业；这种方法还适用于各辅助生产车间之间相互受益程度有明显顺序的企业。

任务二 制造费用的归集与分配

【任务准备】

生产车间在生产产品的过程中,除了产品中直接耗用各种材料、人工等费用外,还会发生与产品制造相关的其他各种间接费用,如车间管理人员工资、生产车间的房屋和设备折旧、机物料消耗、车间办公费、差旅费等。这些费用因产品生产而发生,也是产品成本的重要组成部分,但不能直接计入生产成本项目中,要通过制造费用进行归集与分配。

一、制造费用归集

(一)制造费用核算的内容

制造费用是指为生产产品(或提供劳务)而发生的、应计入产品成本,但没有专设成本项目的各项生产费用。制造费用包括的内容大部分是间接用于产品生产的,如机物料消耗、生产车间用房屋折旧费、保险费、租赁费、劳动保护费以及季节性停工和修理期间的停工损失等;也有直接用于产品生产,但管理上不要求或不便单独核算的费用,如生产用机器设备的折旧费、生产用低值易耗品摊销、设计图纸费和试验检验费等;有的是生产部门用于组织和管理生产而发生的费用,如车间管理人员的工资及社会保险费、生产部门管理用房屋折旧费、保险费、工具摊销、车间照明费、差旅费、办公费等。

(二)制造费用归集

制造费用应根据费用发生的地点以车间、部门为单位进行归集。制造费用的归集与分配是通过"制造费用"总账账户进行的,该账户借方登记企业在一定时期内发生的全部制造费用,贷方登记分配转出的制造费用,月末一般无余额。制造费用还应按不同的车间、部门设立明细账,账内按费用的明细项目设立专栏或专户,分别反映各车间、部门各项制造费用的支出情况。基本生产车间发生的制造费用计入"制造费用"所属的明细账。辅助生产车间如果生产产品单一或提供劳务单一并且发生的制造费用金额较小可以不单设"制造费用"明细账,直接计入"辅助生产成本"明细账。

二、制造费用的分配

在基本生产车间只生产一种产品的情况下,归集的制造费用应直接转入该种产品的成本;在基本生产车间生产多种产品的情况下,归集的制造费用应采用适当的方法分配计入各种产品的成本。分配制造费用,通常采用的方法有:生产工人工时比例法、生产工人工资比例法、机器工时比例法和按年度计划分配率分配法等。分配方法一经确认,不得随意变更。如需变更,应当在财务报表附注中予以说明。

【任务实施与解析】
一、生产工人工时比例法

【任务 4—8】 以项目三中光华机械厂 2020 年 9 月发生的业务为例,登记制造费用明细账,如表 4—13 所示。

表 4—13　　　　　　　　　　　　　制造费用明细账

车间:基本生产车间

总第　　页
分第　　页

2020年		凭证字号		摘要	机物料	人工费	折旧费	水电费	其他	合计
月	日	字	号							
9	30	略	略	材料费用分配表	5 200					5 200
9	30			外购动力费用分配表				1 400		1 400
9	30			人工费用分配表		10 000				10 000
9	30			折旧费用分配表			14 940			14 940
9	30			其他费用分配表					6 870	6 870
8	30			本月合计	5 200	10 000	14 940	1 400	6 870	38 410
8	30			结转制造费用	5 200	10 000	14 940	1 400	6 870	38 410

光华机械厂 2020 年 9 月已归集在"制造费用—基本生产车间"明细账借方的制造费用合计为 38 410 元。该月甲产品生产工时为 3 500 小时,乙产品生产工时为 4 182 小时,按生产工人工时比例分配制造费用。

制造费用分配率 $= \dfrac{38\ 410}{3\ 500 + 4\ 182} = 5$

甲产品应负担的制造费用 $= 3\ 500 \times 5 = 17\ 500$(元)

乙产品应负担的制造费用 $= 4\ 182 \times 5 = 20\ 910$(元)

根据计算编制制造用分配表,如表 4—14 所示。

表 4－14　　　　　　　　　　　制造费用分配表

2020 年 9 月

产品名称	生产工时	分配率	分配金额
甲	3 500		17 500
乙	4 182	5	20 910
合计	7682		38 410

业务处理：
借：基本生产成本——甲产品　　　　　　　　　17 500
　　　　　　　　——乙产品　　　　　　　　　 8 000
　　贷：制造费用　　　　　　　　　　　　　　　　　　38 410

生产工时比例分配法是指按照各种产品所用生产工人实际工时的比例分配制造费用的一种方法。其计算公式如下：

　　某车间制造费用分配率＝该车间制造费用总额/各种产品生产工时总额
　　某种产品应分配的制造费用＝该种产品的生产工时×该车间制造费用分配率

二、生产工人工资比例法

【任务 4－9】沿用【任务 4－8】的有关资料我们假设光华机械厂 2020 年 9 月生产甲产品工人工资为 6 000 元，生产乙产品工人工资为 4 000 元，试计算甲、乙两种产品应分配的制造费用。

$$制造费用分配率 = \frac{38\,410}{6\,000 + 4\,000} = 3.841$$

甲产品应分配的制造费用＝6 000×3.841＝23 046（元）
乙产品应分配的制造费用＝4 000×3.841＝15 364（元）
借：基本生产成本——甲产品　　　　　　　　　23 046
　　　　　　　　——乙产品　　　　　　　　　15 364
　　贷：制造费用　　　　　　　　　　　　　　　　　　38 410

生产工人工资比例分配法是指按照计入各种产品成本的生产工人的工资比例分配制造费用的一种方法。计算公式如下：

　　某车间制造费用分配率＝该车间制造费用总额/各种产品生产工人工资总额
　　某种产品应分配的制造费用＝该种产品生产工人工资×该车间制造费用分配率

由于工资费用分配表和产品成本明细账中均有现成的生产工人工资的资料，因而采用该分配方法核算工作简便。但是，采用这一方法的前提是各种产品生产机械化程度要大致相同。否则，机械化程度低的产品所用的工资费用多，负担的制造费用也多，从而影响费用分配的合理性。因为在制造费用包括很大一部分机器设备的使用和维修，这些费用对于机械化程度低的产品来说，不是应该多负担一些，而是应该少负担一些。

如果生产工人工资是按照生产工时比例分配计入各种产品成本的，那么按生产工人工资比例分配费用，实际上也就是按生产工时分配制造费用。

三、机器工时比例分配法

【任务 4—10】沿用【任务 4—8】的有关资料我们假设光华机械厂 2020 年 9 月生产甲产品机器工时为 200 小时,生产乙产品机器工时为 300 小时,试计算甲、乙两种产品应分配的制造费用。

制造费用分配率 $=\dfrac{38\,410}{200+300}=76.82$

甲产品应分配的制造费用 $=200\times 76.82=15\,364$(元)

乙产品应分配的制造费用 $=300\times 76.82=23\,046$(元)

借:基本生产成本——甲产品　　　　　　　　15 364
　　　　　　　　——乙产品　　　　　　　　23 046
　　贷:制造费用　　　　　　　　　　　　　　　　　　38 410

机器工时比例分配法是指按照各种产品所用机器设备运转时间的比例分配制造费用的一种方法。计算公式如下:

　　某车间制造费用分配率=该车间制造费用总额/该车间机器工时总额

　　某种产品应分配的制造费用=该产品机器工时×该车间制造费用分配率

该方法适用于产品生产机械化程度较高的车间。因为在这种车间的制造费用中,与机器设备使用有关的费用所占比重较大,而这一部分费用与机器设备运转的时间有着密切的联系。采用这一方法必须具备各种产品所用机器工时的原始记录。

由于制造费用包括各种不同性质和用途的费用,为了提高分配结果的合理性,在增加核算工作量不多的情况下,也可以将制造费用加以分类。例如,分为与机器设备使用有关的费用和由于管理、组织生产而发生的费用两类,分别采用适当的分配方法进行分配;前者可按机器工时比例分配,后者可按生产工时比例分配。

(四)年度计划分配率法

【任务 4—11】某企业只有一个生产车间,全年制造费用计划为 84 800 元,全年各种产品的计划产量为:甲产品 2 000 件,乙产品 600 件;单件产品的工时定额为:甲产品 3 小时,乙产品 4 小时;5 月的实际产量为:甲产品 180 件,乙产品 150 件,该月实际制造费用为 11 000 元。(分配率除不尽保留四位数小数)

①计算年度计划分配率

甲产品年度计划产量的定额工时 $=2\,000\times 3=6\,000$(小时)

乙产品年度计划产量的定额工时 $=600\times 4=2\,400$(小时)

制造费用年度计划分配率 $=\dfrac{84\,800}{6\,000+2\,400}\approx 10.095\,2$

②分配转出该月制造费用

甲产品该月实际产量的定额工时 $=180\times 3=540$(小时)

乙产品该月实际产量的定额工时 $=150\times 4=600$(小时)

该月甲产品应分配制造费用 $=540\times 10.095\,2=5\,451.41$(元)

该月乙产品应分配制造费用 $=600\times 10.095\,2=6\,057.12$(元)

该月分配转出的制造费用 $=5\,451.41+6\,057.12=11\,508.53$(元)

③根据计算结果编制会计分录

借:基本生产成本——甲产品   5 451.41
     ——乙产品   6 057.12
  贷:制造费用——基本车间   11 508.53

5月基本车间实际发生的制造费用为12 400元,其差异额为891.47(12 400－11 508.53)元。年底时,如果"制造费用"账户仍有余额,即为全年制造费用的实际发生额与计划分配额的差异,应分配调整差异。

年度计划分配率分配法是按照年初确定的计划分配率分配制造费用的一种方法。采用这种方法,不管各月实际发生的制造费用是多少,每月各种产品中的制造费用都按照年度计划分配率进行分配。该方法以定额工时为分配标准,其计算公式如下:

$$\text{年度计划分配率} = \frac{\text{年度制造费用计划总额}}{\text{年度各种产品计划产量的定额工时之和}}$$

$$\text{某月某种产品应分配的制造费用} = \text{该月该种产品实际产量的定额工时数} \times \text{年度计划分配率}$$

采用该方法但年度内如果发现全年的制造费用实际数与计划数可能发生较大差额时,应及时调整计划分配率。

④对差异的处理

按计划分配率分配的制造费用数额与制造费用实际数额一般存在差异,处理的方法是,年末将其差异额按已分配的比例进行一次再分配,调整计入12月的各种产品成本中去。如果实际发生额大于计划分配额,用蓝字补记,借记"基本生产成本"账户,贷记"制造费用"账户,如果实际发生额小于计划分配额,则用红字冲销,即红字借记"基本生产成本"账户,红字贷记"制造费用"账户,调整后"制造费用"账户余额为零。其计算公式如下:

差异分配率＝差异额/按年度计划分配率分配的制造费用

某种产品应分配的差异额＝该种产品按计划分配率分配的制造费用×差异分配率

年末,假定该车间制造费用账户贷方余额为8 000元,按计划分配率甲产品全年已分配50 800元,乙产品全年已分配34 000元,

$$\text{差异分配率} = \frac{-8\ 000}{50\ 800 + 34\ 000} = -0.094\ 3$$

甲产品应分配的差异＝50 800×(－0.094 3)＝－4 790.44(元)

乙产品应分配的差异＝－8 000－(－4 790.44)＝－3 209.56(元)

根据计算结果编制会计分录:

借:基本生产成本——甲产品   4 790.44
     ——乙产品   3 209.56
  贷:制造费用   8 000.00

这种方法的计算比较简便,适合于季节性生产企业,因为季节性生产企业生产淡季与生产旺季产量相差很大,如果按实际费用分配,各月单位产品中的制造费用将随之变化很大,影响成本的稳定性。年度内如果发现全年的制造费用实际数与计划数可能发生较大差额时,应及

时调整计划分配率。

1.采用年度计划分配率分配制造费用,"制造费用"账户每个月末可能有借方余额,也可能有贷方余额。

2.全年制造费用的实际发生额与计划分配额的差异额,通常应在年末调整。即年终时,按已分配比例计入12月产品成本中。

3.年度计划分配率法可简化分配手续,及时计算产品成本,特别适用于季节性生产企业。

任务三 损失性费用的归集与分配

【任务准备】

由于生产工艺、生产外部条件、原材料的质量、工人的技术水平和生产管理水平等诸多因素的影响，企业在生产过程中常常会发生各种损失。如果这些损失费用全部由合格品来承担，那么势必会提高产品的成本，从而使企业的经济效益下降，这显然是不合理的。因此，正确计算生产中的各种损失性费用，并以合理的方法归集与分配就显得尤为重要。

一、废品损失的核算

(一)废品的概念

废品是指不符合规定的技术标准，不能按原规定用途使用或需要加工修理后才能使用的在产品、半成品或产成品，包括生产过程中发现的以及入库以后发现的废品。

(二)废品的分类

1.按能否修复分

(1)可修复废品：技术上可修复，经济上合算的废品。

(2)不可修复废品：技术上不可修复或者经济上不合算的废品。

2.按废品产生原因分

(1)工废废品：由于操作人员的过失而产生的废品。

(2)料废废品：由于材料的质量不符合规定的要求而产生的废品。

(三)废品损失的概念

废品损失是指由于生产原因造成的废品报废损失和修复费用。其中报废损失是指不可修复废品的实际成本扣除残料和废料价值及过失人赔偿款后的净损失。修复费用是指可修复废品在返修过程中所发生的修理用材料、人工及应承担的制造费用等扣除过失人赔偿款后的净支出。

1.产品入库时是合格品，但由于保管不善、运输不当等原因使产品损坏变质而发生的损失，不在"废品损失"账户核算，应列作"管理费用"。

2.质量虽不符合规定，但经检验不需要返修而可以降价出售的产品，其降价损失作为销售损益体现，不列入"废品损失"。

3."三包损失"，应列作"销售费用"，不应列入"废品损失"。

(四)废品损失的核算

废品损失通过"废品损失"账户归集，期末分配计入产品成本或营业外支出。"废品损失"

借方登记不可修复废品的生产成本和可修复废品的修复费用;贷方登记应从废品成本中扣除的回收废料的价值。该账户借贷双方上述内容相抵后的差额,即为企业的全部废品净损失。其中对应由过失人负担的部分,则从其贷方转入"其他应收款"账户借方,及时要求赔偿;其余废品净损失,应该全部归由本期完工的同种产品成本负担,从"废品损失"账户的贷方,转入"基本生产成本——××产品"账户的借方,结转后的"废品损失"账户应无期末余额。"废品损失"账户如图4—3所示。

废品损失

不可修复废品的实际生产成本	废品残料价值过失人赔款
净损失	结转当期废品成本的净损失

图4—3 "废品损失"账户

1.可修复废品损失的核算

可修复废品损失是对废品进行修复所支付的修复费用。经修复后,其产品成本由原生产成本和修复费用构成。如果有废品收回残值或赔偿收入,那么冲减可修复废品的损失。可修复废品损失在废品进行修复时归集,其计算公式如下:

可修复废品损失＝修复废品的材料费用 ＋ 修复废品的人工费用 ＋修复废品的制造费用－过失人赔偿款

对发生修复费用,从各种费用分配表中取得,并据以编制如下会计分录:

(1)发生修复废品的材料费用(人工费用、制造费用)时

借:废品损失——××产品

　　贷:原材料/应付职工薪酬/制造费用等

(2)收回废品残值或确定责任人赔偿款时

借:原材料/其他应收款

　　贷:废品损失——××产品

(3)结转可修复废品损失时

借:基本生产成本——××产品

　　贷:废品损失——××产品

企业对发生的废品损失若不单独设置"废品损失"账户进行核算,则在"基本生产成本"明细账户中也不必单设"废品损失"成本项目。为此,对发生的不可修复废品损失可先记入"制造费用"账户,连同其他制造费用在受益产品中进行分配。对发生的可修复废品损失如同正常的生产费用处理,对收回的废品残值及赔偿款,做冲减"基本生产成本"处理。

2.不可修复废品的核算

由于不可修复废品的成本与合格品成本是同时发生的,因此,需要采用一定的方法予以分离。

(1)按废品所耗实际成本计算

不可修复废品的成本如果是完工入库时发现的废品,单位合格品与单位废品应负担相同的费用,因而可按合格品与废品的产量作为分配标准进行分配。其计算公式如下:

某项生产费用分配率＝该项生产费用/(合格品产量＋废品产量)

废品应负担的生产费用＝废品产量×分配率

如果是生产过程中发生的废品,原材料系生产时一次投入,那么材料费用可按合格品和废品的数量比例分配;不是一次投入的则可采用适当方法进行分配。其余各成本项目,可按合格品和废品的工时比例分配。其计算公式如下(材料系一次投入):

直接材料费用分配率＝直接材料费用总额/(合格品数量＋废品数量)

废品应负担的直接材料费用＝废品数量×直接材料费用分配率

其他费用分配率＝某项其他费用数额/(合格品工时＋废品工时)

废品应负担的其他费用＝废品工时×其他费用分配率

二、停工损失的核算

(一)停工损失的概念

停工损失是指生产车间在停工期间发生的各项费用,包括停工期间发生的原材料费用、工资及福利费和制造费用等。企业发生停工的原因多种多样,如停电、待料、机械故障、机器设备修理、发生非常灾害以及计划压缩产量等。

(二)会计处理

1.单独核算停工损失时应设置"停工损失"账户,并按车间设置明细账,账内按成本项目设置专栏进行明细核算。在产品成本明细账内应单设"停工损失"成本项目,以反映产品成本中包含的停工损失。企业在停工期间所发生的计划内停工损失应由开工生产的产品负担,计入产品生产成本,计划外的停工损失,计入当期损益。"停工损失"账户如图4-4所示。

停工损失

发生的停工损失	应索赔的停工损失
停工损失净损失	分配结转的停工损失

图4-4 "停工损失"账户

发生停工损失时:

借:停工损失

　　贷:原材料

　　　　应付职工薪酬

　　　　制造费用等

结转应收赔偿、应计入营业外支出的损失:

借:其他应收款

　　营业外支出

　　贷:停工损失

应计入产品成本的停工净损失:

借:基本生产成本—某产品
　　贷:停工损失
2.在不单独核算停工损失的情况下,停工期间发生的属于停工损失的各种费用,直接记入"制造费用"或"营业外支出"等账户。

借:制造费用
　　营业外支出
　　贷:原材料
　　　　应付职工薪酬等

【任务实施与解析】
这里,我们讲一讲不可修复废品的核算。
(一)按实际成本核算
【任务4—12】利华工厂2020年6月生产甲产品,合格品1 000件,不可修复废品60件。发生总工时30 000小时,其中:废品工时1 800小时。共发生费用:直接材料69 960元,直接人工60 000元,制造费用15 000元,不可修复废品残料价值500元。原材料是一次投料,直接材料按实际数量在合格品与废品之间分配,其他费用按照工时比例分配。

任务要求:
(1)编制不可修复废品成本计算表,计算不可修复废品的生产成本。
(2)编制有关的会计分录。
(3)登记废品损失明细账,基本生产成本明细账。

根据以上资料编制不可修复废品损失计算表,如表4—15所示

表4—15　　　　　　　　　　**不可修复废品损失计算表**
（按实际成本计算）　　　产品名称:甲产品
利华工厂　　　　　　　　2020年6月　　　　　　　　单位:元

项目	数量（件）	直接材料	生产工时（小时）	直接人工	制造费用	合计
费用总额	1 060	69 960	30 000	60 000	15 000	144 960
费用分配率		66		2	0.5	
废品成本	60	3 960	1 800	3 600	900	8 460
减:废品残值		500				500
废品损失		3 460	1 800	3 600	900	7 960

计算过程:

直接材料分配率 $= \dfrac{69\,960}{1\,060} = 66$

直接人工分配率 $= \dfrac{60\,000}{30\,000} = 2$

制造费用分配率 $= \dfrac{15\,000}{30\,000} = 0.5$

根据表 4—15,编制如下会计分录:
① 结转废品生产成本(实际成本)

借:废品损失——甲产品　　　　　　　　　　　　8 460
　　贷:基本生产成本——甲产品(直接材料)　　　　　　3 960
　　　　　　　　　　——甲产品(直接人工)　　　　　　3 600
　　　　　　　　　　——甲产品(制造费用)　　　　　　　900

② 回收废品残料价值

借:原材料　　　　　　　　　　　　　　　　　　　500
　　贷:废品损失——甲产品　　　　　　　　　　　　　　500

③ 将废品净损失转入合格品成本

借:基本生产成本——甲产品(废品损失)　　　　7 960
　　贷:废品损失——甲产品　　　　　　　　　　　　　7 960

根据以上业务处理,登记基本生产成本明细账、废品损失明细账,如表 4—16、表 4—17 所示。

表 4—16　　　　　　　　　　基本生产明细账

产品名称:甲产品　　　　　　　　　　　　　　　　　　完工产品:1000 件

摘要	直接材料	直接人工	制造费用	废品损失	合计
生产费用合计	69 960	60 000	15 000		144 960
结转废品生产成本	3 960	3 600	900		84 600
转入不可修复废品净损失				7 960	7 960
产品总成本	66 000	56 400	14 100	7 960	144 460
产品单位成本	66	56.4	14.1	7.96	144.46

表 4—17　　　　　　　　　　废品损失明细账

摘要	直接材料	直接人工	制造费用	合计
不可修复废品成本	3 960	3 600	900	8 460
残料价值	500			500
合计	3 460	3 600	900	7 960
结转废品净损失	3 460	3 600	900	7 960

实际成本计算废品损失,虽计算准确,但核算工作量较大。由于只能在月末生产费用算出后才能进行,不利于及时控制废品损失。

(二)按废品所耗定额费用计算

【任务 4—13】科苑机械厂基本生产车间在 2020 年 9 月生产乙产品过程中发生不可修复废品 15 件,按其所耗定额费用计算废品的生产成本。其原材料费用单位定额 30 元;废品已完成定额工时 3.5 小时;每小时费用定额为:燃料及动力 5 元、工资及福利费 7 元,制造费用 3 元,回收残料价值 120 元。根据此资料编制不可修复废品损失计算表,如表 4—18 所示。编制会计分录的方法与按实际费用计算废品成本的方法相同。

表 4−18　　　　　　　　　**不可修复废品损失计算表**　　　　　产品名称：乙产品
　　　　　　　　　　　　　　　（按定额成本计算）　　　　　　　　　　　废品数量：15 件

科苑机械厂　　　　　　　　　　　2020 年 9 月　　　　　　　　　　　　　　单位：元

项目	直接材料	燃料及动力	直接人工	制造费用	成本合计
费用定额	30	17.5	24.5	10.5	82.5
废品定额成本	450	262.5	367.5	157.5	1 237.5
减：残料价值	120				120
废品净损失	330	262.5	367.5	157.5	1 117.5

会计分录：
① 结转废品生产成本（定额成本）
借：废品损失—乙产品　　　　　　　　　　　1237.50
　　贷：基本生产成本—乙产品（直接材料）　　　　　　450
　　　　　　　　—乙产品（燃料及动力）　　　　　　262.50
　　　　　　　　—乙产品（直接人工）　　　　　　　367.50
　　　　　　　　—乙产品（制造费用）　　　　　　　157.50
② 回收废品残料价值
借：原材料　　　　　　　　　　　　　　　　120
　　贷：废品损失—乙产品　　　　　　　　　　　　　120
③ 将废品净损失转入合格品成本
借：基本生产成本—乙产品（废品损失）　　1 117.50
　　贷：废品损失—乙产品　　　　　　　　　　　　1 117.50

按定额费用计算废品损失也称按定额成本计算方法，是按废品的数量和各项费用定额计算废品的定额成本，再将废品定额成本扣除废品残值或应收赔款后即为废品损失，而不考虑废品实际发生的费用，实际成本与定额成本的差额全部由合格品负担。

按废品的定额费用计算废品成本，计算比较简便，便于进行成本的分析与考核，有利于控制废品损失。

（三）停工损失的核算

【任务 4−15】 新胜工厂第二车间因机器故障停工 6 天，停工期间应支付的工人工资 7 500 元，应负担的制造费用 2 000 元。因外部供电线路出现故障停工 2 天，停工期间第一、第二车间应支付的工人工资分别为 4 200 元、1 800 元，应负担的制造费用分别为 850 元、600 元。第二车间机器故障造成的停工损失应计入成本，因停电造成的停工为非正常停工，假设与供电局交涉对方同意赔偿由于停工造成的损失 5 000 元。根据有关资料编制会计分录：

（1）归集停工损失：
借：停工损失—第一车间　　　　　　　　　5 050
　　　　　　—第二车间　　　　　　　　　11 900
　　贷：应付职工薪酬　　　　　　　　　　　　　13 500

制造费用——第一车间	850
——第二车间	2 600

(2)结转停工损失：

借：基本生产成本——第二车间	9 500
其他应收款——电业局	5 000
营业外支出——停工损失	2 450
贷：停工损失——第一车间	5 050
——第二车间	11 900

由于非常灾害造成的停工损失和由于计划压缩产量而使主要生产车间连续停产一个月以上或整个企业连续停产十天以上所造成的停工损失，按制度规定由营业外支出列支。

停工损失主要包括在停工时间所支付生产工人工资，按工资额计提的职工福利费，以及应负担的制造费用等。

【任务小结】

本项目的内容包括辅助生产费用、制造费用、废品损失和停工损失的归集与分配。

辅助生产费用是辅助生产部门为基本生产车间或行政管理等部门提供产品或劳务发生的费用。为了归集发生的费用，专设"辅助生产成本"账户进行核算。辅助生产部门的制造费用，既可专设"制造费用"账户核算，也可在发生时直接计入"辅助生产成本"账户，如通过"制造费用"账户核算，期末要将归集的费用分配转入"辅助生产成本"账户。辅助生产如果生产的是工具、修理配件等产品，那么其核算方法与基本生产相同；如果提供的是劳务，那么期末应采用适当的方法分配给各受益对象，分配方法有直接分配法、交互分配法、代数分配法、计划成本分配法和顺序分配法等。

通过辅助生产费用的归集与分配，应计入产品成本的生产费用都已分别归集到"基本生产成本"和"制造费用"两个账户中。制造费用是指企业为生产产品发生的，应计入产品成本，但没有专设成本项目的各项费用。如车间只生产一种产品，发生的制造费用可直接计入；如车间生产多种产品，先在"制造费用"账户中进行归集，期末可根据企业的具体情况选择生产工时比例、生产工人工资比例、机器工时比例、年度计划分配率等分配法分配计入不同的产品。

在产品生产过程中发生的废品损失或停工损失也要归集与分配。

废品损失包括可修复废品损失和不可修复废品损失。可修复废品是指技术上可以修复，而且所花费的修复费用在经济上合算的废品，因修复发生各项修复费用，扣除残值后计入产品成本。不可修复废品则是指技术上不能修复或者所花费的修复费用在经济上不合算的废品。发生的不可修复废品的成本，扣除废品的残值和应收赔款后的废品净损失，应计入产品成本。

停工损失是指生产车间或车间内某个班组在停工期间发生的各项费用，包括停工期间支付的生产工人工资和福利费、所耗用的燃料和动力费，以及应负担的制造费用等。发生的停工损失应根据不同的原因分别计入产品成本、其他应收款、营业外支出、制造费用等账户。

【任务强化与实操】

一、单项选择

1.企业当月生产甲、乙两种产品，共发生制造费用50 000元。当月生产甲、乙两种产品共耗用20 000工时，其中，甲产品耗用12 000工时，乙产品耗用8 000工时。则甲产品应分配的制造费用为( )元。

A.10 000　　　　　　　B.20 000

C.30 000　　　　　　　D.40 000

2.按计划成本法分配辅助生产费用时,辅助生产成本差异一般计入( )。

A.制造费用　　　　　B.生产成本

C.材料成本差异　　　D.管理费用

3.下列方法中,属于辅助生产费用分配方法的是( )。

A.定额成本法　　　　B.计划成本分配法

C.生产工时比例分配法　　D.机器工时比例分配法

4.采用辅助生产费用的交互分配法,对外分配的费用总额是( )。

A.交互分配前的费用

B.交互分配前的费用＋交互分配转入的费用

C.交互分配前费用－交互分配转出的费用

D.交互分配前的费用＋交互分配转入的费用－交互分配转出的费用

5.机器工时比例分配法适用于( )。

A.制造费用较多的车间　　B.制造费用较少的车间

C.机械化程度较高的车间　　D.机械化程度较低的车间

6.李力本月生产甲产品2 000只,其中合格品1 950只,工废品30只,料废品20只。本月李力计算计件工资的甲产品数量是( )件。

A.2 000　　　　B.1 980　　　　C.1 970　　　　D.1 950

7.辅助生产交互分配后的费用,应在( )进行分配。

A.各基本生产车间　　　　B.各辅助生产车间以外的受益单位之间

C.各受益的基本生产车间　　D.各辅助生产车间

8.采用计划成本分配法分配辅助生产费用时,分配辅助生产车间实际发生的费用应该是( )。

A.该车间待分配费用－分配转出的费用

B.该车间待分配费用＋分配转入的费用

C.该车间待分配费用＋分配转出的费用－分配转入的费用

D.该车间待分配费用＋分配转入的费用－分配转出的费用

9.计算出来的废品损失,应分配转由( )。

A.本月的制造费用负担　　　B.本月的管理费用负担

C.本月的同种产品成本负担　　D.下月的同种产品成本负担

10.采用计划成本分配法分配辅助生产费用时,实际成本与按计划成本分配额的差额应于期末时列入( )。

A.制造费用　　　　　B.管理费用

C.财务费用　　　　　D.生产成本

11.下列项目中属于制造费用的是( )。

A.生产工人的计时工资　　　　B.企业管理人员的工资

C.车间管理人员的工资　　　　D.生产工人的计件工资

12.采用直接分配法分配辅助生产费用时,各辅助生产车间费用分配率计算公式中的分母数应是( )。

A.该辅助生产车间向基本生产车间提供的劳务总量

B.该辅助生产车间向行政管理部门提供的劳务总量

C.该辅助生产车间向其他辅助生产车间提供的劳务总量

D.该辅助生产车间向基本生产车间和行政管理部门提供的劳务总量

13.下列制造费用分配方法中,使制造费用账户可能出现余额的是( )。

A.工时比例法　　　　　　　B.工资比例法

C.机时比例法　　　　　　　D.年度计划分配率法

14.采用交互分配法分配辅助生产费用时,计算第二阶段直接分配率的分子数应是( )。

A.该辅助生产车间直接发生的费用

B.该辅助生产车间直接发生的费用＋分配转入的费用

C.该辅助生产车间直接发生的费用＋分配转入－分配转出的费用

D.该辅助生产车间直接发生的费用－分配转出的费用

15.在辅助生产费用的各种分配方法当中,最简便的方法是( )。

A.顺序分配法　　　　　　　B.直接分配法

C.交互分配法　　　　　　　D.代数分配法

16.某基本生产车间本月归集制造费用15 000元,本月该车间生产了A、B两种产品,产量分别为200件和300件。本月该车间为生产A、B产品共耗用生产工时8000小时。其中A产品3 000小时,B产品5 000小时。则按生产工时分配制造费用,该车间制造费用的分配率为( )。

A.30　　　B.5　　　C.3　　　D.1.875

17.下列不属于废品损失的是( )。

A.可修复废品的修复费用

B.不可修复废品的生产成本扣除回收残料价值后的损失

C.可以降价出售的不合格品的降价损失

D.生产过程中发现的和入库后发现的不可修复废品的生产成本

18.废品净损失分配转出时,应借记"( )"科目。

A.废品损失　　　　　　　　B.生产成本

C.管理费用　　　　　　　　D.制造费用

二、多项选择

1.辅助生产费用分配的直接分配法,具有以下( )的特点。

A.核算工作简便　　　　　　B.计算结果准确

C.便于分析考核　　　　　　D.计算结果不准确

2.下列辅助生产费用分配法中,不需要经过两次分配的方法有( )。

A.直接分配法　　　　　　　B.交互分配法

C.代数分配法　　　　　　　D.计划成本分配法

3.下列费用中,属于制造费用的有( )。

A.机器设备折旧费　　　　　B.车间照明用电费用

C.产品"三包"费用　　　　　　D.产品包装费用

4.辅助生产成本明细账一般应按(　　)设置。
A.车间　　　　　　　　　　　B.产品
C.劳务　　　　　　　　　　　D.各项费用

5.下列在计算废品损失时应扣除的项目有(　　)。
A.回收的可修复废品的残料价值　　B.应收的赔款
C.回收的不可修复废品的残料价值　D.修复废品的人工费用

6.分配辅助生产费用时,可能借记的科目有"(　　)"。
A.制造费用　　　　　　　　　B.管理费用
C.生产成本　　　　　　　　　D.在建工程

7.辅助生产费用的分配方法,通常有(　　)。
A.直接分配法　　　　　　　　B.交互分配法
C.逐步结转法　　　　　　　　D.计划成本分配法

8.下列各项中属于制造费用分配标准的有(　　)。
A.完工产品数量　　　B.产品生产定额工时
C.产品生产实际工时　D.生产工人工资

9.采用交互分配法分配辅助生产车间的费用时,应该(　　)。
A.先在企业内部各受益单位之间进行一次交互分配
B.先在辅助生产内部各受益单位之间进行一次交互分配
C.算出交互分配后的实际费用
D.再向企业以外的各受益单位进行一次对外分配

10.企业最常用的辅助生产费用分配方法是(　　)。
A.直接分配法　　　　　　　　B.交互分配法
C.代数分配法　　　　　　　　D.顺序分配法

11.核算废品损失可能贷记的账户有(　　)。
A.生产成本　　　　　　　　　B.应付职工薪酬
C.原材料　　　　　　　　　　D.制造费用

12.下列有关废品的表述中,正确的是(　　)。
A.单独计算废品成本有助于避免成本扭曲的情况
B.大多数的非正常废品都被视为可避免和可控制的
C.不可修复废品往往是技术上可修复的,并且所需修复费用在经济上是合算的
D.采用分批法和分步法,对废品的处理方法是相同的

三、判断

1.无论采用何种方法分配制造费用,"制造费用"月末都应无余额。(　　)
2.辅助生产的主要任务是,在为基本生产服务的同时,对外销售产品和提供劳务。(　　)
3.辅助生产产品和劳务的成本是基本生产产品成本和经营管理费用的一个组成部分。(　　)
4.企业各车间的制造费用应于月末进行汇总,在整个企业各种产品之间统一分配。(　　)
5.通过辅助生产费用的分配和结转,"辅助生产成本"科目期末没有余额。(　　)
6.如果企业在生产过程中经常发生废品,且废品成本在产品成本中所占的比重较大,对产

品成本的影响也较大,则废品成本就需单独进行核算。(　)

7.采用计划分配率分配制造费用,"制造费用"账户月末可能有借方余额,也可能有贷方余额。(　)

8.企业停工期间发生的各种耗费不一定构成企业的停工损失。(　)

9.辅助生产的制造费用没有必要通过"制造费用"科目进行核算。(　)

10.交互分配法考虑了辅助生产车间相互消耗劳务的因素,因而分配的结果是完全符合实际的。(　)

11.直接分配法适用于辅助生产车间之间互相耗用劳务较少的企业。(　)

12.结转不可修复废品的成本时,应借记"基本生产成本"科目,贷记"废品损失"科目。不可修复废品的成本可以按其所耗实际费用计算,也可以按其所耗定额费用计算。(　)

13.废品的净损失,包括可修复废品的修复费用、不可修复废品的成本扣除残值,应于期末,直接记入当期损益,列入"本年利润"科目当中,不再记入该种产品的成本。(　)

14.采用交互分配法算出的某辅助生产车间交互分配率,就是该车间提供劳务的实际单位成本。(　)

15.制造业的费用按经济用途可分为计入产品成本的生产费用和不计入产品成本的期间费用。(　)

四、任务实操

1.某厂设有一车间、二车间,还有修理车间和运输车间两个辅助车间。8月修理车间发生费用4 000元,运输车间发生费用8 000元,各受益单位提供劳务量情况如表4—1—1所示。

表4—1—1　　　　　　　　修理、运输车间本月提供劳务量表

受益单位	提供劳务量	
	修理工时	运输劳务量
修理车间		1 000
运输车间	2 000	
一车间耗用	6 000	8 000
二车间耗用	4 000	7 000
合计	12 000	16 000

任务要求:分别用直接分配法、交互分配法、代数分配法和计划成本分配法分配辅助生产费用并编制辅助生产费用分配表。

（1）直接分配法

表 4－1－2　　　　　　　　　　辅助生产费用分配表
（直接分配法）

辅助生产车间名称			修理车间	运输车间	金额合计
待分配费用					
对外提供劳务数量					
费用分配率					
一车间耗用	应借"制造费用"科目	数量			
		金额			
二车间耗用	应借"制造费用"科目	数量			
		金额			
分配费用小计					

计算过程及会计分录：

(2)交互分配法

表 4－1－3　　　　　　　　辅助生产费用分配表
（交互分配法）

项目			交互分配			对外分配		
辅助生产车间			修理车间	运输车间	合计	修理车间	运输车间	合计
待分配费用								
劳务数量								
费用分配率								
辅助生产车间	修理车间	数量						
		金额						
	运输车间	数量						
		金额						
	金额小计							
一车间耗用	数量							
	金额							
二车间耗用	数量							
	金额							
分配金额合计								

计算过程及会计分录：

(3)代数分配法

表 4-1-4 辅助生产费用分配表
(代数分配法)

辅助生产车间名称			修理车间	运输车间	合计
待分配费用					
劳务数量					
用代数分配法算出的实际单位成本					
辅助生产车间耗用	修理车间	数量			
		金额			
	运输车间	数量			
		金额			
金额小计					
一车间耗用		数量			
		金额			
二车间耗用		数量			
		金额			
分配金额小计					

计算过程及会计分录:

(4)计划成本分配法

表 4－1－5   辅助生产费用分配表
                           （计划成本分配法）

辅助生产车间名称			修理车间	运输车间	合计
待分配					
劳务数量					
计划单位成本			0.3	0.52	
辅助生产车间耗用	修理车间	数量			
		金额			
	运输车间	数量			
		金额			
一车间耗用		数量			
		金额			
二车间耗用		数量			
		金额			
按计划成本分配合计					
辅助生产实际成本					
辅助生产成本差异					

计算过程及会计分录：

2.根据要求分配辅助生产成本。
要求：
(1)登记辅助生产成本明细账。
(2)编制辅助生产成本分配表。
(3)编制相关记账凭证。

表 4－2－1　　　　　　　　　辅助生产成本明细账

总第　　页
分第　　页

辅助车间：供电

2011年		凭证		摘要	材料费	人工费	折旧费	修理费	低值易耗品	办公费	其他	合计
月	日	字	号									
12	31			办公费						500		
				办公费						2 000		
				修理费				2 160				
	31			领料汇总表	164 000							
				工资汇总表		12 000						
				计提福利费		1 680						
	31			水费分配表							60	
	31			折旧费			12 600					
				本月合计								
	31		58	结转辅助生产费用								

本月发电量为170 000度。各部门用量如下。

表 4－2－2　　　　　辅助生产成本分配表（直接分配法）

车间：供电车间　　　　2020年12月　　　　　　　单位：元

使用单位		劳务量	分配率	金额
基本车间	生产A产品	40 000		
	生产B产品	30 000		
	车间照明	20 000		
	小计	90 000		
机修车间		20 000		
专设销售部门		30 000		
企业管理部门		30 000		
合计		170 000		

表 4-2-3　　　　　　　　　　辅助生产成本明细账

总第　　页
分第　　页

辅助车间:机修

2020年		凭证		摘要	材料费	人工费	折旧费	外购电费	低值易耗品	办公费	其他	合计
月	日	字	号									
12	18			低值易耗品领用					1 900			
				办公费						500		
				办公费						2 000		
	31			领料汇总表	79 500							
				低值易耗品领用					6 000			
				工资汇总表		30 000						
				计提福利费		4 200						
				电费分配表				1 300				
	31			水费分配表							4 800	
	31			折旧费计算表			1 800					
				本月合计								
	31			结转辅助成本								

表 4-2-4　　　　　　　辅助生产成本分配表(直接分配法)

车间:机修车间　　　　　2020年12月　　　　　　单位:元

使用部门	修理工时	分配率	分配金额
供电车间	1 000		
基本生产车间	6 000		
专设销售机构	100		
企业管理部门	500		
合计	7 600		

计算过程:

3.丁公司辅助生产车间的制造费用不通过"制造费用"科目核算。该公司锅炉和机修两个辅助车间之间相互提供产品和劳务。锅炉车间的成本按供汽量比例分配,修理费用按修理工时比例进行分配。该公司2020年10月有关辅助生产成本的资料如表4-3-1所示。

表4-3-1　　　　　　　　　　　　　劳务供应单

辅助生产车间名称		机修车间	锅炉车间
待分配成本(元)		480 000	45 000
供应劳务、产品数量		160 000小时	10 000立方米
耗用劳务、产品数量	锅炉车间	10 000小时	
	机修车间		1 000立方米
	一车间	80 000小时	5 100立方米
	二车间	70 000小时	3 900立方米

任务要求:采用交互分配法分配辅助生产费用,并编制会计分录。

表4-3-2　　　　　　　　　　　辅助生产成本分配表(交互分配法)
2020年10月

分配方向			交互分配			对外分配		
辅助生产车间名称			机修	锅炉	合计	机修	锅炉	合计
待分配成本(元)								
供应劳务数量								
单位成本(分配率)								
辅助车间	机修	耗用数量						
		分配金额						
	锅炉	耗用数量						
		分配金额						
	金额小计							
基本车间	一车间	耗用数量						
		分配金额						
	二车间	耗用数量						
		分配金额						
分配金额小计(元)								

计算过程及会计分录:

4.南方有限公司第一车间2020年9月验收入库合格甲产品1 880件,生产中产生不可修复废品120件,本月甲产品累计生产费用为125 688元,其中直接材料为43 200元,直接人工为47 136元,制造费用为35 352元,甲产品月初无在产品。废品生产成本的计算中,直接材料项目按合格品同等负担,直接人工和制造费用可将120件废品折算为84件合格品,再在废品和合格品之间分配。废品残料处理收到现金1 020元,决定由过失人赔偿300元。

要求:
(1)计算并结转不可修复废品生产成本。
(2)登记并结转回收废品残料价值。
(3)登记并结转过失人赔偿款。
(4)计算并结转废品净损失。
(5)编制相关会计分录。
(6)登记废品损失明细账和生产成本明细账。

表4－4－1　　　　　　　　**不可修复废品损失计算表**

生产单位:第一车间　　　　　　2020年9月　　　　　　产品名称:甲产品

项目	数量（件）	直接材料	约当产量	直接人工	制造费用	合计
费用总额						
费用分配率						
废品成本						
减:废品残料						
减:过失人赔偿						
废品损失						

表4－4－2　　　　　　　　**废品损失明细账**

生产单位:第一车间　　　　　　2020年9月　　　　　　产品:甲产品

摘要	直接材料	直接人工	制造费用	合计
不可修复废品成本				
残料价值				
过失人赔偿				
合计				
结转废品净损失				

表 4—4—3　　　　　　　　　　生产成本明细账

生产单位：第一车间　　　　　　2020 年 9 月　　　　　　　　　　产品：甲产品

摘　要	直接材料	直接人工	制造费用	废品损失	合计
累计生产费用					
转出废品生产成本					
转入废品净损失					
合格品总成本					
合格品单位成本					

计算过程及会计分录：

5.飞鹏公司第二基本生产车间生产 A 产品，本月发生不可修复的废品 20 件。采用定额成本计算废品损失。该企业核定 A 产品单位直接材料成本 300 元；核定废品定额工时 20 小时，每小时定额人工费用 6 元，每小时定额制造费用 4 元。该产品所耗材料在生产开始时一次投入，废品残值共计 500 元，责任人应付赔偿款 1 000 元。计算该企业的废品损失，编制不可修复废品损失计算表。

表 4—5—1　　　　　　　　　　废品损失计算表

项目	直接材料	直接人工	制造费用	合计
费用定额				
废品成本				
减：残值				
减：过失人赔偿				
废品净损失				

会计分录：

6.某企业第一基本生产车间同时生产 A、B 两种产品。本月共发生制造费用 82 000 元。生产工人耗用工时 12 500 小时,其中 A 产品生产工人工时为 5 000 小时,B 产品生产工人工时为 7 500 小时。生产工人工资费用 163 000 元,其中 A 产品生产工人工资为 65 000 元,B 产品生产工人工资为 98 000 元。耗用直接材料成本 42 000 元,其中 A 产品生产耗用材料直接成本为 18 000 元,B 产品生产材料直接成本为 24 000 元。机器工时为 8 000 小时,其中 A 产品生产耗用工时为 3 000 小时,B 产品生产耗用工时为 5 000 小时。

要求:

(1)按生产工人工时比例法分配制造费用并做分录。

(2)按生产工人工资比例法分配制造费用并做分录。

(3)按机器工时比例法分配制造费用并做分录。

(4)按直接成本比例法分配制造费用并做分录。

7.某企业有一个基本生产车间,全年制造费用计划为 82 300 元,全年各种产品的计划产量为甲产品 2 000 件,乙产品 1 500 件;单件产品的工时定额为甲产品 4 小时,乙产品 5 小时;5 月的实际产量为甲产品 200 件,乙产品 180 件;该月实际发生制造费用为 5 000 元。

(1)计算该企业年度计划分配率:

(2)计算应转出 5 月的制造费用金额:

(3)根据上述计算结果编制会计分录:

(4)年末,假定该车间制造费用账户贷方余额为 6 500 元,按计划分配率甲产品全年已分配 32 200 元,乙产品全年已分配 28 000 元,调整差异:(差异额分配率保留 4 位小数)

差异额分配率=

甲产品应分配的差异额=

乙产品应分配的差异额=

调整差异分录

项目五 生产费用在完工产品和在产品之间的分配

【知识目标】
1. 了解在产品的含义。
2. 掌握在产品数量的确定方法。
3. 掌握生产费用在完工产品和在产品之间分配方法的含义及适用范围。

【能力目标】
1. 能对在产品的数量进行核算。
2. 能运用适当的方法将生产费用在完工产品和在产品之间分配。
3. 能够编制完工产品和在产品成本计算表及产品成本汇总表。
4. 能结转完工产品成本进行账务处理。

【素质目标】
1. 培养耐心、细致的工作作风。
2. 培养较强的会计思维模式和会计工作能力。

工作情境

张华、陈力和王颖是大学会计专业的同班同学,2020年8月,他们一同来到张华母亲所从事会计工作的单位——灵泰制药公司进行暑期社会实践活动。灵泰制药公司主要生产甲、乙两种药品,甲产品经过3道工序加工完成,乙产品经过两道工序加工完成。甲产品的原材料是在每道工序开始时一次性投入的,该产品加工完成的原材料消耗定额是80kg,其中:第一、第二和第三道工序原材料消耗定额分别是40kg、30kg和10kg;乙产品的原材料是陆续投入的,该产品加工完成原材料消耗定额是50kg,其中:第一道和第二道工序原材料消耗定额分别是30kg和20kg;本月甲产品发生的原材料费用为54 600元,乙产品发生的原材料费用为63 360元,月末甲、乙产品完工数量和在产品的数量分别是:甲产品完工250件,甲产品3道工序的在产品分别是30件、40件和50件;乙产品完工300件,乙产品两道工序的在产品分别是80件和90件。

张华母亲为了检验他们所学会计知识是否扎实,要求他们各自计算出灵泰制药公司2020年8月甲、乙完工产品和月末在产品应负担的原材料费用。

很快张华计算出甲完工产品与月末在产品应分别负担的原材料费用是39 000元和15 600

元,乙完工产品与月末在产品应分别负担的原材料费用是 48 000 元和 15 360 元。

陈力计算出甲完工产品与月末在产品应分别负担的原材料费用是 44 000 元和 10 600 元,乙完工产品与月末在产品应分别负担的原材料费用是 49 370 元和 13 990 元。

王颖计算出甲完工产品与月末在产品应分别负担的原材料费用是 36 890 元和 11 710 元,乙完工产品与月末在产品应分别负担的原材料费用是 40 440 元和 22 920 元。

如果你是一名成本会计,你认为张华、陈力和王颖所计算的灵泰制药公司 2020 年 8 月甲、乙完工产品和月末在产品应负担的原材料费用的计算结果,谁是正确的呢?

任务一 在产品的核算

【任务准备】

在产品的数量的核算是生产费用在完工产品与在产品之间分配的基础。在产品的数量确定正确与否,关系到分配结果的准确性。企业一方面要做好在产品收发结存的日常核算工作,以提供可靠的在产品账面核算资料;另一方面要做好在产品的定期清查工作,以提供在产品的实际资料。

一、在产品与产成品的含义

在产品也称"在制品",在产品就是尚未最终完工的产品,包括广义在产品与狭义在产品。广义在产品是指没有完成全部生产过程、不能作为商品销售的产品,包括正在车间加工的在产品;已完成一个或几个生产步骤还需继续加工的半成品;未经装配和未经验收入库的产品,以及返修的废品等。值得注意的是,不可修复废品应当及时报废,已领未用的原材料应当办理"假退料"手续,这些都不应列入在产品之内。对销售的自制半成品,属于商品产品,验收入库后也不应列入在产品。狭义在产品是指在各个生产车间或某个生产步骤正在加工或装配的零件、部件或半成品。广义在产品是从整个企业的角度来讲的在产品,狭义在产品则是从某一车间或某一生产加工步骤来讲的在产品。这里所讲的在产品是狭义在产品。

所谓产成品是指已经完成全部加工过程并可对外销售的产品,即完工产品。完工产品亦有广义和狭义之分,狭义完工产品指已经完成企业全部加工过程并可对外销售的产品,即产成品;广义完工产品不仅包括产成品,还包括只完成某一步骤生产的中间产品,即自制半成品。

二、在产品数量的确定

在产品数量的确定直接影响产品成本计算的正确性。要准确核算在产品成本,必须准确确定在产品数量。在产品数量的确定方法通常有两种:一是通过设置"在产品台账"即"在产品收发结存账",采取永续盘存制来确定在产品数量;二是通过月末实地盘点,采取实地盘存制来确定在产品数量。为加强在产品实物管理,企业应定期对在产品进行清查,特别是在年度决算时,必须进行一次全面清查。"在产品台账"应分生产单位(车间、分厂),按产品品种及在产品的名称进行设置,从而为生产单位各种在产品的收发结存提供核算资料,对于多工序生产的企业,还可以按工序进行反映。"在产品台账"应根据有关领料凭证、在产品内部转移凭证、产品检验凭证和产品入库单等原始凭证逐笔登记。在产品台账的一般格式如表5—1所示。

表 5—1　　　　　　　　　在产品收发结存账（在产品台账）

产品名称：甲产品　　　　　2020 年 9 月　　　　　零件名称：A 零件　　车间：装配车间

2020年		摘要	收入		转出			结存	
月	日	（略）	凭证号	数量	凭证号	合格品数量	废品数量	完工数量	未完工数量
9	5		901	250	904	230	3	14	3
9	11		909	180	915	170			10
9	18		922	230	926	198	2	16	14
9	27		935	220	939	220			
9	31	合计		880		818	5	30	27

在产品台账的填制，不仅对企业正确计算产品成本、加强生产资金管理有重要意义，而且结合在产品的定期清查工作，可以定期查清在产品的实有及盈亏数量，对保护企业财产物质的安全完整具有重要意义。

三、在产品清查的核算

为核实在产品数量，保护在产品的安全完整，企业必须定期和不定期地做好在产品的清查工作，以便准确地计算产品成本。在产品清查一般于月末结账前进行，通过实地盘点确定在产品的实际结存数量，与"在产品台账"记录的结存数量进行核对，如有不符，编制"在产品盘点溢缺报告单"，填明在产品名称、溢缺数量、溢缺金额、溢缺原因等，财会部门应对盘盈、盘亏在产品的数量、原因及处理意见进行审核，并按规定程序报经有关领导批准后进行相应账务处理。

1. 在产品盘盈的核算

① 盘盈时：

借：基本生产成本（计划或定额成本）

　　贷：待处理财产损溢——待处理流动资产损溢

② 批准核销盘盈时：

借：待处理财产损溢——待处理流动资产损溢

　　贷：制造费用

2. 在产品盘亏和毁损的核算

① 盘亏、毁损时：

借：待处理财产损溢——待处理流动资产损溢

　　贷：基本生产成本（计划或定额成本）

② 收回残值时：

借：原材料

　　贷：待处理财产损溢——待处理流动资产损溢

③ 向有关单位、部门、过失人索赔时：

借：其他应收款

贷：待处理财产损溢——待处理流动资产损溢

④ 因自然灾害造成的损失：

借：营业外支出

　　贷：待处理财产损溢——待处理流动资产损溢

⑤ 计入产品成本的净损失：

借：制造费用

　　贷：待处理财产损溢——待处理流动资产损溢

如果在产品的盘亏是由于没有及时办理领料或交接手续，或某种产品的零部件为另一种产品挪用，则应补办手续，及时转账更正。为了正确归集和分配制造费用，在产品盘盈和盘亏的账务处理应在制造费用分配前进行。

如何既合理又简便地在完工产品与月末在产品之间分配生产费用，是产品计算工作一个重要而复杂的问题，尤其在产品结构复杂、零部件种类和加工工序较多的情况下更是如此。由于月初在产品成本与本月生产费用之和就是需要在完工产品与月末在产品之间待分配的生产费用总额，因此，月末在产品的计算是否准确，直接影响到完工产品成本计算的正确性。

【任务实施与解析】

【任务5-1】张力于2020年7月大学毕业后就职于某公司从事成本核算工作，上任后财务科科长安排张力对基本生产车间5月末在产品进行清查盘点，发现甲产品的在产品盘盈了10件，乙产品的在产品盘亏了6件。

已知甲产品的在产品单位定额成本是200元，乙产品的在产品单位定额成本是105元，张力应当如何进行会计处理？

1. 甲在产品盘盈的核算

① 盘盈时：审批前

借：基本生产成本——甲产品（定额成本）　　2 000

　　贷：待处理财产损溢——待处理流动资产损溢　　2 000

② 批准核销盘盈时：

借：待处理财产损溢——待处理流动资产损溢　　2 000

　　贷：制造费用　　2 000

2. 乙在产品盘亏的核算

① 盘亏时：审批前

借：待处理财产损溢——待处理流动资产损溢　　630

　　贷：基本生产成本——乙产品（定额成本）　　630

② 审批后向过失人索赔时：

借：其他应收款——××　　630

　　贷：待处理财产损溢——待处理流动资产损溢　　630

③ 或者如因管理不善造成盘亏，审批后计入管理费用：

借：管理费用　　630

　　贷：待处理财产损溢——待处理流动资产损溢　　630

任务二 生产费用在完工产品和在产品之间分配

【任务准备】

生产费用在完工产品和在产品之间分配的正确与否,直接关系到完工产品与在产品计价的正确性。因此,企业应根据在产品数量的多少、各月末在产品数量变化的大小、各项费用在成本中所占的比重以及定额管理的好坏等具体条件,选择既合理又简便的分配方法,将生产费用在完工产品与在产品之间分配,然后结转完工产品成本。

生产费用在完工产品和在产品之间的分配,是产品成本计算工作的重要环节。企业产品产生过程中所发生的各种费用,经过要素费用和综合费用的归集和分配后,都集中在了"生产成本"明细账及其所属的"产品成本计算单"中。企业如果所生产产品全部完工,期末没有在产品,则"生产成本"明细账及其所属的"产品成本计算单"中所归集的生产费用都是完工产品成本;如果所生产产品全部未完工,期末全部是在产品,则"生产成本"明细账及其所属的"产品成本计算单"中所归集的生产费用都是在产品成本;如果所生产产品在月度内存在部分完工、部分未完工的情况,则要将"生产成本"明细账及其所属的"产品成本计算单"中所归集的生产费用在完工产品与在产品之间进行分配。成本核算的目的就是归集生产费用,最后计算出完工产品的总成本和单位成本。在上述三种情况中,前两种情况由于产品生产在月末要么全部完工,要么全部未完工,因而不存在将生产费用在完工产品和月末在产品之间进行分配的问题。但这两种情况比较特殊,然而对于大多数产品生产企业来说,一般月末既有完工产品,又有在产品,因此,将一定会计期间所发生的生产费用在完工产品和在产品之间进行分配是成本核算的一个重要环节。

期初在产品成本、本期生产费用、期末在产品与本期完工产品成本之间的关系,可以用公式表示如下:

期初在产品成本+本期生产费用=期末在产品成本+本期完工产品成本

从在产品成本和完工产品成本分配的角度看主要有以下几种模式。

1.先确定月末在产品成本,然后将生产费用合计数减去期末在产品成本计算出本期完工产品总成本和单位成本。

2.先确定本期完工产品成本,然后将生产费用合计数减去完工产品成本,计算出期末在产品成本。

3.先确定完工产品和在产品成本划分的分配标准求得分配率,然后根据分配标准和分配率同时计算出完工产品与在产品的成本。

此外,企业还可根据各成本项目成本的比重大小和成本核算的重要性原则,对所占成本比重较大的主要成本项目的成本,在完工产品与在产品成本之间进行划分,其余成本项目的成本全部由完工产品承担。企业应根据实际情况进行选择。

生产费用在完工产品和在产品之间的分配,是成本计算工作中一个重要而又复杂的问题。当期末有在产品时,企业应根据各自的具体情况,结合管理要求,选择既合理又简便的分配方法,将生产费用在完工产品和在产品之间进行分配,从而计算出完工产品和在产品的成本。选择在产品成本计算方法时,企业应考虑的因素主要有:月末在产品数量的多少、月末结存在产品数量变化的大小,月末结存在产品占用金额的多少、各项费用在成本中所占比重的大小、定额资料是否健全、企业定额管理基础的好坏等具体情况。将上述各项因素进行综合考虑后,选择正确的分配方法。常见的分配方法主要有以下几种:(1)月末不计算在产品成本法;(2)在产品按年初固定成本计价法;(3)在产品按所耗直接材料成本计价法;(4)约当产量法;(5)定额成本法;(6)定额比例法;(7)在产品按完工产品成本计算法。

在产品成本计算方法一经确定,不得随意变更,以保证产品成本材料的可比性。

【任务实施与解析】
一、月末不计算在产品成本法

【任务5—2】泰龙公司生产的甲产品,由于月末在产品数量很少,因此不需要计算月末在产品成本,2020年9月该公司发生的生产费用为:直接材料费98 000元,直接人工费35 000元,制造费用27 000元,本月完工产品1 250件,月末在产品5件。

任务要求:采用不计算月末在产品成本法,计算甲完工产品的总成本和单位成本,编制产品成本计算表。

本任务由于甲产品采用不计算月末在产品成本法计算完工产品成本,所以2020年9月发生的生产费用之和就是完工产品的总成本。

甲完工产品总成本 = 98 000 + 35 000 + 27 000 = 160 000(元)

甲产品单位成本 = $\frac{16\ 000}{1\ 250}$ = 128(元/件)

编制产品成本计算表,如表5—2所示。

表5—2 甲产品完工产品与在产品成本计算表

泰龙公司　　　　　　　　　2020年9月　　　　　　　　　金额单位:元

摘要	直接材料	直接人工	制造费用	合计
月初在产品成本	—	—	—	—
本月生产费用	98 000	35 000	27 000	160 000
生产费用合计	98 000	35 000	27 000	160 000
本月完工产品成本	98 000	35 000	27 000	160 000
月末在产品成本	—	—	—	—

不计算月末在产品成本法是指月末在产品不计算成本,本期归集的生产费用全部由本期完工产品负担的方法。其特点是虽然有月末在产品,但不计算其应负担的生产费用。

采用不计算月末在产品成本法分配生产费用时,每月发生的生产费用全部由完工产品成本负担,每月生产费用之和就是每月完工产品成本。

采用不计算月末在产品成本分配生产费用,计算产品成本的公式如下:

本月某完工产品总成本＝该产品本月归集的全部生产费用

$$该完工产品单位成本 = \frac{本月该产品总成本}{本月该产品完工数量}$$

这种方法适用于各月末在产品数量很少,算不算在产品成本对于完工成本的影响都较小的产品。如煤炭工业的采煤,由于工作面小,在产品数量很小,月末在产品就可以不计算成本;还有砖瓦企业中在窑中焙烧的砖坯、自来水企业中经过净化生产的水,由于数量一般比较稳定,为简化核算,可不计算月末在产品成本。

二、月末在产品成本按年初固定成本计价法

【任务5—3】泰和公司生产的甲产品采用在产品成本按年初固定成本计价法,本年初的在产品成本资料如下:直接材料28 000元,直接人工15 000元,制造费用8 000元,共计51 000元。2020年9月发生如下生产费用:直接材料158 000元,直接人工59 000元,制造费用26 000元。

任务要求:采用月末在产品按年初固定成本计价法,计算甲完工产品成本及月末在产品成本,编制产品成本计算表。

在本任务中,由于甲产品采用在产品成本按年初固定成本计价法,所以年初的在产品成本资料既是9月的在产品成本,也是月末的在产品成本,其计算方法如表5—3所示。

表5—3 甲产品完工产品与在产品成本计算表

泰和公司　　　　　　　　　　2020年9月　　　　　　　　金额单位:元

摘要	直接材料	直接人工	制造费用	合计
月初在产品成本(固定数)	28 000	15 000	8 000	51 000
本月生产费用	158 000	59 000	26 000	243 000
生产费用合计	186 000	74 000	34 000	294 000
本月完工产品成本	158 000	59 000	26 000	243 000
月末在产品成本(固定数)	28 000	15 000	8 000	51 000

月末在产品按年初固定成本计价法是指年内各月都固定以上年末计算确定的在产品成本作为各月的月末在产品成本,并以此确定当月完工产品成本的方法。

它的特点是每年只在年度12月末计算在产品成本,在次年1月至11月,不论在产品数量是否发生变化,都固定地以上年度12月末的在产品成本作为各月在产品成本。

采用月末在产品成本按年初固定成本计价法分配费用时,年内各月在产品的成本按年初在产品成本固定不变,各月发生的生产费用即为该月完工产品成本。

月末在产品成本按年初固定成本计价法分配生产费用,计算产品成本的公式如下:

月初在产品成本＋本月发生的生产费用＝本月完工产品成本＋月末在产品成本

(固定年初数)　　　　　　　　　　　　　　　　　　　　　　　　　(固定年初数)

这种方法适用于在产品数量较少,或者在产品数量虽大,但各月之间在产品数量变动不大的产品。

三、月末在产品成本按所耗直接材料成本计算法

【任务 5—4】 泰达公司生产甲产品,该产品直接材料费用在产品成本中所占比重较大,在产品按所耗直接材料成本计价法进行计算。材料在生产开始时一次性投入,甲产品月初在产品材料成本为 24 000 元,2020 年 9 月发生的生产费用如下:直接材料 96 000 元,直接人工 8 000元,制造费用 2 000 元,合计 106 000 元。本月完工产品 500 件,月末在产品 100 件。

任务要求:根据月末在产品成本按所耗直接材料成本计算法,计算甲完工产品成本及月末在产品成本,并填制完工产品与在产品成本计算表。

直接材料费用分配率 $= \dfrac{24\,000 + 96\,000}{500 + 100} = 200$

月末在产品成本 $= 200 \times 100 = 20\,000$(元)

完工产品直接材料费用 $= 200 \times 500 = 100\,000$(元)

完工产品成本 $= 100\,000 + 8\,000 + 2\,000 = 110\,000$(元)

产品成本计算表如表 5—4 所示。

表 5—4　　　　　　　　　　甲产品完工产品与在产品成本计算表

泰达公司　　　　　　　　2020 年 9 月　　　　　　　　金额单位:元

摘要	直接材料	直接人工	制造费用	合计
月初在产品成本	24 000	—	—	24 000
本月生产费用	96 000	8 000	2 000	106 000
生产费用合计	120 000	8 000	2 000	130 000
本月完工产品成本	100 000	8 000	2 000	110 000
月末在产品成本	20 000	—	—	20 000

本任务中原材料是在生产开始时一次性投入的,因而,直接材料费用可以按完工产品和月末在产品的数量比例分配。如果材料分批投入,月末应首先确定在产品数量,其次分别计算应负担材料成本。

月末在产品成本按所耗直接材料成本计算法是指在确定月末在产品成本时,只计算在产品所消耗的直接材料成本,其人工费用与制造费用全部由当期完工产品负担的方法。

采用这种方法,月末在产品只计算所耗用的直接材料成本,不计算所耗用的直接人工、制造费用等加工费用,产品的直接人工和制造费用全部由完工产品成本负担。某种产品的全部成本费用,减去月末在产品直接材料成本,就是完工产品成本。

采用月末在产品成本按所耗直接材料成本计价法分配生产费用时,月末在产品只计算所用的直接材料费用,不计算所耗用的直接人工、制造费用等加工费用,产品的加工费用全部由完工产品成本负担。

月末在产品成本按所耗直接材料成本计价法分配生产费用,计算产品成本的公式如下:

本月完工产品成本 = 月初在产品成本 + 本月发生的生产费用 − 月末在产品成本

　　　　　　(直接材料成本)　　　　　　　　　　　　　　(直接材料成本)

这种方法适用于各月末在产品数量较多,而且数量变化较大,同时直接材料费用在产品成

本中所占比重较大的产品。如纺织、造纸、酿酒行业的直接材料费约占产品成本的70%以上。

四、月末在产品成本按完工产品成本计算法

【任务5-5】泰祥公司生产乙产品,月末在产品接近完工,在产品按完工产品成本计算,材料在生产开始一次性投入。乙产品月初在产品直接材料成本为30 000元,直接人工12 000元,制造费用3 000元,合计45 000元。2020年9月发生的费用如下:直接材料160 000元,直接人工48 000元,制造费用15 000元,合计223 000元。本月完工产品450件,月末在产品50件且接近完工。

任务要求:根据月末在产品按完工成本计算法,计算乙产品完工产品成本及月末在产品成本,并填制完工产品与在产品成本计算表。

直接材料费用分配率 $= \dfrac{30\,000 + 160\,000}{450 + 50} = 380$

完工产品直接材料成本 $= 380 \times 450 = 171\,000$(元)

月末在产品直接材料成本 $= 380 \times 50 = 19\,000$(元)

直接人工费用分配率 $= \dfrac{12\,000 + 48\,000}{450 + 50} = 120$

完工产品直接人工成本 $= 120 \times 450 = 54\,000$(元)

月末在产品直接人工成本 $= 120 \times 50 = 6\,000$(元)

制造费用分配率 $= \dfrac{3\,000 + 15\,000}{450 + 50} = 36$

完工产品制造费用 $= 36 \times 450 = 16\,200$(元)

月末在产品制造费用 $= 36 \times 50 = 1\,800$(元)

乙产品完工产品成本 $= 171\,000 + 54\,000 + 16\,200 = 241\,200$(元)

乙产品月末在产品成本 $= 19\,000 + 6\,000 + 1\,800 = 26\,800$(元)

产品成本计算如表5-5所示。

表5-5　　　　　　　　　　乙产品完工产品与在产品成本计算表

泰祥公司　　　　　　　　　　2020年9月　　　　　　　　　　金额单位:元

摘要	直接材料	直接人工	制造费用	合计
月初在产品成本	30 000	12 000	3 000	45 000
本月生产费用	160 000	48 000	15 000	223 000
生产费用合计	190 000	60 000	18 000	26 000
分配率	380	120	36	—
本月完工产品成本	171 000	54 000	16 200	241 200
月末在产品成本	19 000	6 000	1 800	26 800

月末在产品按完工产品计算在产品成本法,是指将月末在产品视为完工产品直接参与生产费用分配的方法。其特点是一件在产品与一件完工产品承担的生产费用相同。

月末在产品成本按完工产品成本计算法,就是将在产品视为完工产品,按完工产品与月末在产品数量的比例分配生产费用,从而分别计算出完工产品和月末在产品成本。

月末在产品成本按完工成本计价法分配生产费用,计算产品成本的公式如下:

$$各项费用分配率 = \frac{月初在产品成本 + 本月发生的生产费用}{完工产品数量 + 月末在产品数量}$$

完工产品应负担的某项成本 = 完工产品数量 × 该项费用分配率

月末在产品应负担的某项成本 = 月末在产品数量 × 该项费用分配率

这种方法适用于月末在产品已经接近完工,或者在产品已经加工完毕,但尚未验收或包装入库的商品。采用这种方法,可按完工产品与月末在产品数量的比例分配生产费用。

五、约当产量比例法

【任务5-6】广发公司本月完工甲产品210件(其中,合格品为200件,不可修复废品10件,不可修复废品损失全部分配给完工产品),月末在产品为20件,完工率为50%。月初在产品和本月发生的费用累计:直接材料为9 800元,燃料及动力费为22 239元,直接人工为11 900元,制造费用为16 827.20元,废品损失为2 420元,合计为63 186.20元。直接材料是生产开始时一次投入,直接材料费用按照完工产品和月末在产品数量比例分配,其他各项加工费按照完工产品数量和月末在产品约当产量的比例分配。

任务要求:根据约当产量比例法,计算甲产品完工产品成本及月末在产品成本,并填制完工产品与在产品成本计算表。

(1) 计算月末在产品约当产量:将在产品数量按照完工程度折算为相当于完工产品的数量,就是约当产量。

月末在产品约当产量 = 20 × 50% = 10(件)

(2) 计算各项费用分配率:

$$直接材料费用分配率 = \frac{9\ 800}{20 + 200} \approx 44.55$$

$$燃料及动力费分配率 = \frac{22\ 239}{10 + 200} = 105.9$$

$$直接人工分配率 = \frac{11\ 900}{10 + 200} \approx 56.67$$

$$制造费用分配率 = \frac{16\ 827.2}{10 + 200} \approx 80.13$$

产品成本计算如表5-6所示。

表5-6　　　　　　　　甲产品完工产品与在产品成本计算表

广发公司　　　　　　　2020年9月　　　　　　　金额单位:元

摘要	直接材料	燃料及动力	直接人工	制造费用	废品损失	合计
生产费用合计	9 800	22 239	11 900	16 827.2	2 420	63 186.2
完工产品产量	200	200	200	200	200	
在产品约当产量	20	10	10	10	—	—
分配率	44.55	105.90	56.67	80.13	—	—
完工产品成本	8 910	21 180	11 334	16 026	2 420	59 870
月末在产品成本	890	1 059	566	801.2	—	3 316.2

由于在产品加工过程中加工程度和投料方式的不同,因此必须区分成本项目计算在产品的约当产量,而约当产量的计算关键在于在产品的投料程度和完工程度的计算。在产品的投料程度和完工程度不同,其承担的直接材料费用和加工费用(直接人工、制造费用)不同。

1.约当产量比例法就是按照完工产品数量与在产品的约当产量的比例,计算分配完工产品成本和月末在产品成本的方法。

约当产量比例法的特点是先把月末在产品数量按照投料程度或完工程度折合成完工产品数量,再将归集的生产费用在完工产品产量和月末在产品约当产量之间进行分配分别确定其成本。

这种方法适用于期末的在产品数量较多,各月月末在产品数量变化较大,产品中各个成本项目所占比重相差不大的产品。

运用约当产量比例法分配生产费用,计算产品成本的公式如下。

(1)计算在产品约当产量:

在产品约当产量=月末在产品数量×月末在产品完工程度(或投料程度)

(2)计算约当总产量:

约当总产量=本月完工产品数量+月末在产品约当产量

(3)计算费用分配率:

$$某项费用分配率=\frac{该项费用总额}{约当总产量}$$

(4)计算本期完工产品应负担的生产费用:

完工产品该项费用=完工产品数量×该项费用分配率

(5)计算本期完工产品总成本:

$$本期完工产品总成本=\sum(本期完工产品应负担的各项生产费用)$$

(6)计算本期完工产品单位成本:

$$本期完工某产品单位成本=\frac{本期完工的该产品总成本}{本期完工的该产品产量}$$

(7)计算月末在产品应负担的该项费用:

在产品该项费用=在产品约当产量×该项费用分配率

2.投料程度的确定。在产品投料程度是指在产品已投材料占完工产品应投材料的百分比。材料的投料程度是由材料的投料形式决定的,因投料形式不同,在产品的投料程度也不同。因此,采用约当产量比例法分配费用时,应区分不同的情况,采用不同的方法计算在产品的投料程度。主要有以下三种情况。

(1)原材料在开始生产时一次投入。

【任务5-7】甲产品月初材料费用为13 400元,本月发生的直接材料费用为25 000元,原材料在生产开始时一次投入,本月完工甲产品320件,月末在产品160件。

任务要求:分配原材料费用。

$$原材料费用分配率=\frac{13\ 400+25\ 000}{320+160}=80$$

完工产品负担的材料费用=320×80=25 600(元)

在产品负担的材料费用=160×80=12 800(元)

原材料在开始生产时一次投入即在第一道工序开始时将生产产品所需耗用的材料全部投入。在这种情况下,不论在产品完工程度如何,完工产品与月末在产品所耗用的直接材料费用都是相同的,即在产品的投料程度变为100%。因此,产品生产所发生的直接材料费用可以按完工产品和在产品的数量进行分配。

(2)原材料在各工序陆续投入,并且在各工序生产开始时一次投入。

【任务5—8】泰明公司2020年9月生产甲产品需要经过三道工序制成,原材料消耗定额为500千克,各道工序依次为100千克、180千克、220千克。各道工序的月末在产品数量依次是50件、25件、45件,本月完工产品为31件。月初在产品和本月发生的原材料费用共计8 000元。原材料在各道工序开始时一次投入,计算各道工序的投料程度,分配原材料费用。

任务要求:计算甲产品月末在产品约当产量。

在产品约当产量如表5—7所示。

表5—7　　　　　　　　　甲产品月末在产品约当产量计算表

泰明公司　　　　　　　　2020年9月

工序	原材料消耗定额(千克)	投料程度(投料率)	在产品数量(件)	在产品约当产量(件)
1	100	$\frac{100}{500} \times 100\% = 20\%$	50	10
2	180	$\frac{100+180}{500} \times 100\% = 56\%$	25	14
3	220	$\frac{100+180+220}{500} \times 100\% = 100\%$	45	45
合计	500	—	120	69

直接材料费用分配率 = $\frac{8\ 000}{31+69}$ = 80

完工产品直接材料费用 = 31×80 = 2 480(元)

在产品直接材料费用 = 69×80 = 5 520(元)

原材料随着生产进度陆续投入,且在每道工序一次投入。即每道工序都要投入材料,而且在各道工序生产开始时材料全部投入,然后经连续加工生产出产成品。此时,每道工序的月末在产品应负担的材料费用为截止该工序的累积投料额,月末在产品可按投料比例折合成完工产品。确定月末在产品约当产量的公式如下:

某工序月末在产品约当产量 = 该工序在产品数量 × 截止该工序投料程度

某工序期末在产品投料程度 = $\frac{\text{截止该工序累计投料定额(数量)}}{\text{完工产品投料定额(数量)}} \times 100\%$

(3)原材料随着生产进度陆续投入,同时在每道工序也是陆续投入。

【任务5—9】假如【任务5—8】中原材料是随加工进度陆续投入,同时在每道工序也是陆续投入。

任务要求：计算各道工序的投料程度、分配原材料费用。在产品约当产量计算过程如表5－8所示。

表5－8 　　　　　　　　　甲产品月末在产品约当产量计算表

泰明公司　　　　　　　　　　　　　　2020年9月

工序	原材料消耗定额（千克）	投料程度（投料率）	在产品数量（件）	在产品约当产量（件）
1	100	$\dfrac{100\times 50\%}{500}\times 100\%=10\%$	50	5
2	180	$\dfrac{100+180\times 50\%}{500}\times 100\%=38\%$	25	9.5
3	220	$\dfrac{100+180+220\times 50\%}{500}\times 100\%=78\%$	45	35.1
合计	500	—	120	49.6

直接材料费用分配率 $=\dfrac{8\,000}{49.6+31}\approx 99.255\,6$

完工产品直接材料费用 $=31\times 99.255\,6\approx 3\,076.92$（元）

在产品直接材料费用 $=49.6\times 99.255\,6\approx 4\,923.08$（元）

在这种情况下，产品所耗的原材料是随着产品的加工进度陆续投入的，但其投料程度与加工进度又不一致，原材料的投料程度应按各工序的原材料投料定额计算。为简化投料程度的测算工作，一般在产品在本道工序中的投料程度都按50%计算，则某工序在产品投料程度按下列公式计算：

某工序在产品约当产量＝该工序在产品数量×该工序在产品投料程度

$$\text{某工序月末在产品投料程度}=\dfrac{\text{前面工序累计投料定额（数量）}+\text{本工序投料定额（数量）}\times 50\%}{\text{完工产品投料定额（数量）}}\times 100\%$$

3. 完工程度的确定。在生产过程中，产品的完工程度越高，该产品应负担的加工费就越多，因此，月末在产品应负担的加工费用的多少与产品的完工程度密切相关。所以在分配加工费用（如燃料、动力、直接人工、制造费用）时，需采用完工程度计算约当产量。在实务工作中，企业产品加工情况千差万别，需要根据具体情况分别计算完工程度。完工程度可按照各道工序分别计算，也可不分工序，确定一个平均完工程度。

(1) 分工序计算在产品完工程度。

【任务5－10】泰明公司生产的甲产品需要经过三道工序，生产的甲产品定额工时为60小时，各工序分别为30小时、12小时和18小时。2020年9月30日，各工序的月末在产品数量分别为120件、80件和100件。

任务要求：计算月末在产品约当产量。

月末在产品约当产量计算如表5—9所示。

表5—9　　　　　　　　甲产品月末在产品约当产量计算表

泰明公司　　　　　　　　　　　2020年9月

工序	工时定额(小时)	完工程度	在产品数量	在产品约当产量
1	30	$\frac{30 \times 50\%}{60} = 25\%$	120	30
2	12	$\frac{30 + 12 \times 50\%}{60} = 60\%$	80	48
3	18	$\frac{30 + 12 + 18 \times 50\%}{60} = 85\%$	100	85
合计	60	100%	300	163

分工序计算在产品完工程度,是指根据各工序的累计工时定额(实耗工时)占完工产品工时定额(实耗工时)的百分比,来确定各工序在产品完工程度的一种方法。其计算公式如下:

$$\text{某工序在产品完工程度} = \frac{\text{在产品上各道工序累计工时定额之和} + \text{在产品本工序工时定额} \times 50\%}{\text{完工产品工时定额}} \times 100\%$$

(2)不分工序计算在产品完工程度。

【任务5—11】假如【任务5—10】各工序在产品完工程度均为50%。要求:计算在产品约当产量。

$120 \times 50\% + 80 \times 50\% + 100 \times 50\% = 60 + 40 + 50 = 150$(件)

不分工序计算在产品完工程度是指企业对在产品确定一个平均完工程度(一般确定为50%)作为各工序在产品完工程度的一种说法。这种方法适用于各工序在产品数量和单位产品在各工序的加工量都相差不多的情况。因为在这种情况下,后面各工序在产品多加工的程度可以抵补前面各工序少加工的程度,这样为了简化核算,就可以对全部在产品完工程度都按50%计算。

由此任务也可以看出,不分工序确定在产品完工程度不能用于各工序在产品数量和单位产品在各工序加工量相差很大的产品,否则,计算出的约当产量与实际情况相差太大。

运用约当产量比例法分配生产费用,计算产品成本的程序如下:

第一步,根据在产品的数量和在产品的完工程度或投料程度计算在产品约当产量;

第二步,根据待分配的直接材料、直接人工和制造费用总额和约当总产量计算直接材料、直接人工和制造费用分配率;

第三步,根据完工产品和月末在产品数量与直接材料、直接人工和制造费用分配率,计算完工产品和月末在产品成本。

六、定额成本法

【任务 5—12】 泰华公司生产甲产品,2020 年 9 月该产品月初直接材料费用 8 400 元,直接人工费用 1 130 元,制造费用 1 000 元和本月生产费用直接材料费用 20 000 元,直接人工费用 7 000 元,制造费用 6 000 元。原材料在生产开始时一次投料。单位产品原材料费用定额 40 元,月末在产品 70 件,定额工时共计 800 小时,每小时费用定额为:直接人工 1.5 元,制造费用 2 元。

任务要求:按定额成本法分配计算完工产品和月末在产品费用。

(1) 月末在产品定额成本为:

直接材料费用 = 70 × 40 = 2 800(元)

直接人工费用 = 800 × 1.5 = 1 200(元)

制造费用 = 800 × 2 = 1 600(元)

月末在产品定额成本 = 2 800 + 1 200 + 1 600 = 5 600(元)

(2) 完工产成品成本为:

直接材料费用 = 28 400 − 2 800 = 25 600(元)

直接人工费用 = 8 130 − 1 200 = 6 930(元)

制造费用 = 7 000 − 1 600 = 5 400(元)

完工产品成本 = 25 600 + 6 930 + 5 400 = 37 930(元)

产品成本计算表,如表 5—10 所示。

表 5—10 完工产品与月末在产品成本计算表

泰华公司　　　　　　　　　　2020 年 9 月　　　　　　　　　　金额单位:元

摘要	直接材料	直接人工	制造费用	合计
月初在产品成本	8 400	1 130	1 000	10 530
本月生产费用	20 000	7 000	6 000	33 000
生产费用合计	28 400	8 130	7 000	43 530
本月完工产品成本	25 600	6 930	5 400	37 930
月末在产品定额成本	2 800	1 200	1 600	5 600

企业在具备完整的消耗定额资料,消耗定额比较准确、稳定,而且在产品数量变化不大的情况下,生产费用在完工产品与在产品之间的分配可以采用定额成本法。定额成本法是一种先确定月末在产品成本,然后从生产费用总额中扣除月末在产品成本,从而计算出完工产品成本的一种费用分配方法。

定额成本法是按照预先制定的定额成本计算月末在产品成本,即月末在产品成本按其数量和单位定额成本计算,然后倒挤出本期完工产品成本。其特点是在产品只按定额成本计算,每月生产成本脱离定额的节约差异或超支差异全部由本期完工产品负担。它适用于定额管理基础比较好,各项消耗定额或费用定额比较准确、稳定,而且各月在产品数量变动不大的产品。运用该方法时,应根据各种在产品有关定额资料,以及在产品月末结存数量,计算各种月末在产品的定额成本。

运用定额成本法分配生产费用,计算产品成本的公式如下:

月末在产品成本＝月末在产品数量×在产品单位定额成本

$$\text{本期完工产品总成本} = \text{月初在产品定额成本} + \text{本月发生的生产费用} - \text{月末在产品定额成本}$$

$$\text{本期完工产品单位成本} = \frac{\text{本期完工产品总成本}}{\text{本期完工产品数量}}$$

七、定额比例法

【任务 5—13】泰诚公司生产乙产品,2020 年 9 月有关费用及定额资料如表 5—11 所示。

表 5—11　　　　　　　　乙产品费用及有关定额资料

产品名:乙产品　　　　　　　　2020 年 9 月　　　　　　　　金额单位:元

项目 内容	直接材料	直接人工	制造费用	合计
月初在产品	3 200	2 400	1 100	6 700
本月生产费用	19 600	8 800	6 600	35 000
单位完工产品定额	40 千克	25 小时	25 小时	—
月末在产品定额	40 千克	20 小时	20 小时	—
完工产品产量	—	—	—	200
月末在产品产量	—	—	—	100

任务要求:根据上述资料采用定额比例法计算完工产品和月末在产品成本。
根据上述资料,计算如下:
完工产品直接材料定额耗用量＝40×200＝8 000(千克)
月末在产品直接材料定额耗用量＝40×100＝4 000(千克)

$$\text{直接材料费用分配率} = \frac{3200+19600}{8000+4000} = 1.9$$

完工产品直接人工(制造费用)定额工时＝25×200＝5 000(小时)
月末在产品直接人工(制造费用)定额工时＝20×100＝2 000(小时)

$$\text{直接人工费用分配率} = \frac{2400+8800}{5000+2000} = 1.6$$

$$\text{制造费用分配率} = \frac{1100+6600}{5000+2000} = 1.1$$

完工产品应负担直接材料成本＝200×40×1.9＝15 200(元)
在产品应负担直接材料成本＝100×40×1.9＝7 600(元)
完工产品应负担工资费用＝200×25×1.6＝8 000(元)
在产品应负担工资费用＝100×20×1.6＝3 200(元)
完工产品应负担制造费用成本＝200×25×1.1＝5 500(元)
在产品应负担制造费用成本＝100×20×1.1＝2 200(元)

完工产品成本＝15 200＋8 000＋5 500＝28 700(元)

月末在产品成本＝7 600＋3 200＋2 200＝13 000(元)

表 5—12　　　　　　　　　乙完工产品成本与在产品成本计算表

泰诚公司　　　　　　　　　　2020 年 9 月　　　　　　　　　　金额单位：元

成本项目		直接材料	直接人工	制造费用	合计
月初在产品成本	①	3 200	2 400	1 100	6 700
本月生产费用	②	19 600	8 800	6 600	35 000
生产费用合计	③＝①＋②	22 800	11 200	7 700	41 700
分配率	④＝③/(⑤＋⑦)	1.9	1.6	1.1	—
本月完工产品 定额耗用量或工时	⑤	8 000	5 000	5 000	—
本月完工产品 实际费用	⑥＝④×⑤	15 200	8 000	5 500	28 700
月末在产品 定额耗用量或工时	⑦	4 000	2 000	2 000	—
月末在产品 实际费用	⑧＝④×⑦	7 600	3 200	2 200	13 000

定额比例法是按照定额消耗量、定额费用或定额工时的比例分配生产费用，从而计算出完工产品成本和月末在产品成本的一种方法。其中，直接材料费用按照材料定额消耗量或材料定额费用比例分配；直接人工费用、制造费用等各项加工费，即可按定额费用比例分配，可以按定额工时的比例分配。其特点是按照生产费用占本期完工产品和月末在产品的定额消耗量、定额费用或定额工时的比例进行分配后，确定各自应负担的生产费用，它弥补了在产品按定额成本法计算时，定额脱离实际的差异全部由完工产品负担的缺陷。但该种方法要逐项计算费用的定额比例，再根据比例分配完工产品成本与在产品成本，计算工作量较大。这种分配方法适用于定额管理基础较好，各项消耗定额或费用定额比较准确、稳定，各月末在产品数量变动较大的产品。

运用定额比例法分配生产费用，计算产品成本的公式如下：

完工产品直接材料费用＝完工产品原材料定额成本×原材料费用分配率

在产品直接材料费用＝在产品原材料定额成本×原材料费用分配率

完工产品某加工费用＝完工产品定额工时×该加工费用分配率

在产品加工费用＝在产品定额工时×该加工费用分配率

企业在定额基础比较好，各项消耗定额或费用定额比较准确、稳定，而且月末在产品数量变化大的情况下，生产费用在完工产品与在产品之间的分配可以采用定额比例法。

【任务小结】

生产费用在完工产品与在产品之间的分配是产品成本计算的最后一个环节。要正确计算完工产品与在产品的成本，首先要明确在产品的含义，正确确定在产品的数量。在产品是企业已经投入生产，但尚未完工或虽已完工但尚未验收入库，不能作为商品销售的产品。在产品有广义和狭义之分。广义在产品是指产品从生产投入到最终生产成产成品，交验入库以前的所有产品。狭义在产品是指在某一生产车间或某一生产步骤尚在加工或虽已完工但尚未转出的产品。月末在产品数量的确定方法有两种：一是通过账面核算资料，即通过"在产品收发存明细账"上反映的期末结存数量;二是在月末,通过在产品的实地盘点确定的,盘点中如发现账实不符,应编制"在产品盘盈盘亏报告表",并调整账面记录。在成本会计实务中,这两种方法往往是结合使用的,以确保在产品数量的准确性。

因产品成本的计算与在产品数量的多少、各月末在产品数量变化的大小、各项费用在成本中所占的比重以及定额管理的好坏等具体条件相关,由此决定了生产费用在完工产品与在产品之间分配方法的不同,分配方法有不计算在产品成本法、按年初固定数计算在产品成本、按所耗直接材料费用计算在产品成本、按完工产品成本计算在产品成本、约当产量比例法、定额比例法、定额成本法。其中,后三种方法比较特殊,既重要又复杂。

约当产量比例法是按照完工产品的产量和月末在产品的约当产量比例分配完工产品成本和月末在产品成本的方法。而约当产量是由在产品的投料程度和加工程度的不同所决定的,这种方法适用于月末在产品数量较大,各月末在产品数量变化也较大,产品中各成本项目所占比重相差不大的产品。

定额成本法是按在产品单位定额成本和月末在产品数量来计算在产品成本,然后从全部费用减去在产品成本,以求得完工产品成本的方法。它适用于企业各项消耗定额或费用定额管理基础较好,各项消耗定额或费用定额比较准确、稳定,而且各月末在产品数量变化不大的产品。

定额比例法是将生产费用按照完工产品和月末在产品的定额消耗量或定额费用分配计算完工产品成本与在产品成本的方法。它适用于定额管理基础较好,各项消耗定额或定额费用比较准确、稳定,但各月末在产品数量变动较大的产品。

【任务巩固与实操】

一、单项选择

1.在分工序测定在产品完工率时,其完工率是指在产品( )与完工产品工时定额的比率。
A.所在工序的工时定额
B.前面各工序工时定额与所在工序工时定额一半的合计数
C.所在工序的累计工时定额
D.所在工序的工时定额一半

2.如果某种产品的月末在产品数量较大,各月在产品数量变化也较大,产品成本中各项费用的比重相差不大,生产费用在完工产品与月末在产品之间分配,应采用( )。
A.不计在产品成本法   B.约当产量比例法
C.在产品按完工产品计算法   D.定额比例法

3.某企业产品经过两道工序,各工序的工时定额分别为30小时和40小时,则第二道工序的完工率为( )。
A.68%   B.69%   C.70%   D.71%

4.下列不属于完工产品与月末在产品之间分配费用的方法是( )。
A.约当产量比例法   B.不计算在产品成本法
C.年度计划分配率分配法   D.定额比例法

5.按完工产品和月末在产品数量比例,分配计算完工产品和月末在产品成本,必须具备下列条件( )。

A.在产品已接近完工　　　　　　　B.原材料在生产开始时一次投料
C.在产品原材料费用比重较大　　　D.各项消耗定额比较准确、稳定

6.某产品经过两道工序加工完成。第一道工序月末在产品数量为100件,完工程度为20%;第二道工序的月末在产品数量为200件,完工程度为70%。据此计算的月末在产品约当产量为( )件。
A.20　　　　B.135　　　　C.140　　　　D.160

7.假设某企业某种产品本月完工250件,月末在产品160件,在产品完工程度为40%,月初和本月发生的原材料费用共56 520元,原材料随着加工进度陆续投入,则完工产品和月末在产品的原材料费用分别为( )。
A.45 000元和11 250元　　　　　　B.40 000元和16 250元
C.45 000元和11 520元　　　　　　D.34 298元和21 952元

8.A产品要经历三道工序完成,各工序的定额工时分别为30小时、10小时和10小时,则第二道工序的在产品完工程度是( )。
A.50%　　　　B.70%　　　　C.80%　　　　D.90%

9.B产品要经历三道工序完成,各工序在产品的完工程度分别为30%、65%和85%,若该产品的定额工时为50小时,则第三道工序的定额工时为( )小时。
A.10　　　　B.15　　　　C.20　　　　D.25

10.B产品要经历三道工序完成,各工序的月末在产品数量分别为100件、120件和150件,各工序在产品的完工程度分别为30%、60%和80%,则月末在产品的约当产量为( )件。
A.370　　　　B.185　　　　C.200　　　　D.222

11.如果原材料是在生产开始时一次投入,则应该按照( )比例分配计算完工产品和在产品成本。
A.完工产品数量和在产品数量
B.完工产品数量和在产品约当产量
C.完工产品数量和在产品数量的一半
D.完工产品数量的一半和在产品数量

12.采用不计在产品成本法的适用范围是( )。
A.月末无在产品　　　　　　　　B.月末在产品数量很少
C.月末在产品数量较多　　　　　D.月末在产品数量均衡

13.甲产品要经历三道工序完成,各工序的投料比例分别为50%、35%和15%,材料在生产开始时一次投入,则第二步在产品的投料程度是( )。
A.100%　　　　B.50%　　　　C.85%　　　　D.35%

14.乙产品要经历三道工序完成,各工序的投料比例分别为50%、35%和15%,材料在每道工序生产开始时一次投入,则第二步在产品的投料比例是( )。
A.100%　　　　B.50%　　　　C.85%　　　　D.35%

15.下列产品中属于狭义在产品的有( )。
A.入库半成品　　　　　　　　　B.正在修复中的废品
C.准备修复的废品　　　　　　　D.加工中的产品

二、多项选择

1. 采用约当产量计算在产品成本法时,需要按完工程度确定在产品约当产量进行分配的生产费用有( )。
   A.材料费用　　　　　　　　B.人工费用
   C.燃料及动力费用　　　　　　D.制造费用

2. 按约当产量计算在产品成本法的适用条件是( )。
   A.各个成本项目所占比重相差大　　B.月末在产品数量较多
   C.各月末在产品数量变化大　　　　D.各个成本项目所占比重相差不大

3. 按定额成本计算在产品成本法下,本期完工产品成本中包括( )。
   A.本期完工产品实际成本　　　　　B.期初在产品实际成本与定额成本差异
   C.月末在产品的定额成本　　　　　D.月末在产品实际成本与定额成本差异

4. 按定额成本计算在产品成本法的适用条件是( )。
   A.各月末在产品数量变化大　　　　B.各月末在产品数量变化小
   C.定额成本较准确　　　　　　　　D.消耗定额相对较稳定

5. 计算在产品约当产量时,要考虑的因素有( )。
   A.原材料投料方式　　　　　　　　B.月末各工序在产品数量
   C.在产品的完工程度　　　　　　　D.完工产品数量

6. 结转完工产品成本时,涉及的会计科目有"( )"。
   A.库存商品　　　　　　　　　　　B.基本生产成本
   C.辅助生产成本　　　　　　　　　D.制造费用

7. 广义在产品包括( )。
   A.正在加工中的产品　　　　　　　B.入库的半成品
   C.外购半成品　　　　　　　　　　D.入库的完工产品

8. 采用约当产量比例法,必须正确计算在产品的约当产量,而在产品约当产量的计算正确与否取决于产品完工程度的测定,测定在产品完工程度的方法有( )。
   A.按50%平均计算各工序完工率　　B.分工序分别计算完工率
   C.按原材料消耗定额　　　　　　　D.按定额工时计算

9. 在采用定额比例法分配原材料费用时,一般选用的分配标准有( )
   A.定额消耗量　　　　　　　　　　B.定额工时
   C.定额费用　　　　　　　　　　　D.重量

10. 生产费用在完工产品和在产品之间的分配方法应考虑( )。
    A.在产品的数量　　　　　　　　　B.各月在产品的变化大小
    C.定额管理基础的好坏　　　　　　D.各月费用比重大小

三、判断

1. 对不存在月末在产品的企业可采用不计算在产品成本法。( )
2. 虽然企业的定额管理水平较高,但如果月末在产品数量较多,也不宜采用按定额成本计算在产品成本法来计算月末在产品成本。( )
3. 按定额比例法下,本期完工产品成本中包含了月末在产品实际成本与定额成本之间的差异。( )

4.企业最常用的在产品成本计算法是约当产量比例法。（ ）

5.只要各期月末在产品数量基本相同，就可以采用按年初固定值计算在产品成本法确定月末在产品成本。（ ）

6.按定额成本计算在产品成本法下，本期完工产品成本中包含了月末在产品实际成本与定额成本之间的差异。（ ）

7.只要存在期末在产品，就应当计算期末在产品成本，以便正确确定完工产品成本。（ ）

8.某企业在年末只有1件在产品，则该企业不必计算期末在产品成本。（ ）

9.当月末在产品数量较大，各月末在产品数量变化也较大、各项费用比例相差不大时可以采用约当产量比例法来分配生产费用。（ ）

10.如果原材料是在生产开始时一次投入，则应该按照完工产品数量和在产品约当产量的比例分配计算完工产品和在产品成本。（ ）

四、任务实操

1.2020年9月，商道公司生产甲产品，该产品直接材料费用在成本中所占比重较大，在产品只计算直接材料费用。甲产品月初在产品直接材料费用（月初在产品成本）为3 000元；本月发生的生产费用为：直接材料7 000元、燃料及动力550元、直接人工600元、制造费用440元。完工产品600件，月末在产品200件。该产品的原材料是在生产开始时一次投入的。要求采用在产品成本按所耗材料费用计算法分配生产费用，并编制产品成本表，如表5—1—1所示。

表5—1—1　　　　　　　　甲产品完工产品与在产品成本计算表

商道公司　　　　　　　　2020年9月　　　　　　　　金额单位：元

摘要	直接材料	燃料及动力	直接人工	制造费用	合计
月初在产品成本					
本月生产费用					
生产费用合计					
本月完工产品成本					
月末在产品成本					

2.2020年9月，龙腾公司为生产乙产品发生的生产费用为：直接材料4 000元、燃料及动力1 800元、直接人工1 600元、制造费用1 320元。月初乙产品的在产品成本为：直接材料460元、燃料及动力250元、直接人工540元、制造费用380元。本月完工250件，在产品150件。月末乙产品的在产品已基本完工，任务要求按照完工产品成本计算在产品成本，并编制本月完工产品成本和月末在产品成本计算表，如表5—2—1所示。

表 5—2—1　　　　　　　　　乙产品完工产品与在产品成本计算表

龙腾公司　　　　　　　　　　　　2020 年 9 月　　　　　　　　　金额单位：元

摘要	直接材料	燃料及动力	直接人工	制造费用	合计
月初在产品成本					
本月生产费用					
生产费用合计					
单位成本					
本月完工产品成本					
月末在产品成本					

3.甲产品由两道工序制成。原材料随生产进度分工序投入，在每道工序开始时一次投料。第一道工序投入原材料定额为 280 千克，月末在产品数量 640 件，第二道工序投入原材料定额为 220 千克，月末在产品数量 480 件。完工产品为 1 680 件，月初在产品和本月发生的实际原材料费用累计 168 000 元。

任务要求：

(1)分别计算两道工序按原材料消耗程度计算的在产品投料程度。
(2)分别计算两道工序按原材料投料程度计算的在产品的约当产量。
(3)按约当产量比例法分配完工产品与月末在产品的原材料费用。
(4)编制甲产品约当产量计算表，如表 5—3—1 所示。

表 5—3—1　　　　　　　　　　　甲产品约当产量计算表

工序	原材料消耗定额（千克）	投料程度	在产品数量	在产品约当产量	完工产品数量	合计
1						
2						
合计						

如果上述任务中原材料随生产进度分工序投入，在每道工序陆续投入，则编制甲产品约当产量计算表如表 5—3—2 所示。

表 5—3—2　　　　　　　　　　　甲产品约当产量计算表

工序	原材料消耗定额（千克）	投料程度	在产品数量	在产品约当产量	完工产品数量	合计
1						
2						
合计						

4.腾飞工厂2020年9月生产甲产品,其单位工时定额为80小时,经过三道工序制成。三道工序工时定额分别为25小时、20小时、35小时。各工序在产品数量分别为50件、80件、40件,各道工序在产品的完工程度均按50%计算。本月完工产品为200件,直接人工费用合计为4 600元。任务要求计算完工产品和在产品应当分得的直接人工费用,并编制甲产品约当产量计算表,如表5-4-1所示。

表5-4-1　　　　　　　　　甲产品约当产量计算表

腾飞工厂　　　　　　　　2020年9月　　　　　　　　金额单位:元

工序	工时定额（小时）	完工程度	在产品数量（件）	在产品约当产量（件）	完工产品数量（件）	合计（件）
1						
2						
3						
合计						

5.飞云公司2020年9月初生产乙产品,在产品费用为:原材料费用1 400元;工资和福利费3 000元,制造费用1 000元。本月生产费用:原材料费用8 500元;工资和福利费9 000元,制造费用4 500元。完工产品4 000件,单件原材料费用定额2元,单件工时定额1.25小时。月末在产品1 000件,单件原材料费用定额2元,工时定额1小时。

任务要求:采用定额比例法分配计算完工产品与月末在产品成本,并编制完工产品与在产品成本计算表,如表5-5-1所示。

表5-5-1　　　　　　　　乙产品完工产品成本与在产品计算表

飞云公司　　　　　　　　2020年9月　　　　　　　　金额单位:元

项目	直接材料	直接人工	制造费用	合计
月初在产品成本	①			
本月生产费用	②			
生产费用累计	③=①+②			
分配率	④=③/(⑤+⑥)			
完工产品定额	⑤			
月末在产品定额	⑥			
本月完工产品成本	⑦=⑤×④			
月末在产品成本	⑧=⑥×④			

6.2020年9月,宏伟公司所产甲产品由一道工序完成,按定额成本计算在产品成本。原材料在生产开始时一次投入,月末在产品800件,每件在产品材料费用定额为40元,在产品单位定额工时为25小时,每小时各项加工费用的定额成本为:燃料及动力3.2元、职工薪酬4.6元、制造费用5.9元。

任务要求:计算月末在产品的定额成本。

7.2020年9月,海华制造有限公司一车间已经归集的A产品生产费用324 930元,其中材料费用180 000元,人工费用58 400元,制造费用86 530元;B产品生产费用192 049元,其中材料费用89 000元,人工费用56 200元,制造费用46 849元。A、B两种产品的材料均在生产开始时一次投入。A产品需要经过三道工序,B产品只需要经过一道工序。

其他有关资料如下。

(1)各工序的工时定额如表5—7—1所示。

表5—7—1　　　　　　　　　　　　产品工时定额表

产品名称	工时定额			
	一工序	二工序	三工序	合计
A产品	4	6	10	20
B产品		6		6

(2)月末,一车间对A、B产品的月末在产品进行实地盘点,盘点结果如表5—7—2所示:

表5—7—2　　　　　　　　　　　　月末在产品盘存表

2020年9月30日

产品名称	单位	生产工序			合计
		一工序	二工序	三工序	
A产品	件	30	30	40	100
B产品	件		70		70

(3)本月产品入库情况如表5—7—3所示。

表5—7—3　　　　　　　　　　　　产品入库单

2020年9月30日

产品名称	单位	入库数量	备注
A产品	件	700	
B产品	件	1 520	

任务要求:

(1)采用约当产量法确定月末在产品的材料费用约当产量和其他费用约当产量,编制"月末在产品约当产量计算表",如表5—7—4、表5—7—5所示。

(2)在本期完工产品与月末在产品之间分配生产费用,确定月末在产品成本与完工产品成本,编制A、B产品的"生产费用分配表"如表5—7—6、表5—7—7所示。

表 5－7－4　　　　　　　月末在产品材料费用约当产量计算表

生产车间：　　　　　　2020 年 9 月 30 日

项目	产品				产品
	一工序	二工序	三工序	合计	
投料比例					
在产品数量					
材料消耗比例					
约当产量					

表 5－7－5　　　　　　　月末在产品其他费用约当产量计算表

生产车间：　　　　　　2020 年 9 月 30 日

项目	产品				产品
	一工序	二工序	三工序	合计	
工时定额					
在产品数量					
完工程度					
约当产量					

(2)生产费用分配表。

表 5－7－6　　　　　　　A 产品生产费用分配表

生产车间：　　　　　　2020 年 9 月 30 日　　　　　　　　　　金额单位:元

项目	成本项目			合计
	直接材料	直接人工	制造费用	
期初在产品成本				
本月发生生产费用				
本月生产费用合计				
本期完工产品数量				
月末在产品数量				
在产品约当产量				
费用分配率				
月末在产品成本				
完工产品总成本				
完工产品单位成本				

表 5—7—7　　　　　　　　　　B 产品生产费用分配表

生产车间：　　　　　　　　　2020 年 9 月 30 日　　　　　　金额单位：元

项目	成本项目			合计
	直接材料	直接人工	制造费用	
期初在产品成本				
本月发生生产费用				
本月生产费用合计				
本期完工产品数量				
月末在产品数量				
在产品约当产量				
费用分配率				
月末在产品成本				
完工产品总成本				
完工产品单位成本				

项目六 产品成本计算的基本方法

【知识目标】
1. 掌握生产工艺过程特点、生产组织特点和管理要求对产品成本计算影响。
2. 根据企业生产类型特点和管理要求选择适合的成本计算方法。
3. 理解品种法、分批法和分步法的特点、适用范围及核算程序。
4. 学会运用品种法、分批法和分步法计算产品成本。

【能力目标】
1. 能根据生产工艺特点和生产组织特点以及成本管理要求,确定本企业产品成本计算方法。
2. 能根据选定的成本计算方法,按成本计算对象编制成本计算单,计算各种产品的总成本和单位成本。

【素质目标】
1. 注重学生职业养成教育,培养学生良好的职业情感,认真勤奋的工作态度。
2. 注重培养学生勤于用脑、诚实守信、遵纪守法、严谨工作的职业道德。

工作情境

张华刚刚大学毕业应聘到红光机床厂做成本会计工作,该机床厂为单件小批生产的中型企业,生产过程分为铸造、加工(下设两个生产车间)和装配三个步骤,从事 A-30 磨床、B-40 钻床和 C-50 铣床的生产。另外,设有机修和供汽两个辅助生产车间。

生产工艺流程是:铸造车间根据生产计划浇铸各种铁铸件和铝铸件,经检验合格后送交自制半成品仓库,有一部分可对外销售;加工车间分别从仓库领用各种铸件,经不同工序加工制成各种不同的零部件,直接送交装配车间;装配车间将收到的零部件连同从仓库领来的外购件等组装成各种机床,经检验合格后送交成品仓库。作为成本会计的张华,他将应如何选择成本核算方法进行成本核算呢?

任务一 产品成本计算方法的确定

【任务准备】

生产费用的归集和分配完毕以后,成本会计核算人员应按成本计算对象编制成本计算单,并选择一定的成本计算方法计算各种产品的总成本和单位成本。成本核算人员应根据本企业生产工艺特点和生产组织特点以及成本管理要求,选择成本核算的具体方法。成本计算的基本方法有品种法、分批法、分步法。正确理解和处理企业生产类型、成本管理要求与成本计算诸因素之间的关系,对于合理确定成本计算方法,正确计算产品成本具有十分重要的意义。

一、生产类型特点对成本计算方法的影响

(一)企业生产的分类

工业企业生产按不同的生产标准,可分为不同的生产类型。

1.生产按工艺过程的特点分类

企业按生产工艺过程特点可以分为简单生产和复杂生产。

简单生产也称为单步骤生产,是指在工艺过程中不能间断或者不便于分散在不同地点进行的生产。其产品的生产周期一般都比较短,产品品种单一,通常没有在产品或其他中间产品。例如,发电、采掘业的生产等。

复杂生产也称为多步骤生产,是指工艺可以间断,或可以分散在不同地点进行的生产。它既可以在一个企业或车间内单独进行生产,也可以由几个企业或车间在不同的地点协作进行生产。其产品的生产周期一般比较长,产品品种也较多,有在产品、半成品或中间产品。

按加工方式不同,复杂生产又分为连续式多步骤生产和装配式多步骤生产两种类型。

连续式多步骤生产是指原材料投入后,要经过许多相互联系的加工步骤才能最后生产出产成品,前一个步骤生产的半成品,是后一步骤的加工对象,直至最后一个步骤才能生产出产成品。例如,纺织、冶金等生产。

装配式多步骤生产,又称平行式多步骤生产,是指各种原材料投入后经过若干平行加工过程制成各种零部件,再将零部件装配成产成品的生产。例如,机床、汽车、钟表等的生产。

2.生产按组织特点分类

生产按组织特点分类,可以分为大量生产、成批生产和单件生产。

大量生产是指不断地重复生产一种或几种产品的生产。其主要特点是:企业生产的产品品种较少,每种产品的产量较大,生产稳定,采用专业设备重复地进行生产,专业化水平也较高。例如,采掘、化工、发电生产等企业。

成批生产是指按预先规定的产品批别和数量,进行某种产品的生产。其主要特点是:企业生产的产品品种较多,产量多少不等,每隔一定时期重复生产一批,一般是同时采用专业设备

和通用设备进行生产。例如,服装、印刷等生产企业。

成批生产按照产品批量的大小划分,可以分为大批生产和小批生产两种类型,前者的性质接近于大量生产,后者的性质接近于单件生产。

单件生产是指根据订货单位的要求,进行某种特定规格产品的生产。其主要特点是:企业生产的产品品种多,每一订单的产品数量很少,每种产品生产后一般不再重复生产或不定期重复生产,通常是采用通用设备进行加工。例如,造船、电梯、重型机械等企业。

上述生产的两种分类方法是有着密切联系的。一般而言,简单生产都是大量生产,连续加工复杂生产可以是大量或大批生产。只有装配加工式复杂生产可以是大量生产、成批生产和单件生产。

(二)生产类型特点对产品成本计算的影响

企业采用何种方法计算产品成本,在很大程度上取决于产品的生产类型,而生产类型对成本计算方法的影响主要表现在成本计算对象的确定上,此外还对成本计算周期的确定、生产成本在完工产品和在产品之间的分配等方面产生影响。

1. 对产品成本计算对象的影响

产品成本计算对象,是指企业为了计算产品成本而确定的归集和分配生产费用的各个对象,即生产费用的承担者。

企业在进行产品成本计算时,首先应确定成本计算对象,并按照确定的产品成本计算对象设置"基本生产成本明细账"(或"产品成本计算单"),据以归集和分配各个成本计算对象所发生的生产费用。根据管理的需要,成本计算对象可能是产品的品种,也可能是产品的批别或者是产品的生产步骤。

在大量大批单步骤生产中,由于不断地重复生产同种产品,生产过程中又没有自制半成品产出,通常以产品的品种作为成本计算对象。

在大量大批的多步骤生产中,一般以产品的各个加工步骤作为成本计算对象,分别归集产品在各个生产步骤发生的生产费用,计算各步骤半成品的成本和最终生产步骤的完工产品成本。

在单件小批生产中,由于产品是按客户订单或批别组织生产的,则可以按产品的订单或批别作为成本计算对象。

2. 对成本计算期的影响

在大量大批生产情况下,一种产品连续不断或经常重复地生产出来,为了反映企业经营成果的需要,只能根据会计分期的要求,按月计算完工产品的成本,成本计算期与生产周期不一致。

在单件小批生产情况下,各批产品的生产周期往往不同,而且批量小,生产很少重复或不重复,有条件按照各批产品的生产周期计算产品成本。所以,单件小批生产的成本计算期往往与生产周期一致。

3. 对生产费用在完工产品与月末在产品之间分配的影响

单步骤的产品生产,生产过程不能间断,生产周期较短,一般没有在产品,或者在产品数量很少,因而在计算产品成本时,生产费用通常全部计入完工产品成本,不必在完工产品与月末在产品之间进行分配。

多步骤的产品生产,是否需要在完工产品与月末在产品之间分配生产费用,很大程度上取决于生产组织的特点。在大量大批生产中,由于生产连续不断地进行,产品陆续产出,通常存在月末在产品。因而在计算产品成本时,就需要采用适当的方法,将生产费用在完工产品与月末在产品之间进行分配。

小批或单件的产品生产,成本计算期与生产周期一致,因此,在每批或每件产品完工前,基本生产成本明细账中所记载的生产费用就是月末在产品成本;产品完工后,其所记载的生产费用就是该批或该件完工产品的成本,因而不存在完工产品与月末在产品之间分配生产费用的问题。如果有跨期陆续完工的情况,就需要在完工产品与月末在产品之间分配生产费用。

在不同的生产工艺过程和不同的生产组织方式下,产品成本计算的对象不同,由此产生不同的成本计算方法,如图6—1所示。

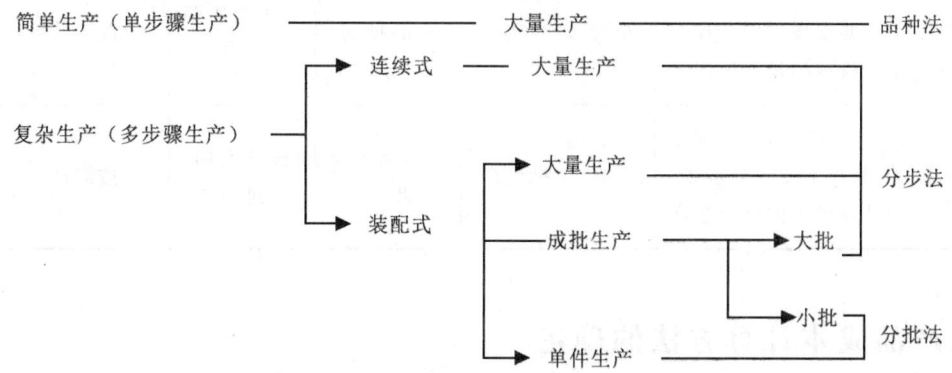

图6—1 生产类型对成本计算方法影响示意

在实际工作中,根据不同的成本计算对象确定成本有以下三种基本计算方法:
(1)按产品品种(不分步、不分批)作为成本计算对象计算产品成本的方法称为品种法;
(2)按产品批别(或订单)作为成本计算对象计算产品成本的方法称为分批法;
(3)按产品品种及其所经步骤作为成本计算对象计算产品成本的方法称为分步法。

二、成本管理要求对成本计算方法的影响

企业在组织成本核算时,还要从成本管理要求出发,确定成本计算对象,以便分清主次,区别对待。如在单件小批生产的企业里,成本计算一般是按批别计算的,但在规模较大的一些大中型装配式生产企业,为了加强各步骤的成本管理,往往既要求按照产品的批别计算成本,又要求按生产步骤计算产品成本。在确订单件小批生产的成本计算对象时,可以根据组织生产和便于管理的要求,对客户的订单做适当合并,然后按重新组织的生产批别作为成本计算对象。在确定大批多步骤生产的成本计算对象时,对管理上不需要计算半成品成本的加工步骤可作适当归并,以减少成本计算对象和简化核算。在连续加工式生产类型的企业,所采用的方法一般为分步法,但在规模较小的企业,如果管理上不需要提供分步骤的成本计算资料或暂时难以按步骤计算成本,也可以不分步计算成本,采用品种法计算。因此,即使具备了采用某种成本计算方法的条件,根据管理要求也不一定采用该方法。产品成本计算基本方法与企业生产类型的关系如表6—1所示。

表 6-1　　　　　　　　产品成本计算基本方法与企业生产类型的关系

成本计算方法	工艺技术过程特点和管理要求	生产组织特点	成本计算对象	成本计算期	在产品成本计算
品种法	简单生产（单步骤）	大量、大批生产	产品品种	按月定期进行	不计算在产品成本
品种法	管理上不要求分步骤计算成本的复杂生产（多步骤）	大量、大批生产	产品品种	按月定期进行	按需计算在产品成本
分批法	简单生产或管理上要求按批别计算成本的复杂生产	小批、单件生产	产品批别	与生产周期一致	按需计算
分步法	连续式或平行式的、管理上要求分步骤计算成本的复杂生产	大量、大批生产	产品品种及步骤	按月定期进行	按需计算

三、产品成本计算方法的确定

生产类型和管理要求对产品成本计算方法的影响表现在三个方面。

第一，影响成本计算对象的确定。

第二，影响成本计算期。

第三，影响生产费用在完工产品与期末在产品之间分配方法。

由于上述三个方面的影响，形成了不同的产品成本计算方法。主要有：品种法、分步法、分批法、分类法和定额法等，区分成本计算方法的标志主要是成本计算对象。前三种方法可以独立使用，故称为产品成本计算的基本方法；后两种方法必须与基本方法结合使用，故称为产品成本计算的辅助方法。

【任务实施与解析】

【任务 6-1】在实际工作中一个企业只能采用一种成本计算方法吗？

在实际工作中，企业要根据不同的生产特点和管理要求，并考虑企业的规模和管理水平等具体条件，选择合理的成本计算方法，正确计算产品成本。企业有两种方式计算。

1. 运用单一方法计算

某些规模较小或者产品单一的企业，可以选用单一方法进行成本计算。比如，简单生产或管理上要求按批别计算成本的复杂生产应当采用分批法。连续式或平行式的、管理上要求分步骤计算成本的复杂生产应当采用分步法。

2. 运用多种方法计算

在实际工作中，一个企业往往综合运用多种成本计算方法。企业内部不同的生产车间、同一生产车间的不同产品，它们的生产特点和管理要求并不相同。因此，企业内部就可能会同时采用几种不同的成本计算方法，或把几种不同的成本计算方法结合起来加以综合应用。

(1) 几种成本计算方法同时采用

如果在工业企业生产过程中,既设有基本生产车间又设有辅助生产车间。基本生产车间生产产品,辅助生产车间生产工具或劳务,但基本生产车间和辅助生产车间在生产特点和管理要求上会有不同,采用的成本计算方法也会不同。例如,纺织企业,属于大量大批的多步骤生产,而且各步骤所产的半成品可以对外出售,因此,完工产品成本计算就要采用分步法计算;假设辅助生产车间为基本生产车间制造模具,属于小批单件生产,完工产品则可采用分批法计算成本。再如,在一个基本生产车间或企业生产几种产品,其中,有的产品市场需求量大,需要大批生产,那么对这些产品就可以采用品种法或分步法计算成本;有的产品市场萎缩,需求减少,则应采用分批法计算成本。

(2) 几种成本计算方法综合运用

有的工业企业以一种成本计算方法为主,结合其他成本计算方法的某些特点加以综合运用。例如,服装制造业属于大量大批生产,可以采用品种法或分步法,但是由于其品种规格较多,可以按照一定标准分为若干类别,在采用这些基本方法计算的同时,也可以结合采用辅助方法中的分类法计算产品成本。

在一个企业里,所采用的成本计算方法也不是一成不变的,可以根据企业生产发展和管理水平的提高,变更产品成本计算方法,以适应新形势的需要。特别是,随着我国经济体制改革的深入发展,企业生产类型可能变动,由过去的单件生产转为大量大批生产或由过去的简单生产变为复杂生产,以及成本管理要求提供更多的成本资料,都会要求对原有的成本计算方法进行调整,以适应新形势的要求。

【任务6—2】根据工作情境如果你是张华应该怎样选择红光机床厂的成本核算方法呢?

红光机床厂是单件小批生产的重型机械生产企业,因其产品的主要生产过程是由铸造、加工、装配等相互关联的各个生产阶段所组成的,其最终产品应采用分批法进行成本计算。但从各个生产步骤看,由于其特点和管理要求不同,计算方法就有所不同。如在铸造阶段,由于品种少并可直接对外出售,可采用品种法计算成本;铸造车间→成品仓库→加工车间之间,采用逐步综合结转分步法结转各种铸件成本;加工车间和装配车间之间采用平行结转的方法结转产品成本;加工车间和装配车间以磨床、钻床和铣床三种产品的订单作为成本计算对象,采用分批法计算各机床成本。

任务二 运用品种法计算产品成本

【任务准备】

按照产品品种对成本费用进行归集与分配,是对企业成本会计最基本、最起码的技能要求。品种法是最基本的成本计算方法,也是其他成本计算方法的基础。

一、品种法的含义及适用范围

(一)品种法的含义及适用范围

品种法是以产品的品种作为成本计算对象,归集生产费用,计算产品成本的方法。按成本计算的繁简程度不同,品种法又分为单一品种法和标准品种法。

品种法适用于:

1.大量大批单步骤生产的企业

凡是大量大批单步骤生产一种或几种产品,如发电、采掘、供水、供汽、铸造等企业,均可以用品种法计算产品的成本。

2.不要求分步骤计算半成品成本的大量大批多步骤生产的产品

对于小规模的生产企业或车间所生产的产品,或者是封闭式的车间(按产品设立的车间,从投料到产品生产的全部过程都在一个车间内进行)所生产的产品,或者是按流水线组织生产的产品,在管理上不要求提供各步骤的成本资料时,可以用品种法计算产品的成本。如糖果厂、小型水泥厂、造纸厂等。

3.企业内部辅助生产车间生产的劳务产品

企业设置的供水、供电、供汽等辅助生产车间是为基本生产车间、企业管理部门与其他辅助生产车间提供水、电、汽等劳务,其生产的产品品种单一,且多为单步骤生产,可以采用品种法计算其成本。

(二)品种法的特点

1.成本计算对象

品种法以产品品种作为成本计算对象。采用品种法进行成本核算的企业,通常会大量大批重复生产一种或几种产品。其工艺特点一般是单步骤生产。如果只生产一种产品,成本计算对象就是该种产品,成本计算单按该种产品设置,生产中所发生的生产费用都是直接费用,可以直接根据有关凭证和费用分配表,记入该产品成本计算单中有关成本项目。如果生产多种产品,成本计算对象则是每种产品。成本计算单就按每种产品分别设置,分别归集生产费用。如果是多步骤生产并且在成本管理上不要求分步骤计算各步骤的半成品成本,也要按产品品种开设产品成本计算单(或基本生产成本明细账),并按成本项目分专栏登记发生的生产费用。

2.成本计算期

品种法以会计期间作为产品成本计算期。适用品种法的企业,就生产工艺特点看,有的是单步骤生产,有的是多步骤生产,但从生产组织特点看,必须是大量大批的生产。大量大批生产意味着不断投入原材料,连续不断地重复生产某种或几种产品,不断有产品完工,很难在产品完工时就计算出产品成本,只能按日历月份确定的会计报告期作为成本计算期。因此,品种法的成本计算期与会计报告期一致,与生产周期不一致。

3.生产费用在完工产品与月末在产品之间的分配

采用品种法生产的单步骤生产企业,其产品生产周期较短,月末一般没有在产品或者在产品的数量很少,或期初期末在产品数量比较稳定,一般不需要将生产费用在完工产品与在产品之间进行分配。采用品种法生产的多步骤生产企业,月末通常会有在产品,就需要将当月归集的生产费用在本月完工产品与月末在产品之间进行分配。

二、品种法的成本核算程序

(一)开设基本生产成本明细账

以产品品种作为成本计算对象,开设基本生产成本明细账,并根据企业成本管理的要求设置成本项目专栏。

(二)归集分配本月发生的各种生产费用

依据当月生产费用发生的原始凭证和其他相关资料,运用一定的方法归集分配要素费用,编制各种要素费用分配表或汇总表。

(三)归集分配辅助生产费用

按照受益原则,将归集的辅助生产成本明细账中的各种辅助生产费用,采用适当的方法在各个受益对象之间进行分配,编制生产费用分配表,并据以登记有关的成本费用明细账。

(四)归集分配基本生产车间制造费用

将基本生产车间归集的制造费用,按一定的方法在该车间生产的各种产品之间进行分配,编制制造费用分配表,并计入各种产品的基本生产成本明细账。

(五)计算完工产品总成本与单位成本

将生产费用在完工产品和月末在产品之间进行分配,计算出本月完工产品的总成本,进而计算各种产品的单位成本,并依据计算结果编制完工产品成本汇总表。

品种法的成本核算程序如图6-2所示。

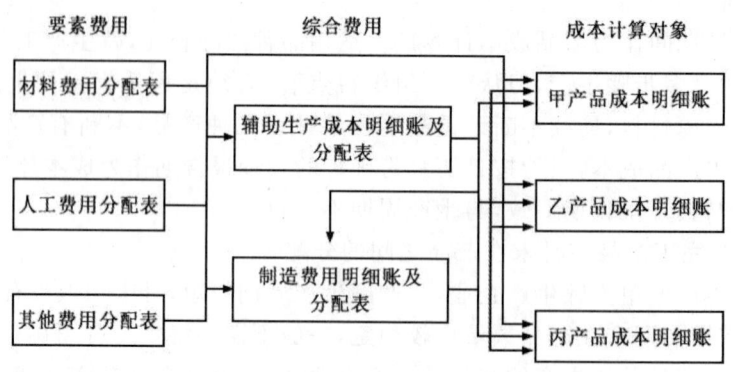

图 6-2 品种法的成本核算程序

【任务实施与解析】
一、单一品种法

【任务 6-3】华强火力发电厂只生产电力一种产品,采用品种法计算电力成本。该厂 2020 年 10 月生产电力 1 000 万千瓦,基本生产成本明细账中归集的生产费用如表 6-2 所示。

表 6-2　　　　　　　　　　　基本生产成本明细账

华强火力发电厂　　　　产品名称:电　　　　生产车间:发电车间　　　　金额单位:元

2020年		凭证		摘要	产量	成本项目			合计
月	日	字	号			直接材料	直接人工	制造费用	
10	31	略	略	燃料费用	1000	3 550 000			3 550 000
	31			辅助材料		152 000			152 000
	31			水费		18 000			18 000
	31			工人工资			70 000		70 000
	31			计提社保费			25 200		25 200
	31			分配制造费用				184 800	184 800
	31			生产费用合计		3 720 000	95 200	184 800	4 000 000

根据基本生产明细账归集的生产费用,编制产品成本计算单,如表 6-3 所示。

表 6-3　　　　　　　　　　　产品成本计算单

产品名称:电　　　　2020 年 10 月 31 日

成本项目	总成本(元)	单位成本(元/万千瓦)
直接材料	3 720 000	3 720
直接人工	95 200	95.2
制造费用	184 800	184.8
合计	4 000 000	4 000

单一品种法的核算对象是只生产一种产品的企业,生产过程中发生的应计入产品成本的各种生产费用都是直接费用,所以只需要直接根据有关凭证登记生产成本明细账,不存在各个成本项目之间分配费用的问题,汇总发生的生产费用就构成该产品成本,这个类型生产企业生产过程短,没有或很少有在产品。

二、标准品种法

【任务6—4】东方工具厂大量生产甲、乙两种产品,该厂设有一个基本生产车间和机修、供水两个辅助生产车间,因半成品不对外销售,所以管理上不要求计算半成品成本。该企业实行一级成本核算,对甲、乙两种产品采用品种法计算产品成本。甲、乙产品所需原材料在开工时一次投入,甲、乙产品共同耗用的材料按直接材料消耗比例分配。基本生产车间生产工人工资、制造费用均按生产工时比例分配。辅助生产车间不单独核算制造费用,归集的辅助生产费用采用直接分配法进行分配。月末,甲、乙产品采用约当产量法计算月末在产品成本。该企业2020年7月有关产品的产量及成本资料如表6—4至表6—8所示。

表6—4　　　　　　　　　　　　月初在产品成本　　　　　　　　　金额单位:元

产品品种	直接材料	直接人工	制造费用	合计
甲产品	50 000	5 000	9 000	64 000
乙产品	64 000	6 000	10 800	80 800

表6—5　　　　　　　　　　　　　产量资料　　　　　　　　　　　　单位:件

项目	甲产品	乙产品
期初在产品	100	80
本月投产	800	320
本月完工	700	340
月末在产品	200	60

注:甲、乙产品月末在产品完工程度均为50%。

表6—6　　　　　　　　　　　　　工时记录　　　　　　　　　　　　单位:小时

产品名称	生产工时	备注
甲产品	17 000	
乙产品	12 300	
合计	29 300	

表 6-7　　　　　　　　　　　　　辅助生产车间劳务资料

受益部门	辅助生产车间		备注
	机修车间（修理工时）	供水车间（吨）	
基本生产车间	1 800	15 000	
企业管理部门	150	500	
机修车间		300	
供水车间	50		
合计	2 000	15 800	

表 6-8　　　　　　　　　　　　　本月生产费用资料　　　　　　　　金额单位：元

项目	基本生产车间				辅助生产车间				合计
	甲产品	乙产品	共同耗用	车间耗用	机修车间		供水车间		
					生产耗用	车间耗用	生产耗用	车间耗用	
原材料	280 000	179 200	196 800	2 400	8 000	1 000	3 000	500	670 900
工资			140 000	8 200	12 000	1 600	4 800	1 100	167 700
社保费			50 400	2 952	4320	576	1 728	396	60 372
折旧费				55 000		8 600		1 400	65 000
外购动力				48 000		10 300		6 700	65 000
摊销长期待摊费用				20 800					20 800
办公费用				26 948		989		1146	29 083
合计	280 000	179 200	387 200	164 300	24 320	23 065	9 528	11 242	1 078 855

根据上述有关资料按照品种法的核算程序计算甲、乙两种产品的成本过程如下（计算结果精确到元）。

（1）以甲、乙产品为成本计算对象开设基本生产成本明细账，设置直接材料、直接人工、制造费用三个成本项目。甲、乙产品基本生产成本明细账如表 6-23、表 6-24 所示。

（2）根据审核无误的领料凭证，按用途编制原材料费用分配表，如表 6-9 所示。

表 6—9　　　　　　　　　　　　**原材料费用分配表**

2020 年 7 月 31 日　　　　　　　　　　　　　　　　　　金额单位:元

应借账户		成本或费用项目	间接计入费用			直接计入费用	合计
总账账户	明细账户		分配标准	分配率	分配额		
基本生产成本	甲产品	直接材料	280 000		120 000	280 000	400 000
	乙产品	直接材料	179 200		76 800	179 200	256 000
	小计		459 200	0.428 57	196 800	459 200	656 000
辅助生产成本	机修车间	直接材料				9 000	9 000
	供水车间	直接材料				3 500	3 500
制造费用	基本生产车间	物料消耗				2 400	2 400
	合计		459 200		196 800	474 100	670 900

注:材料费用分配率 $= \dfrac{196\ 800}{280\ 000 + 179\ 200} \approx 0.428\ 57$

根据表 6—9 材料费用分配表,编制如下会计分录:

借:基本生产成本—甲产品　　　　　　　　　400 000
　　　　　　　　　—乙产品　　　　　　　　　256 000
　　辅助生产成本—机修车间　　　　　　　　 9 000
　　　　　　　　　—供水车间　　　　　　　　 3 500
　　制造费用—基本生产车间　　　　　　　　　2 400
　　贷:原材料　　　　　　　　　　　　　　　　670 900

(3)根据本月工资结算汇总表和社会保险费及住房公积金的计提比例 36%(假定总计),编制职工薪酬费用分配表,如表 6—10 所示。

表 6—10　　　　　　　　　　　　**职工薪酬费用分配表**

2020 年 7 月 31 日　　　　　　　　　　　　　　　　　　金额单位:元

应借账户		成本或费用项目	工时	分配率	分配额	计提比例	应付社保费用
总账账户	明细账户						
基本生产成本	甲产品	直接人工	17 000		81 229	36%	29 242
	乙产品	直接人工	12 300		58 771	36%	21 158
	小计		29 300	4.77 816	140 000	36%	50 400
辅助生产成本	机修车间	直接人工			13 600	36%	4 896
	供水车间	直接人工			5 900	36%	2 124
制造费用	基本生产车间	工资及社保			8 200	36%	2 952
	合计		29 300		167 700	36%	60 372

注:工资费用分配率 $= \dfrac{140\ 000}{17\ 000 + 12\ 300} \approx 4.778\ 16$

根据表 6-10 职工薪酬费用分配表,编制如下会计分录:

借:基本生产成本——甲产品　　　　　　　　81 229
　　　　　　　　——乙产品　　　　　　　　58 771
　　辅助生产成本——机修车间　　　　　　　13 600
　　　　　　　　——供水车间　　　　　　　 5 900
　　制造费用——基本生产车间　　　　　　　 8 200
　　　贷:应付职工薪酬——工资　　　　　　　　　　　　167 700
借:基本生产成本——甲产品　　　　　　　　29 242
　　　　　　　　——乙产品　　　　　　　　21 158
　　辅助生产成本——修理车间　　　　　　　 4 896
　　　　　　　　——供水车间　　　　　　　 2 124
　　制造费用——基本生产车间　　　　　　　 2 952
　　　贷:应付职工薪酬——计提社会保险费　　　　　　　 60 372

(4)编制固定资产折旧费用分配表,分配固定资产折旧费用,如表 6-11 所示。

表 6-11　　　　　　　　　固定资产折旧费用分配表
2020 年 7 月 31 日　　　　　　　　　　金额单位:元

应借账户		成本或费用项目	累计折旧		
总账账户	明细账户		固定资产类别	折旧率	折旧额
辅助生产成本	机修车间	折旧费			8 600
	供水车间	折旧费			1 400
制造费用	基本生产车间	折旧费			55 000
合计					65 000

根据表 6-11 固定资产折旧费用分配表,编制如下会计分录:

借:辅助生产成本——机修车间　　　　　　　 8 600
　　　　　　　　——供水车间　　　　　　　 1 400
　　制造费用——基本生产车间　　　　　　　55 000
　　　贷:累计折旧　　　　　　　　　　　　　　　　　　 65 000

(5)编制外购动力费用分配表,如表 6-12 所示。

表 6-12　　　　　　　　　外购动力费用分配表
2020 年 7 月 31 日　　　　　　　　　　金额单位:元

应借账户		成本或费用项目	仪表记录	分配额
总账账户	明细账户			
辅助生产成本	机修车间	动力费		10 300
	供水车间	动力费		6 700

续表

应借账户		成本或	仪表记录	分配额
总账账户	明细账户	费用项目		
制造费用	基本生产车间	动力费		48 000
合计				65 000

根据表6—12外购动力费用分配表,编制如下会计分录:

借:辅助生产成本—机修车间　　　　　　　　10 300
　　　　　　　　—供水车间　　　　　　　　 6 700
　　制造费用—基本生产车间　　　　　　　　48 000
　　贷:应付账款—某电力公司　　　　　　　　　　　　65 000

(6)编制长期待摊费用分配表,如表6—13所示。

表6—13　　　　　　　　**长期待摊费用分配表**

2020年7月31日　　　　　　　　金额单位:元

应借账户		成本或	长期待摊费用	
总账账户	明细账户	费用项目	摊销项目	月摊销额
制造费用	基本生产车间	其他费用	租赁设备更新改造	20 800
合计				20 800

根据表6—13长期待摊费用分配表,编制如下会计分录:

借:制造费用—基本生产车间　　　　　　　　20 800
　　贷:长期待摊费用　　　　　　　　　　　　　　　　20 800

(7)根据有关资料编制其他费用分配表,如表6—14所示。

表6—14　　　　　　　　**其他费用分配表**

2020年7月31日　　　　　　　　金额单位:元

应借账户		成本或	银行存款
总账账户	明细账户	费用项目	
辅助生产成本	机修车间	办公费用	989
	供水车间	办公费用	1 146
制造费用	基本生产车间	办公费用	26 948
合计			29 083

根据表6—14,编制如下会计分录:

借:辅助生产成本—机修车间　　　　　　　　989
　　　　　　　　—供水车间　　　　　　　　1 146
　　制造费用—基本生产车间　　　　　　　　26 948

贷:银行存款　　　　　　　　　　　　　　　　　　　　　29 083

(8) 根据上述有关资料编制的会计分录(记账凭证),登记辅助生产成本明细账,如表6—15、表6—16所示。

表6—15　　　　　　　　　　辅助生产成本明细账

辅助生产车间:机修车间　　　产品或劳务:修理劳务　　　金额单位:元

2020年		凭证		摘要	成本项目					合计
月	日	字	号		直接材料	直接人工	折旧费用	动力费用	其他费用	
7	31		9	分配材料费用	9 000					9 000
	31		10	分配工资费用		13 600				13 600
	31		10	分配社保费用		4 896				4 896
	31		11	分配折旧费用			8 600			8 600
	31		12	分配动力费用				10 300		10 300
	31		14	分配其他费用					989	989
	31			本月生产费用合计	9 000	18 496	8 600	10 300	989	47 385
	31		17	分配机修费	9 000	18 496	8 600	10 300	989	47 385

表6—16　　　　　　　　　　辅助生产成本明细账

辅助生产车间:供水车间　　　产品或劳务:水　　　　　金额单位:元

年		凭证		摘要	成本项目					合计
月	日	字	号		直接材料	直接人工	折旧费用	动力费用	其他费用	
7	31		9	分配材料费用	3 500					3 500
	31		10	分配工资费用		5 900				5 900
	31		10	分配社保费用		2 124				2 124
	31		11	分配折旧费用			1 400			1 400
	31		12	分配动力费用				6 700		6 700
	31		14	分配其他费用					1 146	1 146
	31			本月生产费用合计	3 500	8 024	1 400	6 700	1 146	20 77
	31		17	分配水费	3 500	8 024	1 400	6 700	1 146	20 770

(9) 根据表6—15和表6—16归集的辅助生产费用金额分配机修车间和供水车间的辅助生产费用。编制辅助生产费用分配表,如表6—17所示。

表6—17　　　　　　　　辅助生产费用分配表(直接分配法)

2020年7月31日　　　　　　　　　　　　　　　金额单位:元

项目				机修车间	供水车间	合计
归集的辅助生产费用				47 385	20 770	68 155
提供给辅助车间以外的劳务量				1 950	15 500	
辅助费用分配率				24.3	1.34	
应借账户	制造费用	基本生产车间	劳务量	1 800	15 000	
			应负担费用	43 740	20 100	63 840
	管理费用		接劳务量	150	500	
			应负担费用	3 645	670	4 315
分配费用额合计				47 385	20 770	68 155

根据表6—17辅助生产费用分配表,编制如下会计分录:

借:制造费用——基本生产车间　　　　　　　　63 840
　　管理费用　　　　　　　　　　　　　　　　 4 315
　贷:辅助生产成本——机修车间　　　　　　　　　47 385
　　　　　　　　——供水车间　　　　　　　　　　20 770

(10) 根据有关会计分录(记账凭证),登记基本生产车间制造费用明细账,如表6—18所示。

表6—18　　　　　　　　　　　制造费用明细账

车间名称:基本生产车间

年		凭证		摘要	借方	贷方	借或贷	余额	(借)方项目					
月	日	字	号						物资消耗	工资	福利费	折旧费	水电费	修理费	其他费用
7	31	略		材料费	2 400		借	2 400	2 400						
	31			人工费	11 152		借	13 552		8 200	2 952				
	31			折旧费	55 000		借	68 552				55 000			
	31			动力费	48 000		借	116 552					48 000		
	31			摊销费	20 800		借	137 352							20 800
	31			其他费	26 948		借	164 300							26 948
	31			机修费	43 740		借	208 040						43 740	
	31			水费	20 100		借	228 140					20 100		
	31			分配	22 8140		平	0	2 400	8 200	2 952	55 000	68 100	43 740	47 748

注:表6—18中的制造费用的分配业务,应当在编制制造费用分配表并编制记账凭证后进行登记。

(11)编制根据表6—18制造费用明细账,分配本月制造费用,编制制造费用分配表,如表6—19所示。

表6—19　　　　　　　　　　　　制造费用分配表

2020年7月31日　　　　　　　　　　　　　　金额单位:元

应借账户		成本项目	分配标准（工时）	分配率	分配金额
总账账户	明细账户				
基本生产成本	甲产品	制造费用	17 000		132 368
	乙产品	制造费用	12 300		95 772
合计			29 300	7.786 35	228 140

注:制造费用分配率 $= \dfrac{228\ 140}{17\ 000 + 12\ 300} \approx 7.786\ 35$

根据表6—19,编制如下会计分录:

借:基本生产成本—甲产品　　　　　　　　　　　　132 368
　　　　　　　—乙产品　　　　　　　　　　　　　95 772
　贷:制造费用—基本生产车间　　　　　　　　　　228 140

(12)根据生产成本明细账,计算甲、乙完工产品的总成本与单位成本。编制产品成本计算单,如表6—20、表6—21所示。

表6—20　　　　　　　　　　　　产品成本计算单

2020年7月31日　　　　　　　　　　　本月完工:700件

产品名称:甲产品　　　　　　　　　　　　　　月末在产品:200件

摘要	直接材料	直接人工	制造费用	合计
月初在产品成本	50 000	5 000	9 000	64 000
本月生产费用	400 000	110 471	132 368	642 839
生产费用合计	450 000	115 471	141 368	706 839
完工数量	700	700	700	
在产品约当产量	200	100	100	
约当总产量	900	800	800	
分配率	500	144.34	176.71	
完工产品总成本	350 000	101 037	123 697	574 734
月末在产品成本	100 000	14 434	17 671	132 105
单位成本	500.00	144.34	176.71	821.05

在表 6—20 中，月末在产品成本计算过程如下：

月末在产品直接材料成本 $= \dfrac{450\,000}{700+200} \times 200 = 100\,000$（元）

月末在产品直接人工成本 $= \dfrac{115\,471}{700+200\times 50\%} \times 100 = 14\,434$（元）

月末在产品制造费用 $= \dfrac{141\,368}{700+200\times 50\%} \times 100 = 17\,671$（元）

表 6—21　　　　　　　　　　　　**产品成本计算单**

产品名称：乙产品　　　　2020 年 7 月 31 日　　　　本月完工：340 件　　月末在产品：60 件

摘要	直接材料	直接人工	制造费用	合　计
月初在产品成本	64 000	6 000	10 800	80 800
本月生产费用	256 000	79 929	95 772	431 701
生产费用合计	320 000	85 929	106 572	512 501
完工数量	340	340	340	
在产品约当产量	60	30	30	
约当总产量	400	370	370	
分配率	800	232.24	208.03	
完工产品总成本	272 000	78 962	97 931	448 893
月末在产品成本	48 000	6 967	8 641	63 608
单位成本	800	232.24	208.03	1 240.27

在表 6—21 中，月末在产品成本计算如下：

月末在产品直接材料成本 $= \dfrac{320\,000}{340+60} \times 60 = 48\,000$（元）

月末在产品直接人工成本 $= \dfrac{85\,929}{340+60\times 50\%} \times 30 \approx 6\,967$（元）

月末在产品制造费用 $= \dfrac{106\,572}{340+60\times 50\%} \times 30 \approx 8\,641$（元）

(13) 根据表 6—20、表 6—21 中的计算结果，编制完工产品成本汇总表，如表 6—22 所示，并据以结转完工产品成本。

表 6-22　　　　　　　　　　　　　完工产品成本汇总表
　　　　　　　　　　　　　　　2020 年 7 月 31 日　　　　　　　　　　　单位:元

成本项	甲产品(700 件)		乙产品(340 件)	
	总成本	单位成本	总成本	单位成本
直接材料	350 000	500	272 000	800
直接人工	101 037	144.34	78 962	232.24
制造费用	123 697	176.71	97 931	208.03
合计	574 734	821.05	448 893	1 240.27

根据完工产品成本汇总表或成本计算单及产成品入库单,结转完工入库产品的生产成本。编制会计分录如下:

　　借:库存商品—甲产品　　　　　　　　　　　574 734
　　　　　　　　—乙产品　　　　　　　　　　　448 893
　　　贷:基本生产成本—甲产品　　　　　　　　　　574 734
　　　　　　　　　　—乙产品　　　　　　　　　　448 893

(14) 根据有关记账凭证,登记基本生产成本明细账,如表 6-23 和表 6-24 所示。

表 6-23　　　　　　　　　　　　　基本生产成本明细账
　　产品:甲产品　　　　　　　生产车间:基本生产车间　　　　　　投产时间:

年		凭证		摘要	产量(件)	成本项目			合计
月	日	字	号			直接材料	直接人工	制造费用	
7	1			月初在产品成本	100	50 000	5 000	9 000	64 000
	31		9	分配材料费用	800	400 000			400 000
	31		10	分配人工费用			81 229		81 229
	31		10	分配社保费用			29 242		29 242
	31		19	分配制造费用				132 368	132 368
	31			本月生产费用合计	900	450 000	115 471	141 368	706 839
	31		20	结转完工产品成本	700	350 000	101 037	123 697	574 734
	31			月末在产品成本	200	100 000	14 434	17 671	132 105

表 6—24　　　　　　　　　　　　基本生产成本明细账

产品：乙产品　　　　　生产车间：基本生产车间　　　　　投产时间：

年		凭证		摘要	产量	成本项目			合计
月	日	字	号		（件）	直接材料	直接人工	制造费用	
7	1			月初在产品成本	80	64 000	6 000	10 800	80 800
	31		9	分配材料费用	320	256 000			256 000
	31		10	分配人工费用			58 771		58 771
	31		10	分配社保费用			21 158		21 158
	31		19	分配制造费用				95 772	95 772
	31			本月生产费用合计	400	320 000	85 929	106 572	512 501
	31		21	结转完工产品成本	340	272 000	78 962	97 931	448 893
	31			月末在产品成本	60	48 000	6 967	8 641	63 608

标准品种法的核算对象是生产多种产品的大量大批单步骤生产或管理上不要求分步骤计算产品成本的大量大批多步骤生产的企业，按各种产品设置明细账；生产费用需要区分直接计入费用和间接计入费用，对于不能直接根据原始凭证确定归属于某一产品的费用，应分配计入各产品成本明细账，并在期末计算在产品成本，这种方法具有典型的品种法的特征。

任务三 运用分批法计算产品成本

【任务描述】

在单件小批生产的企业中,生产往往是按照客户的订单来组织的。由于各个订单对产品的品种、规格、数量、质量、交货日期均有不同的要求,且客户订单确定的产品所用原材料及制造方法一般也不一致,为了保质、保量按期交货,必须根据订单,分批组织生产,并按产品"批别"核算产品成本。

一、分批法的含义及适用范围

(一) 分批法的含义及适用范围

分批法是按产品的批别归集生产费用,计算产品成本的一种方法。产品批别在成批组织产品生产的企业或车间中,是按照一定品种、一定批量产品划分的。因此,分批法也就是计算一定品种、一定批量的产品成本的方法。在实际工作中,产品的品种和每批产品的批量往往是根据客户订单确定的。因而,按照产品批别计算产品成本,往往也是按照订单计算产品成本,所以分批法也称为订单法。

分批法主要适用于单件、小批且管理上不要求分步骤计算产品成本的多步骤生产企业和管理上要求分批计算成本的单件小批单步骤生产企业。如精密仪器、专用设备、船舶制造、重型机械制造等生产企业。主要适用于以下生产情况。

1. 根据购买者订单生产的企业

有些企业专门根据订货者的要求,生产特殊规格、规定数量的产品。订货者的订货可能是单件的大型产品,如船舶、大型锅炉;也可能是多件同样规格的产品,如根据订货工厂的设计图样生产几件实验室用的特种仪器。

2. 产品种类经常变动的小规模制造企业

如塑料制品厂、小五金工厂等。由于它们规模小,工人数量少,同时要根据市场需要不断变动产品的种类和数量,不可能按产品设置流水线大量生产,因而必须按每批产品的投入计算其成本。

3. 承揽修理业务的工厂

修理业务多种多样,要按承接的各种修理业务分别计算成本,向客户收取货款。这类企业往往要根据合同规定,在生产成本基础上加一定比例或一定数额的约定利润确定修理收入,因此必须要分别计算每次修理业务的成本,如修船等业务。

4. 新产品试制车间

专门试制开发新产品的车间,可按新产品的种类分别计算成本。

(二)分批法的特点

1. 成本计算对象

分批法的成本计算对象是产品的批次或订单。当一份订单中只有一种产品且要求同时交货时,就将该订单作为成本计算对象;如果一份订单中有几种产品或虽有一种产品但数量较多而且要求分批交货时,就要由企业生产计划部门按批别开立内部订单,以此组织生产,并作为成本计算对象;如果不同的订单订购同一种产品时,也可以合并订单为一个批号设置生产成本明细账,组织生产。

分批法下,产品成本明细账按订单或批次开设。归集生产费用时,能按订单或批次划分的直接费用,要直接计入各成本明细账的有关项目,不能按订单或批次划分的间接费用,则需要先按费用发生地点和用途进行归集,再采用一定方法,按一定标准分配计入各成本明细账的有关项目。

2. 成本计算期

分批法以生产周期作为产品成本的计算期。为了保证各批产品成本计算的正确性,各批产品成本明细账的设立和结算,应与生产任务通知单的签发和结束密切配合,协调一致。各批次产品的总成本和单位成本,需要在该批产品完工后才能计算确定,因而产品成本计算期与产品的生产周期相同,与会计核算的报告期不一致。但采用分批法计算产品成本时,各批产品发生的费用也是按月归集的。

3. 生产费用在完工产品与在产品之间的分配

分批法计算产品成本,由于成本计算期与产品的生产周期一致,因而在月末计算产品成本时,一般不存在在完工产品与在产品之间分配费用的问题。但在产品批量较大,批内产品有跨月陆续完工交货的情况时,就有必要计算完工产品和月末在产品成本,以便计算先交货的产品成本。如果同一批次内,完工产品的数量多,在产品的数量少,则可采用约当产量法、定额比例法等方法,分配计算完工产品和月末在产品成本。如果同一批次内,月末完工产品数量占批量比重较小时,通常做法是对先完工产品按计划单位成本或定额单位成本,或最近一批相同产品的实际单位成本计价,从该批产品的成本明细账中转出,剩余数额即为在产品成本。在该批产品全部完工时,还应计算该批产品的实际总成本和单位成本。对已经结账的完工产品,不做账面调整。

二、分批法的成本核算程序

1. 按批别开设基本生产成本明细账

成本会计应根据生产计划部门签发的生产令号所指定的产品批别,为每批产品开设基本生产成本明细账(产品成本计算单)。

2. 按批别归集分配生产费用

采用分批法计算产品成本,要求在记录各种费用发生的原始凭证上注明产品批次,以方便产品成本的计算。对于单一批次产品承担的直接计入费用,按原始凭证注明的订单或批号直接汇总计入各批产品的基本生产明细账内;对几批产品共同承担的间接计入费用,则要按照一定的标准在各批产品之间进行分配,记入有关各批产品的基本生产成本明细账内。

3. 按批别计算完工产品成本

某一批次产品完工后,该批次产品的基本生产成本明细账中所归集的生产费用即为该批产品总成本,以总成本除以该批次产品的数量,即为单位成本。分批法成本核算程序如图6—3所示。

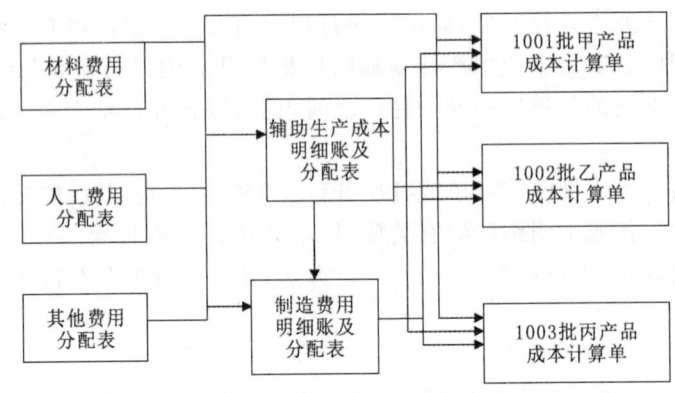

图6—3 分批法成本核算程序

【任务实施与解析】
一、一般分批法

【任务6—5】丹江汽车配件厂主要为低排量的小汽车生产配件。该企业根据购买单位订货单组织生产,小批生产甲、乙两种配件,汽车的每种配件都是在一个独立的生产车间生产。该企业2020年9月的生产情况和生产费用支出情况的资料如下。

(1)本月份生产产品的批号:

701批号甲产品4台,7月投产,本月全部完工;

801批号甲产品10台,8月投产,计划10月完工,本月完工6台,未完工4台;

901批号乙产品8台,本月投产,计划10月完工,本月完工2台。

(2)本月的成本资料各批产品的月初在产品费用如表6—25所示。

表6—25　　　　　　　　月初在产品费用　　　　　　金额单位:元

批号	直接材料	直接人工	制造费用	合计
701	32 800	18 200	8 900	59 900
801	12 860	5 870	3 890	22 620

根据各种费用分配表,汇集各批产品本月发生的生产费用,如表6—26所示。

表6—26　　　　　　　　本月生产费用

批号	直接材料	直接人工	制造费用	合计
701		14 900	4 850	19 750
801		6 120	2 730	8 850
901	46 800	28 700	15 050	90 550

(3)完工产品与在产品之间分配费用的方法。

801批号甲产品,本月未完工产品数量较大,原材料是在生产开始时一次投入,其费用可以按照完工产品和在产品的实际数量比例分配;其他费用采用约当产量法在完工产品与在产品之间分配,在产品完工程度为60%。

901批号乙产品,本月完工产品数量为2台,为简化核算,完工产品按计划成本转出,每台计划成本为:直接材料5 800元,直接人工3 060元,制造费用1 640元,合计10 500元。

任务要求:登记各批次产品成本明细账。

表6-27　　　　　　　　　　　　　基本生产成本明细账
产品批号:701　　　　　　购货单位:佳兴工厂　　　　　　投产日期:7月5日
产品名称:甲产品　　　　　批量:4台　　　　　　　　　　完工日期:9月26日

项目	直接材料	直接人工	制造费用	合计
月初在产品费用	32 800	18 200	8 900	59 900
本月生产费用		14 900	4 850	19 750
生产费用合计	32 800	33 100	13 750	79 650
完工产品成本	32 800	33 100	13 750	79 650
完工产品单位成本	8 200	8 275	3 437.5	19 912.5

表6-28　　　　　　　　　　　　　基本生产成本明细账
产品批号:801　　　　　　购货单位:长海工厂　　　　　　投产日期:8月9日
产品名称:甲产品　　　　　批量:10台　　　　　　　　　完工日期:9月30日
　　　　　　　　　　　　　　　　　　　　　　　　　　　　(本月完工:6台)

项目	直接材料	直接人工	制造费用	合计
月初在产品费用	12 860	5 870	3 890	22 620
本月生产费用		6 120	2 730	8 850
生产费用合计	12 860	11 990	6 620	31 470
完工6台产品成本	7 716	8 564	4 729	21 009
月末在产品成本	5 144	3 426	1 891	10 461
完工产品单位成本	1 286	1 427.33	788.17	3 501.50

表6-28中完工产品成本和月末在产品成本计算如下:

完工产品原材料费用 $= \dfrac{12\,860}{6+4} \times 6 = 7\,716(元)$

月末在产品原材料费用 $= \dfrac{12\,860}{6+4} \times 4 = 5\,144(元)$

月末在产品的约当产量 $= 4 \times 60\% = 2.4(台)$

完工产品直接人工 $= \dfrac{11\,990}{6+2.4} \times 6 \approx 8\,564(元)$

月末在产品直接人工 $= \dfrac{11\,990}{6+2.4} \times 2.4 \approx 3\,426$(元)

完工产品制造费用 $= \dfrac{6\,620}{6+2.4} \times 6 \approx 4\,729$(元)

月末在产品制造费用 $= \dfrac{6\,620}{6+2.4} \times 2.4 \approx 1\,891$(元)

表 6—29　　　　　　　　　　　基本生产成本明细账

产品批号：901　　　　　购货单位：振兴工厂　　　　　投产日期：9月2日
产品名称：乙产品　　　　批量：8台　　　　　　　　　完工日期：9月30日
　　　　　　　　　　　　　　　　　　　　　　　　　　（本月完工：2台）

项目	直接材料	直接人工	制造费用	合计
本月生产费用	46 800	28 700	15 050	90 550
单台计划成本	5 800	3 060	1 640	10 500
完工产品成本	11 600	6 120	3 280	21 000
月末在产品成本	35 200	22 580	11 770	69 550

二、简化分批法

【任务6—6】风华塑料制品厂小批量生产多种产品，产品批量较多且月末未完工的批数也多，为了简化成本计算工作，采用简化的分批法——累计间接费用分配法计算产品成本，该企业6月（本月）各批产品的情况为：

401批号甲产品9件，4月投产，本月全部完工；

501批号乙产品8件，5月投产，本月完工5件，假定月末在产品工时按定额工时计算，其定额工时共计4 280小时；

502批号甲产品12件，5月投产，尚未完工；

601批号丙产品10件，6月投产，尚未完工。

该企业设立的"基本生产成本二级账"如表6—30所示。

表 6—30　　　　　　　　　　　基本生产成本二级账
　　　　　　　　　　　　　　（各批产品总成本）　　　　　　　　金额单位：元

月	日	摘要	直接材料	生产工时	直接人工	制造费用	成本合计
5	31	余额	123 550	19 890	35 404	111 383	270 337
6	30	本月发生	40 750	29 210	52 976	163 577	257 303
6	30	本期累计	164 300	49 100	88 380	274 960	527 640
6	30	全部产品累计间接费用分配率			1.8	5.6	
6	30	本月完工产品转出	87 130	24 485	44 073	137 116	268 319
6	30	余额	77 170	24 615	44 307	137 844	259 321

该企业的直接材料费用为直接计入费用;该企业采用计时工资,因而直接人工费用为间接计入费用。

在表6—30中,5月31日余额是5月末在产品的生产工时和各项费用。

本月发生的原材料费用和生产工时,应根据本月原材料费用分配表、生产工时记录,与各批产品成本明细账平行登记,本月发生的各项间接费用,应根据各项费用分配表汇总登记。全部产品累计间接费用分配率计算如下(以直接人工和制造费用为例):

直接人工费用累计分配率=人工费用累计数/累计工时=$\dfrac{88\,380}{49\,100}$=1.8

制造费用累计分配率=制造费用累计数/累计总工时=$\dfrac{274\,960}{49\,100}$=5.6

"基本生产成本二级账"中完工产品的直接材料费用和生产工时,应根据各批产品成本明细账中完工产品的直接费用和生产工时汇总登记[如直接材料=63 130+24 000=87 130(元),生产工时=16 515+7 970=24 485(小时)]。完工产品的各项间接费用,可以根据完工产品生产工时分别乘以相应的费用累计分配率登记[如直接人工=24 485×1.8=44 073(元),制造费用=24 485×5.6=137 116(元)]。"基本生产成本二级账"中月末在产品的直接材料费用和生产工时,可以根据累计的直接材料费用和生产工时分别减去本月完工产品的直接材料费用和生产工时计算登记[如直接材料=164 300—87 130=77 170(元),直接人工=24 615×1.8=44 307(元)]。"基本生产成本二级账"中月末在产品的各项间接计入费用,可以根据其生产工时分别乘以相应的费用累计分配率计算登记[如制造费用=24 615×5.6=137 844(元)],也可以根据其费用的累计数分别减去完工产品的相应费用计算登记[如直接人工=88 380—44 073=44 307(元),制造费用=274 960—137 116=137 844(元)]。

该企业设立的各批产品成本明细账分别如表6—31至表6—34所示。

表6—31　　　　　　　　　　　基本生产成本明细账
产品批号:401　　　　产品名称:甲产品　　　　投产日期:4月2日
订货单位:大兴工厂　　产品批量:9件　　　　　完工日期:6月25日

月	日	摘要	直接材料	生产工时	直接人工	制造费用	成本合计
4	30	本月发生	31 220	5 610			
5	31	本月发生	18 980	3 795			
6	30	本月发生	12 930	7 110			
6	30	累计数及累计间接费用分配率	63 130	16 515	1.8	5.6	
6	30	结转本月完工产品	63 130	16 515	29 727	92 484	185 341
6	30	完工产品单位成本	7 014.44		3 303	10 276	20 593.44

表 6—32　　　　　　　　　　　基本生产成本明细账

产品批号：501　　　　产品名称：乙产品　　　　投产日期：5月2日
订货单位：华美工厂　　产品批量：8件　　　　　完工日期：6月30日
　　　　　　　　　　　　　　　　　　　　　　　本月完工：5件

月	日	摘要	直接材料	生产工时	直接人工	制造费用	合计
5	31	本月发生	38 400	4 310			
6	30	本月发生		7 940			
6	30	累计数及累计间接费用分配率	38 400	12 250	1.8	5.6	
6	30	结转本月完工产品(5件)	24 000	7 970	14 346	44 642	82 978
6	30	完工产品单位成本	4 800		2 869.20	8 926.40	16 595.60
6	30	在产品	14 400	4 280			

表 6—33　　　　　　　　　　　基本生产成本明细账

产品批号：502　　　　产品名称：甲产品　　　　投产日期：5月20日
订货单位：新星工厂　　产品批量：12件　　　　 完工日期：

月	日	摘要	直接材料	生产工时	直接人工	制造费用	合计
5	31	本月发生	34 950	6 175			
6	30	本月发生	15 450	7 555			

表 6—34　　　　　　　　　　　基本生产成本明细账

产品批号：601　　　　产品名称：丙产品　　　　投产日期：6月13日
订货单位：红光公司　　产品批量：10件　　　　 完工日期：

月	日	摘要	直接材料	生产工时	直接人工	制造费用	合计
6	30	本月发生	12 370	6 605			

在各批产品成本明细账中，对于没有完工产品的月份，只登记直接材料费用（一般只有直接材料费用是直接计入费用）和生产工时。如502、601两批产品，这些月份发生的直接材料费用和生产工时，也就是该月份各月末在产品的直接材料费用和生产工时。因此，在各批产品成本明细账中，在产品的各个月份的直接材料费用或生产工时发生额之和，应该等于"基本生产成本二级账"所记在产品的直接材料费用或生产工时。

在上列各批产品成本明细账中，对于有完工产品（包括全部完工或批内部分完工）的月份，除了累计直接材料费用和生产工时，以及相应的累计数外，还应根据"基本生产成本二级账"登记各项间接费用累计分配率。

401批产品，月末全部完工，因而其累计的直接材料费用和生产工时就是完工产品的直接费用和生产工时，以其生产工时乘以各项间接计入费用累计分配率，即为完工产品的各项间接计入费用。

501 批产品,月末部分完工、部分在产,因而还应在完工产品与月末在产品之间分配生产费用。该种产品所耗用直接材料在生产开始时一次投入,因而直接材料费用按完工产品与月末在产品的数量比例分配:

直接材料费用分配率 $=\dfrac{38\,400}{5+3}=4\,800$

完工产品的材料费用 $=5\times 4\,800=24\,000$(元)

月末在产品的材料费用 $=3\times 4\,800=14\,400$(元)

假定月末在产品工时按工时定额计算,其定额工时共计 4 280 小时,完工产品工时应为 7 970(12 250－4 280)小时,以该工时分别乘以各项间接费用累计分配率,即为完工产品的各项间接费用。完工产品的人工费用 $=7\,970\times 1.8=14\,346$(元),完工产品的制造费用 $=7\,970\times 5.6=44\,632$(元)。

各批产品成本明细账登记完毕后,其中完工产品的直接材料费用和生产工时应分别汇总登入"基本生产成本二级账",并据以计算登记各批全部完工产品的总成本。

简化分批法就是将各批产品每月发生的人工费用、制造费用等间接费用,不是按月在各批产品之间分配,而是先累计起来,直到有产品完工的那个月份,再按完工产品累计的生产工时比例,在各批完工产品之间进行分配。这种方法也叫"累计间接费用分配法"。主要适用于单件小批生产,且在同一月份内投产的产品批数很多且月末完工产品的批数较少的企业或车间,例如,机械制造厂或修配厂等。

采用该方法:

(1) 必须设置"基本生产成本二级账"。"基本生产成本二级账"除按规定的成本项目设专栏外,还需增设生产工时专栏,其二级账的作用在于:按月登记所有批别产品的累计生产费用(包括直接费用和间接费用)和累计生产工时。二级账中不仅要按成本项目登记所有批别产品的月初在产品费用、本月生产费用和累计生产费用,而且要登记所有批别产品的月初在产生产工时、本月生产工时和累计生产工时。

(2) 每月发生的间接计入费用,先在基本生产成本二级账中累计起来,在有完工产品的月份,月末才按各该批完工产品的累计生产工时和累计间接费用分配率计算完工产品应分摊的间接费用,进而计算完工产品成本和应保留在二级账中的月末在产品成本。没有完工产品的月份,则不分配间接计入费用。计算公式如下:

$$\text{全部产品某项累计间接费用分配率}=\text{累计间接计入费用}/\text{全部批次产品累计工时}$$

$$\text{某批完工产品应分摊的某项间接费用}=\text{该批完工产品累计生产工时}\times\text{全部产品某项累计间接费用分配率}$$

(3) 各批次产品基本生产成本明细账中除完工产品成本外,均不反映间接费用的项目成本,月末在产品只反映直接费用(直接材料)和生产工时。

核算程序如下。

① 按产品批别或订单设置产品成本计算单(或基本生产成本明细账),并登记月初在产品的直接费用和生产工时。

② 设置"基本生产成本二级账",并登记月初在产品的累计间接费用和累计生产工时。

归集当月发生的生产费用和生产工时。在基本生产成本明细账中,只登记直接费用和生产工时,不登记间接费用;在二级账中既要登记各批别产品的累计直接费用和累计生产工时,同时也要登记各批产品共同发生的累计间接费用。

③ 月末根据全部产品各项目累计间接费用和全部产品累计生产工时,计算全部产品各项累计间接费用分配率。

④ 根据各批完工产品的累计生产工时,计算并分摊各批完工产品应负担的各项间接费用,并计算完工产品总成本和单位成本,未完工产品不分摊间接费用。

⑤ 将各批完工产品成本在"基本生产成本二级账"和"基本生产成本明细账"中进行平行登记,将各批别当月完工产品成本汇总编制产品成本汇总表,据以作为编制完工入库产品记账凭证的原始依据。

简化分批法的核算程序如图6—4所示。

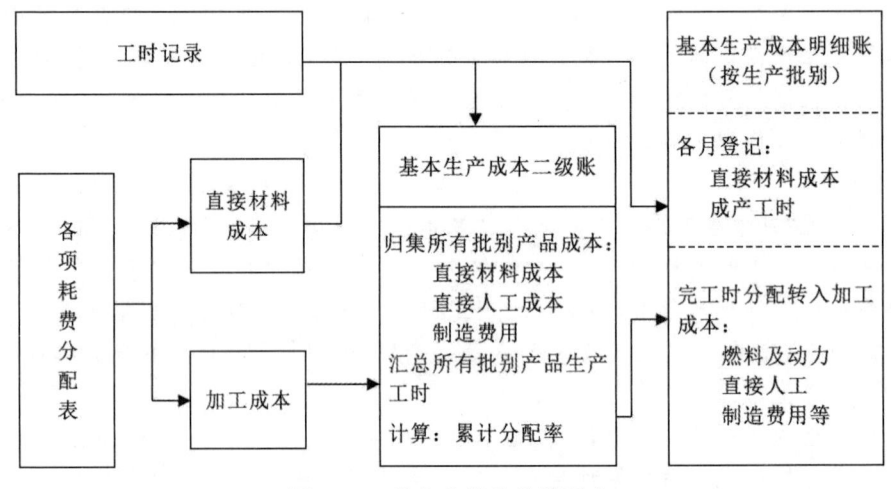

图6—4 简化分批法核算程序

采用简化分批法的缺点:一是未完工批别的基本生产成本明细账不能完整地反映其在产品的成本;二是如果各月发生的间接费用相差悬殊,会影响各月产品成本计算的正确性。例如,如果前几个月的间接费用较多,本月的间接费用较少,而某批产品本月投产本月完工,这时采用累计间接费用分配率计算的该批完工产品成本就会发生不应有的偏高;反之,会造成不应有的偏低。如果月末未完工产品的批数较少,则也不宜采用这种方法。因为,一方面仍要对完工产品分配登记各项间接费用,不能简化核算工作;另一方面在一定程度上影响产品成本计算的正确性。

应用简化分批法必须具备两个条件:一是各个月份的间接费用水平比较均衡,二是月末未完工产品的批数较多。只有这样才能保证既简化产品成本的核算工作又确保产品成本计算的准确性。

任务四 运用分步法计算产品成本

【任务准备】

在大批大量多步骤生产的企业中,如果管理上要求分步骤计算产品成本,企业从原材料投入到产成品产出,要经过若干个生产步骤,除最后生产步骤生产出产成品外,其余各生产步骤生产的是完工程度不同的半成品,有些半成品不仅由企业进一步加工或为本企业几种产品所耗用,而且经常对外销售,或虽不对外销售,但在国民经济中占重要地位,国家往往要对其成本进行考核。为便于考核和分析各种产品及其各生产步骤成本计划的执行情况,需要采用分步法计算各生产步骤的半成品成本和完工产品成本。

一、分步法概述

(一)分步法的含义及适用范围

分步法是按照产品的生产步骤归集生产费用,计算产品成本的一种方法。

它主要适用于大量大批多步骤生产的企业,如冶金、纺织、机械制造等企业。在这些企业中,产品生产可以划分为若干生产步骤。如冶金企业的生产可以划分为炼铁、炼钢、轧钢等步骤;纺织企业的生产可以划分为纺纱、织布、印染等步骤;机械制造企业的生产可以划分为铸造、加工、装配等步骤。每个生产步骤都有生产出的半成品(在最后一个步骤生产出完工产品)。为了加强对各生产步骤的成本管理,不但要求按产品的周期计算成本,还要按产品的生产步骤计算各步骤耗费的成本,以便考核完工产品及其所经过的生产步骤的成本计划执行情况。

(二)分步法的特点

1.成本计算对象

分步法以各种产品及其所经过的生产步骤作为成本计算对象。在多步骤生产企业中,前面步骤通常生产半成品,到最后步骤才生产完工产品。但就每一个生产步骤而言,该步骤生产的半成品,就是该步骤的完工产品。由此可见,分步法实际上是多个品种法在企业中的连续使用。分步法要计算各步骤生产的半成品或完工产品的成本,就可以按产品生产过程中各步骤的完工产品作为成本计算对象,即按各生产步骤设置基本生产成本明细账,归集各步骤的生产费用。对明确由某个生产步骤消耗的直接计入费用,可直接计入该生产步骤的基本生产成本明细账,对各生产步骤共同消耗的间接计入费用,应采用适当的方法进行分配后,再计入各生产步骤的基本生产成本明细账。

2.成本计算期

分步法以会计报告期作为成本计算期。在大量大批多步骤生产的企业里,原材料连续不断地投入,各生产步骤的半成品连续不断地向下一生产步骤移交,直至产成品完工验收入库。完工产品在各个报告期间内会源源不断地产出,在月末也通常存在一定数量的期末在产品。为了保证成本核算的及时性,企业不能在产品全部完工时计算成本,因此,分步法也需要在月末计算完工产品成本,与品种法相同。也就是说,其产品成本计算期与产品的生产周期不相一致,而与会计报告期一致。

3.生产费用在完工产品与月末产品之间的分配

由于大量大批多步骤生产的产品往往跨月完工,月末各步骤经常有未完工的在产品,这就需要将产品成本计算单中的各项费用,采用适当的分配方法在完工产品和月末在产品之间进行分配,计算各该生产步骤的完工产品成本和月末在产品成本。

4.各生产步骤归集的费用需在各生产步骤之间进行结转

由于产品生产是分步骤进行的,上一生产步骤的半成品往往是下一生产步骤的加工对象。因此,在计算完工产品及各步骤半成品成本时,还需按照产品品种,结转各步骤半成品成本,这是分步法的一个重要特点。

(三)分步法的种类

因各企业生产的具体情况和成本管理对各步骤成本资料的要求不同,以及出于简化核算工作的考虑,各生产步骤之间成本的结转采用两种不同的方法:逐步结转和平行结转。因此产品成本计算的分步法也就相应地分为逐步结转分步法和平行结转分步法两种。

二、逐步结转分步法

1.逐步结转分步法的概念及适用范围

逐步结转分步法是按照各个生产步骤逐步计算并结转半成品成本,直到最后生产步骤计算出完工产品成本的方法。计算各生产步骤的半成品成本,是这种方法的显著特征。因此,逐步结转分步法也称作计算半成品成本的分步法。逐步结转分步法是在管理上要求提供各生产步骤半成品成本资料的情况下采用的。前一生产步骤完工的半成品转入下一生产步骤继续加工时,半成品成本同时转入下一生产步骤成本明细账,直至最后生产步骤生产出完工产品,并最终计算出完工产品成本。

逐步结转分步法主要适用于大量大批多步骤生产,且在管理上有必要提供半成品成本资料的企业,尤其是各步骤所产半成品可以作为商品对外销售的企业。例如,纺织企业生产的棉纱,既可以为企业自用,继续加工成各种棉布,也可以作为商品,直接对外出售。

2.逐步结转分步法的特点

除分步法的一般特点外,逐步结转分步法的特点主要表现在以下三个方面。

(1)各生产步骤的半产品成本,随着半成品实物的转移在各生产步骤之间顺序结转。

(2)各生产步骤基本生产成本明细账(产品成本计算单)的期末余额,反映该步骤结存的在产品成本。

(3)将各生产步骤所归集的本步骤发生的生产费用(包括上一步骤转入的半产品成本),在完工半产品与狭义在产品之间进行分配。

3.逐步结转分步法的核算程序

(1)按产品分步骤设置产品成本计算单(或生产成本明细账);

(2)根据第一步骤产品成本计算单(或生产成本明细账)归集的生产费用计算出第一步骤半成品成本,并将其转移到第二步骤;

(3)根据第一步骤转入的半成品成本加上第二步骤耗用的生产费用,计算出第二步骤的半成品成本,将其转入第三步骤,直至算出最后步骤完工产品成本和在产品成本。

如果半成品经过半成品库则需设置"自制半成品"账户,半成品入库时,借记"自制半成品",贷记"基本生产成本"账户。

4.逐步结转分步法的种类

逐步结转分步法各生产步骤之间半产品成本的结转按照半成品成本在下一步骤基本生产成本明细账中的反映方法不同,可分为综合结转分步法和分项结转分步法两种。

5.综合结转分步法

综合结转分步法是将各生产步骤所耗用的上一步骤的半成品成本,以其合计数综合转入下一步骤的产品成本计算单中的半成品或原材料成本项目中的方法。综合结转分步法不能直接提供按原始成本项目反映的成本资料,对计算出的产成品成本需要进行成本还原。

综合结转分步法的实物结转程序如图6-5所示,半成品成本结转程序如图6-6所示。

第一步骤		第二步骤		第三步骤	
项目	数量	项目	数量	项目	数量
月初在产	50	月初在产	80	月初在产	120
本月投产	220	本月投产	210	本月投产	220
本月完工	210	本月完工	220	本月完工	250
月末在产	60	月末在产	70	月末在产	90

图6-5 综合结转分步法的实物结转程序(采用直接移交的方式)

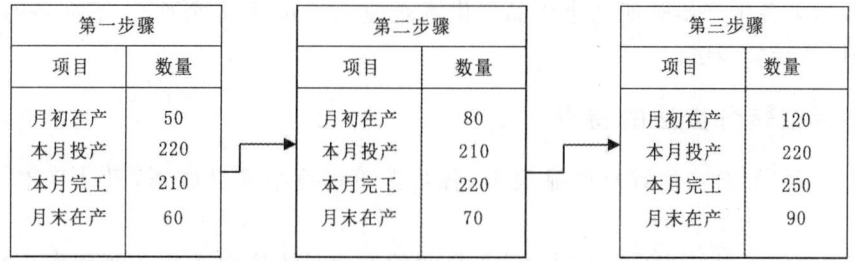

图6-6 综合结转分步法半成品成本结转程序(采用直接移交的方式)

6.分项结转分步法

分项结转分步法是指按照成本项目,将上一步骤的半成品成本、分项转入下一步骤成本计算单上相应的成本项目的一种方法。

三、平行结转分步法

(一)平行结转分步法的含义及适用范围

平行结转分步法是指各加工步骤不计算各步骤半产品成本,也不计算各步骤所耗上一步骤半产品成本,只计算本步骤发生的直接材料、直接人工、制造费用,以及这些费用中应计入产成品成本中的"份额",并将各步骤半成品应计入产成品成本的"份额"平行汇总,从而计算出该产成品成本的方法。该方法也称为不计算半成品成本的分步法。它是在管理上不要求提供半成品成本资料的情况下采用的。

平行结转分步法主要适用于成本管理上不要求计算半成品成本的企业,特别是半成品不对外销售的大量大批装配式多步骤生产企业。在这些企业中,从原材料投入生产到产成品制成,先由各生产步骤对各种原材料平行地加工成各种零件和部件(半成品),然后再由组装车间(最后步骤)装配成各种完工产品。如果这些企业各生产步骤半成品的种类比较多,半成品对外销售的情况很少,采用平行结转分步法,可以简化和加速成本计算工作,在某些连续式多步骤生产企业,如果各生产步骤所产半成品仅供本企业下一步骤继续加工,不准备对外出售,也可以采用平行结转分步法。

(二)平行结转分步法的特点

1. 采用平行结转分步法计算产品成本,各步骤不计算半成品成本,只计算本步骤所发生的生产费用。

2. 各步骤之间不结转半成品成本,只在企业的产成品入库时才将各步骤费用中的应计入产成品的"份额"从各步骤产品明细账中转出,不通过"自制半成品"账户进行核算,即半成品成本不随半成品实物转移而结转。

3. 每一步骤生产费用需采用适当方法,在其完工产品与月末广义在产品之间分配。

这里的"完工产品"是指最终完工的产成品;"在产品"是指就整个企业而言的未完工产品,即广义的产品,具体包括:①本步骤正在加工的在产品(亦称狭义的在产品);②本步骤完工转入以后各步骤尚未最终产成的在产品;③本步骤完工转入半成品库的半成品。要计算完工产品成本,必须将各步骤所归集的生产费用分成计入完工产品成本的"份额"和广义在产品成本两部分。

(三)平行结转分步法的成本计算程序

1. 按产品分步骤设置产品成本计算单,归集生产费用。计算出每种产品在各生产步骤所发生的生产费用总额。

2. 计算每一生产步骤应计入完工产品成本中的份额。期末,可以采用定额比例法或约当产量法等方法将各步骤成本计算单上的生产费用,在最后步骤的完工产品和广义在产品之间进行分配,计算出各生产步骤应计入完工产品成本的份额。

3. 将各生产步骤中应计入完工产品成本的份额平行加以汇总,计算出每种完工产品的成本。

4. 将各步骤产品成本计算单上归集的生产费用,扣除应计入完工产品成本中的份额,求出期末广义在产品成本。

平行结转分步法的核算程序如图6—7所示。

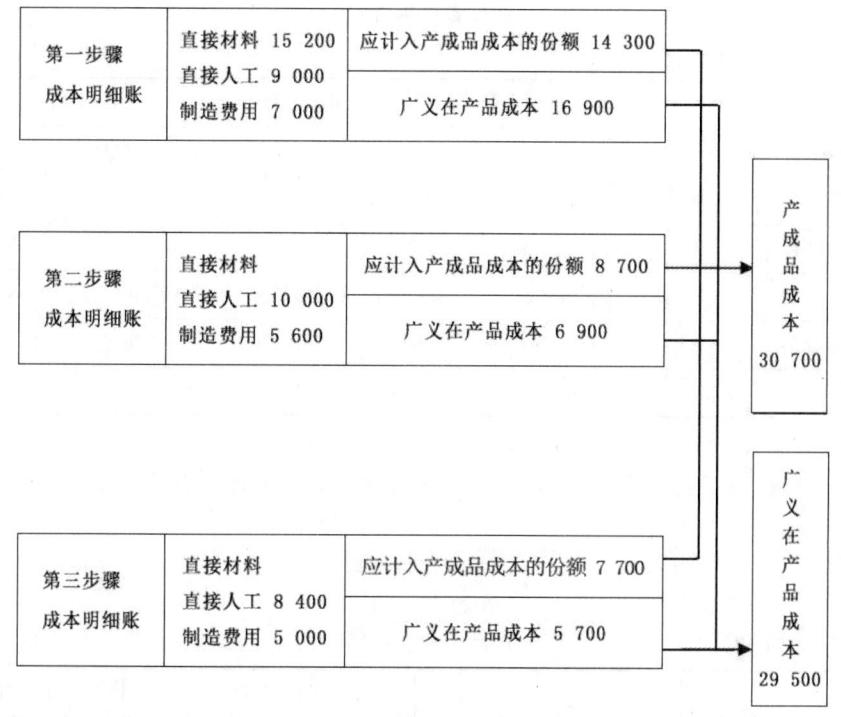

图6—7　平行结转分步法的核算程序

【任务实施与解析】
一、综合结转分步法

【任务6—7】北方纺织印染厂是一家生产纺织品的企业，主要生产涤丝花布，经过三个生产步骤顺序加工，第一步骤生产的半成品直接被第二步骤领用，第二步骤生产的半成品直接被第三步骤领用并将其加工成产成品。材料在开始生产时一次投入，月末在产品成本按约当产量法计算，2020年10月有关的产量、成本计算资料分别如表6—35、表6—36所示。

（1）产量记录

表6—35　　　　　　　　　　各步骤产量记录

单位：百米

项目	第一步	第二步	第三步
月初在产品	100	200	160
本月投产（或上月转入）	900	860	980
本月产成品	860	980	1 100
月末在产品	140	80	40
在产品完工程度（%）	50	50	50

(2)费用资料

表 6－36 各步骤费用资料

金额单位:元

成本项目	第一步		第二步		第三步	
	期初在产品成本	本月费用	期初在产品成本	本月费用	期初在产品成本	本月费用
直接材料	32 000	324 500	52 600	—	51 400	—
直接人工	3 120	26 780	218 00	43 200	19 200	96 800
制造费用	840	9 560	4 800	11 200	5 120	12 780
合计	35 960	360 840	79 200	54 400	75 720	109 580

根据以上资料,采用综合结转分步法计算产品成本,并编制产品成本计算单,如表 6－37 至表 6－40 所示。

表 6－37 产品成本计算单

2020 年 10 月

生产步骤:第一步骤 产品名称:涤丝纱 产量:860 千克

成本项目	月初在产品成本	本月费用	合计	半成品成本		在产品成本	
				总成本	单位成本	约当产量	成本
直接材料	32 000	324 500	356 500	306 590	356.5	140	49 910
直接人工	3 120	26 780	29 900	27 649.5	32.15	70	2 250.5
制造费用	840	9 560	10 400	9 617.4	11.18	70	782.6
合计	35 960	360 840	396 800	343 856.9	399.83		52 943.1

表 6－37 中有关计算过程如下:

$$\text{直接材料项目分配率} = \frac{356\ 500}{860 + 140 \times 100\%} = 356.5$$

$$\text{直接人工项目分配率} = \frac{29\ 900}{860 + 140 \times 50\%} \approx 32.15$$

$$\text{制造费用项目分配率} = \frac{10\ 400}{860 + 140 \times 50\%} \approx 11.18$$

表 6－38　　　　　　　　　　　　　　产品成本计算单
　　　　　　　　　　　　　　　　　　　　2020 年 10 月

生产步骤：第二步骤
产品名称：涤丝白坯布　　　　　　　　　　　　　　　　　　　　　产量：980 百米

成本项目	月初在产品成本	本月费用	领用上车间半成品	合计	半成品成本		在产品成本	
					总成本	单位成本	约当产量	成本
半成品	52 600	—	343 856.9	396 456.9	366 535.3	374.02	80	29 921.6
直接人工	218 00	43 200		65 000	62 450.8	63.73	40	2 549.2
制造费用	4 800	11 200		16 000	15 372.4	15.69	40	627.6
合计	79 200	54 400	343 856.9	477 456.9	444 358.5	453.44		33 098.4

表 6－38 中有关计算过程如下：

$$半成品成本项目分配率 = \frac{396\ 456.9}{980 + 80 \times 100\%} \approx 374.02$$

$$直接人工项目分配率 = \frac{65\ 000}{980 + 80 \times 50\%} \approx 63.73$$

$$制造费用项目分配率 = \frac{16\ 000}{980 + 80 \times 50\%} \approx 15.69$$

表 6－39　　　　　　　　　　　　　　产品成本计算单
　　　　　　　　　　　　　　　　　　　　2020 年 10 月

生产步骤：第三步骤
产品名称：涤丝花布　　　　　　　　　　　　　　　　　　　　　产量：1100 百米

成本项目	月初在产品成本	本月费用	领用上车间半成品	合计	产成品成本		在产品成本	
					总成本	单位成本	约当产量	成本
半成品	51 400	—	444 358.5	495 758.5	478 363.3	434.88	40	17 395.2
直接人工	19 200	96 800		116 000	113 928.6	103.57	20	2 071.4
制造费用	5 120	12 780		17 900	17 580.4	15.98	20	319.6
合计	75 720	109 580	444 358.5	629 658.5	609 872.3	554.43		19 786.2

$$半成品成本项目分配率 = \frac{495\ 758.5}{1\ 100 + 40 \times 100\%} \approx 434.88$$

$$直接人工项目分配率 = \frac{116\ 000}{1\ 100 + 40 \times 50\%} \approx 103.57$$

$$制造费用项目分配率 = \frac{17\ 900}{1\ 100 + 40 \times 50\%} \approx 15.98$$

表 6—40　　　　　　　　　　　产成品计算单

产品名称:涤丝花布　　　　　　2020 年 10 月　　　　　　产量:1100 百米

成本项目	总成本	单位成本
半成品	478 363.3	434.88
直接人工	113 928.6	103.57
制造费用	17 580.4	15.98
合计	609 872.3	554.43

从表 6—40 可以看出,采用综合结转分步法结转半成品成本,各步骤耗用上一步骤半成品的费用,可以直接从成本计算单中反映出来。这样,对于加强对各步骤耗用半成品情况的监督、分析、考核及提高成本管理水平,都有重要作用。但这种方法在成本计算单里,不能直接提供按原始成本项目反映的成本资料。为此,在管理上要求从整个企业角度考核和分析产品成本构成时,还应将逐步综合结转计算出的产成品成本进行成本还原。

现仍以【任务 6—7】资料计算出来的花布成本为例说明其还原方法,如表 6—41 所示。

表 6—41　　　　　　　　　　　成本还原计算表

金额单位:元

成本项目	还原前总成本	第二步半成品成本	还原额及分配率	第一步半成品成本	还原额及还原率	还原后总成本
栏目	1	2	3	4	5	6
还原分配率			1.076 525 6		1.147 525 7	
直接材料				306 590	351 819.9	351 819.9（5 栏）
半成品	478 363.3	366 535.3	394 584.63			
直接人工	113 928.6	62 450.8	67 229.88	27 649.5	31 728.51	212 886.99（1+3+5 栏）
制造费用	17 580.4	15 372.4	16 548.79	9 617.4	11 036.22	45 165.41（1+3+5 栏）
合计	609 872.3	444 358.5	478 363.3	343 856.9	394 584.63	609 872.3

注:三栏还原分配率 $= \dfrac{478\ 363.3}{444\ 358.5} \approx 1.076\ 525\ 6$

五栏还原分配率 $= \dfrac{394\ 584.63}{343\ 856.9} \approx 1.147\ 525\ 7$

还原后的产品总成本=(5 栏直接材料)+(1、3、5 栏的人工费用之和)+(1、3、5 栏的制造费用之和)。

所谓的成本还原就是恢复产品成本结构的本来面目,把各步骤耗用的半成品成本,逐步分解还原为"直接材料""直接人工""制造费用"等成本项目。

成本还原的方法通常是从最后一个生产步骤开始,将其所耗用的上一生产步骤自制半成品的综合成本,按本月所生产这种半成品的成本结构比例逐步进行还原,直至还原到第一个生产步骤,使产成品成本中半成品成本还原成原始成本项目为止。

进行成本还原,首先要计算出还原分配率,还原分配率即产成品成本中半成品成本占上一步骤所生产该种产品总成本的比重,其计算公式如下:

还原率=本期产成品耗用上一步骤半成品成本合计/本期生产该种半成品成本合计

还原后各成本项目金额=本期生产该种半成品成本中各成本项目金额×还原率

二、分项结转分步法

【任务6-8】仍沿用【任务6-7】综合结转的资料,按分项结转分步法计算各生产步骤半成品成本和最后步骤的产成品成本,填制第一、第二、第三各步骤"产品成本计算单",如表6-42至表6-45所示。

表6-42

产品成本计算单

2020年10月

生产步骤:第一步骤
产品名称:涤丝纱　　　　　　　　　　　　　　　　　　　　　产量:860千克

成本项目	月初在产品成本	本月费用	合计	半成品成本		在产品成本	
				总成本	单位成本	约当产量	成本
直接材料	32 000	324 500	356 500	306 590	356.5	140	49 910
直接人工	3 120	26 780	29 900	27 649.5	32.15	70	2 250.5
制造费用	840	9 560	10 400	9 617.4	11.18	70	782.6
合　计	35 960	360 840	396 800	343 856.9	399.83		52 943.1

表6-42中有关计算过程如下:

直接材料项目分配率 = $\dfrac{356\ 500}{860+140\times100\%}$ ≈ 356.5

直接人工项目分配率 = $\dfrac{29\ 900}{860+140\times50\%}$ ≈ 32.15

制造费用项目分配率 = $\dfrac{10\ 400}{860+140\times50\%}$ ≈ 11.18

表 6-43　　　　　　　　　　　　　　产品成本计算单
　　　　　　　　　　　　　　　　　　2020 年 10 月

生产步骤:第二步骤
产品名称:涤丝白坯布　　　　　　　　　　　　　　　　　　　　　　　产量:980 百米

成本项目	月初在产品成本	本月费用	领用上车间半成品	合计	半成品成本		在产品成本	
					总成本	单位成本	约当产量	成本
直接材料	52 600		306 590	359 190	332 081.2	338.86	80	27 108.8
直接人工	21 800	43 200	27 649.5	92 649.5	89 016.3	90.83	40	3 633.2
制造费用	4 800	11 200	9 617.4	25 617.4	24 612.6	25.12	40	1 004.8
合计	79 200	54 400	343 856.9	477 456.9	445 710.1	454.81		31 746.8

表 6-43 中有关计算过程如下:

$$直接材料项目分配率 = \frac{359\ 190}{980 + 80 \times 100\%} \approx 338.86$$

$$直接人工项目分配率 = \frac{92\ 649.5}{980 + 80 \times 50\%} \approx 90.83$$

$$制造费用项目分配率 = \frac{25\ 617.4}{980 + 80 \times 50\%} \approx 25.12$$

表 6-44　　　　　　　　　　　　　　产品成本计算单
　　　　　　　　　　　　　　　　　　2020 年 10 月

生产步骤:第三步骤
产品名称:涤丝花布　　　　　　　　　　　　　　　　　　　　　　　产量:1100 百米

成本项目	月初在产品成本	本月费用	领用上车间半成品	合计	产成品成本		在产品成本	
					总成本	单位成本	约当产量	成本
直接材料	51 400	—	332 081.2	383 481.2	370 025.6	336.39	40	13 455.6
直接人工	19 200	96 800	89 016.3	205 016.3	201 355.3	183.05	20	3 661
制造费用	5 120	12 780	24 612.6	42 512.6	41 753.4	37.96	20	759.2
合计	75 720	109 580	445 710.1	631 010.1	613 134.3	557.4		17 875.8

表 6-44 中有关计算过程如下:

$$直接材料成本项目分配率 = \frac{383\ 481.2}{1\ 100 + 40 \times 100\%} \approx 336.39$$

$$直接人工项目分配率 = \frac{205\ 016.3}{1\ 100 + 40 \times 50\%} \approx 183.05$$

$$制造费用项目分配率 = \frac{42\ 512.6}{1\ 100 + 40 \times 50\%} \approx 37.96$$

表 6-45　　　　　　　　　　　　产成品成本计算单

产品名称：涤丝花布　　　　　2020 年 10 月　　　　　　产量：1100 百米

成本项目	总成本	单位成本
直接材料	370 025.6	336.39
直接人工	201 355.3	183.05
制造费用	41 753.4	37.96
合计	613 134.3	557.4

从以上各表可以看出，采用分项结转分步法，能够直接、准确地按原始成本项目反映企业的产品成本构成，不需要进行成本还原。但采用这种方法，不仅成本结转工作比较复杂，而且在各步骤完工产品成本中看不出所耗上一步骤半成品成本以及本步骤发生的加工费用。所以，本方法一般适用于在管理上不要求考核各步骤所耗上一步骤半成品成本以及本步骤加工费用的情况。

三、平行结转分步法

1. 采用定额比例法确定各步骤应计入产成品成本的"份额"

【任务 6-9】远大公司生产甲产品，生产分两个步骤在两个生产车间内进行，第一生产车间为第二生产车间提供半成品，第二生产车间加工完成为产成品。有关生产成本资料如表 6-46、表 6-47 所示。产成品和月末在产品之间分配生产费用的方法采用定额比例法：材料成本按定额材料成本比例分配，其他成本按定额工时比例分配。

(1) 定额材料，如表 6-46 所示。假定该公司月末没有盘点在产品，月末在产品的定额资料要根据月初在产品定额资料加上本月投产的定额资料减去产成品的定额资料计算求出。

表 6-46　　　　　　　　　　　　甲产品定额资料

金额单位：元

生产步骤	月初在产品		本月投入		产成品					
					单价定额			总定额		
	材料成本	工时	材料成本	工时	材料成本	工时	产量	材料成本	工时
第一车间份额	87 000	1 300	128 930	3 200	380	7	400	152 000	2 800
第二车间份额		1 400		4 600		10	400		4 000
合计	87 000	2 700	128 930	7 800		17		152 000	6 800

(2) 本月实际发生生产费用资料如表6-47所示。

表6-47　　　　　　　　　　月初在产品成本及本月生产费用

金额单位:元

项目		直接材料	直接人工	制造费用	合计
月初在产品成本	第一车间	80 000	9 000	12 000	101 000
	第二车间		11 000	10 600	21 600
本月生产费用	第一车间	116 496	16 506	17 250	150 252
	第二车间		25 972	40 880	66 852

(3) 根据定额资料、各种成本分配表和产成品产量月报,计算第一、第二车间成本如表6-48、表6-49所示。

表6-48　　　　　　　　　　甲产品成本计算单

第一生产车间　　　　　　　　2020年8月　　　　　　　　金额单位:元

完工产量:400件

项目	产成品产量(件)	直接材料		定额工时	直接人工	制造费用	合计
		定额	实际				
月初在产品		87 000	80 000	1 300	9 000	12 000	101 000
本月生产成本		128 930	116 496	3 200	16 506	17 250	150 252
合计		215 930	196 496	4 500	25 506	29 250	251 252
分配率			0.91		5.668	6.5	
产成品中本步骤份额	400	152 000	138 320	2 800	15 870.4	18 200	172 390.4
月末在产品		63 930	58 176.	1 700	9 635.6	11 050	78 861.6

表6-49　　　　　　　　　　甲产品成本计算单

第二生产车间　　　　　　　　2020年8月　　　　　　　　金额单位:元

完工产量:400件

项目	产成品产量(件)	直接材料		定额工时	直接人工	制造费用	合计
		定额	实际				
月初在产品				1 400	11 000	10 600	21 600
本月生产成本				4 600	25 972	40 880	66 852
合计				6 000	36 972	51 480	88 452
分配率					6.162	8.58	

续表

项目	产成品产量(件)	直接材料 定额	直接材料 实际	定额工时	直接人工	制造费用	合计
产成品中步骤份额	400			4 000	24 648	34 320	58 968
月末在产品				2 000	12 324	17 160	29 484

(4) 根据第一、第二生产车间成本计算单,平行汇总产成品成本,如表6—50所示。

表6—50　　　　　　　甲产成品成本汇总计算表

2020年8月　　　　　　　金额单位:元

完工产量:400件

生产车间	产成品数量(件)	直接材料	直接人工	制造费用	合计
一生产车间		138 320	15 870.4	18 200	172 390.4
二生产车间			24 648	34 320	58 968
合计	400	138 320	40 518.4	52 520	231 358.4
单位成本		345.8	101.30	131.3	578.40

采用定额比例法计算应计入产成品成本的份额,就是将各步骤生产耗费按照完工产成品与月末广义在产品定额成本或定额消耗量的比例进行分配,以确定各步骤耗费中应计入产成品成本的份额。其中,直接材料耗费,按原材料的定额成本的比例分配;直接人工和制造费用等加工成本,一般根据定额工时比例分配。

$$\frac{材料费用}{分配率} = \left(\begin{array}{c}期初结存\\材料费用\end{array} + \begin{array}{c}本期发生\\材料费用\end{array}\right) \bigg/ \left(\begin{array}{c}完工产品\\定额材料\\成本\end{array} + \begin{array}{c}广义在产品\\定额材料成本\end{array}\right)$$

应计入完工产品成本的材料费用"份额"=完工产品定额材料成本×材料费用分配率

广义在产品应负担的材料费用=广义在产品定额材料成本×材料费用分配率

$$\frac{其他费用}{分配率} = \left(\begin{array}{c}期初结存\\其他费用\end{array} + \begin{array}{c}本期发生\\其他费用\end{array}\right) \bigg/ \left(\begin{array}{c}完工产品\\定额工时\end{array} + \begin{array}{c}广义在产品\\定额工时\end{array}\right)$$

应计入完工产品成本的其他费用"份额"=完工产品定额工时×其他费用分配率

广义在产品应负担的其他费用=广义在产品定额工时×其他费用分配率

2. 按约当产量法确定各步骤应计入产成品成本的"份额"

【任务6-10】 锦江公司生产的丁产品经过三个车间连续加工制成,第一车间生产D半成品,直接转入二车间加工制成H半成品,H半成品直接转入三车间加工成丁产成品。其中,1件丁产品耗用1件H半成品,1件H半成品耗用1件D半成品。原材料于第一车间生产开始时一次投入,第二车间和第三车间不再投入材料。各车间月末在产品完工率均为50%。各车间生产费用在完工产品和在产品之间的分配采用约当产量法。2009年10月有关资料如下。

(1) 本月产品产量资料如表6-51所示。

表6-51　　　　　　　　　　　　　　**产量记录**

单位:件

项目	第一步	第二步	第三步
月初在产品数量	500	100	300
本月投产数量	400	600	400
本月完工产品数量	600	400	500
月末在产品数量	300	300	200
在产品完工程度	50%	50%	50%

(2) 产品费用资料如表6-52所示。

表6-52　　　　　　　　　　　**月初在产品成本和本月生产费用发生额**

金额单位:元

项目	月初在产品				本月发生费用			
	第一生产步骤	第二生产步骤	第三生产步骤	合计	第一生产步骤	第二生产步骤	第三生产步骤	合计
直接材料	29 000			29 000	36 000			36 000
直接人工	868	1 150	300	2 318	1 032	2 650	1 200	4 882
制造费用	2 546	1 654	875	5 075	3 054	3 546	1 625	8 225
合计	32 414	2 804	1 175	36 393	40 086	6 196	2 825	49 107

根据上述资料,按平行结转分步法计算丁产品成本。丁产品的成本计算单如表6-53至表6-57所示。

表6-53　　　　　　　　　　　　**第一生产步骤产品成本计算单**

D半成品　　　　　　　　　　　　2020年10月　　　　　　　　　　　金额单位:元

成本项目	直接材料	直接人工	制造费用	合计
月初在产品成本	29 000	868	2 546	32 414
本月发生费用	36 000	1 032	3 054	40 086
合计	65 000	1 900	5 600	72 500

续表

成本项目	直接材料	直接人工	制造费用	合计
应计入产成品成本份额	25 000	826.07	2 434.76	28 260.83
月末在产品成本	40 000	1 073.93	3 165.24	44 239.17

表 6-54　　　　　　　　　第二生产步骤产品成本计算单
H 半成品　　　　　　　　　2020 年 10 月　　　　　　　　金额单位：元

成本项目	直接材料	直接人工	制造费用	合计
月初在产品成本		1 150	1 654	2 804
本月发生费用		2 650	3 546	6 196
合计		3 800	5 200	9 000
应计入产成品成本份额		2 235.29	3 058.84	5 294.13
月末在产品成本		1 564.71	2 141.16	3 705.87

表 6-55　　　　　　　　　第三生产步骤产品成本计算单
丁产品　　　　　　　　　　2020 年 10 月　　　　　　　　金额单位：元

成本项目	直接材料	直接人工	制造费用	合计
月初在产品成本		300	875	1 175
本月发生费用		1 200	1 625	2 825
合计		1 500	2 500	4 000
应计入产成品成本份额		1 250	2 083.33	3 333.33
月末在产品成本		250	416.67	666.67

表 6-56　　　　　　　　　　丁产品成本计算单
　　　　　　　　　　　　　　2020 年 10 月　　　　　　　　金额单位：元

成本项目	直接材料	直接人工	制造费用	合计
第一生产步骤转入份额	25 000	826.07	2 434.76	28 260.83
第二生产步骤转入份额		2 235.29	3 058.84	5 294.13
第三生产步骤转入份额		1 250	2 083.33	3 333.33
总成本	25 000	4 311.36	7 576.93	36 888.29
单位成本	50	8.62	15.15	73.77

平行结转分步法中的约当产量的计算方法如表6-57所示。

表6-57　　　　　　　　　　约当产量计算表

单位:件

项目	第一生产步骤		第二生产步骤		第三生产步骤	
	材料约当产量	加工约当产量	材料约当产量	加工约当产量	材料约当产量	加工约当产量
最终产成数量	500	500	500	500	500	500
广义在产品数量	300+300+200=800	150+300+200=650	300+200=500	150+200=350	200	100
合计	1 300	1 150	1 000	850	700	600

平行结转分步法下各项费用的分配如表6-58所示。

表6-58　　　　　　　　平行结转分步法下的费用分配表

金额单位:元

成本项目	第一生产步骤		第二生产步骤		第三生产步骤	
	计入产成品成本份额	月末在产品成本	计入产成品成本份额	月末在产品成本	计入产成品成本份额	月末在产品成本
直接材料	65 000−40 000=25 000	$\frac{65\,000}{500+800}\times 800=40\,000$				
直接人工	1 900−1 073.93=826.07	$\frac{1\,900}{500+650}\times 650=1\,073.93$	3 800−1 564.7=2 235.29	$\frac{3\,800}{500+350}\times 350=1\,564.7$	1 500−250=1 250	$\frac{1\,500}{500+100}\times 100=250$
制造费用	5 600−3 165.24=2 434.76	$\frac{5\,600}{500+650}\times 650=3\,165.24$	5 200−2 141.16=3 058.84	$\frac{5\,200}{500+350}\times 350=2\,141.16$	2 500−416.67=2 083.33	$\frac{2\,500}{500+100}\times 100=416.67$
合计	8 260.83	44 239.17	5 294.13	3 705.87	3 333.33	666.67

在连续式多步骤生产的条件下,如果采用平行结转分步法计算完工产品成本,则等于各步骤应计入完工产品成本中的"份额"之和。某步骤应计入产成品成本中的"份额"是按下式计算的:

某步骤应计入产成品成本的份额 = 产成品产量 × 所耗本步骤半成品数量 × 单位产成品该成本项目费用分配率

$$\text{某成本项目分配率} = \left(\text{该步骤月初在产品成本} + \text{该步骤本月发生费用}\right) / \text{该步骤产品的约当总产量}$$

$$\text{某步骤产品约当总产量} = \text{本月最终产成品数量} + \text{该步骤广义在产品约当产量}$$

$$\text{某步骤广义在产品约当产量} = \text{本步骤在产品约当产量} + \text{经本步骤加工转入后面各步骤的半成品数量及入库的半成品数量}$$

在平行结转分步法下,合理确定各步骤应计入完工产品成本中的"份额",是这种方法的关键。各步骤应计入产成品的"份额",一般按下列公式计算:

$$\text{某步骤计入产品成本的份额} = \text{产成品数量} \times \frac{\text{单位产成品耗用该步骤半成品数量}}{} \times \text{该步骤半成品单位成本}$$

【任务6—11】分析逐步结转分步法和平行结转分步法的区别

1. 成本管理的要求不同

逐步结转分步法是计算半成品成本的分步法,平行结转分步法是不计算半成品成本的分步法。是否需要计算半成品成本,取决于成本管理的要求。这两种计算的方法的区别,表现在它们体现了不同的成本管理要求。

如果企业自制半成品对外销售,或半成品成本是进行同行业成本评比的重要指标,或某种半成品为企业多种产品共同耗用,在成本管理上就需要计算半成品成本,成本计算就应该采用逐步结转分步法。逐步结转分步法可以为分析和考核各生产步骤半成品成本计划的完成情况,为正确地计算半成品的销售成本提供资料。

如果企业半成品种类较多,且不对外销售,在成本管理上也不要求计算半成品的成本,就采用平行结转分步法。这样,各生产步骤可以同时计算应计入产成品成本的份额,无须逐步计算和结转半成品的成本。

2. 成本的计算方式不同

逐步结转分步法是按照生产步骤,逐步计算和结转半成品的成本,直到最后步骤计算出完工产品的成本。各生产步骤的成本核算需要等待上一步骤的成本核算结果。如果半成品采用综合结转法,为反映企业产品成本的构成,还须进行成本还原,从而增加了成本核算的工作量。采用分项结转法,虽然可以直接提供按原始成本项目反映的成本构成,不需要成本还原,但各步骤成本结转比较复杂。逐步结转分步法核算工作量较大,不便于核算工作的分工,核算工作的效率也比较低。

平行结转分步法是将各生产步骤应计入产品成品的份额平行结转加以汇总,来计算产品成本的。各步骤应计入产品成本的份额可以同时计算,无须等待,可以简化和加速成本核算工作。

3. 在产品的含义不同

在逐步结转分步法下,各生产步骤完工产品和在产品之间分配费用,这里的各步骤的完工产品是指各该步骤完工半成品(只有最后一个步骤才是完工产成品);而在产品是指各该步骤狭义的在产品,即正在各该步骤加工中的在产品。在逐步结转分步法下,半成品的成本随着半成品的实物转移而结转,各生产步骤在产品成本的发生地和在产品的所在地是一致的。这样,有利于在产品和半成品的管理。

在平行结转分步法下,各生产步骤完工产品和在产品之间分配费用,这里的各生产步骤完工产品均指在企业已完成全部生产加工过程,验收入库的产成品;而在产品是指广义在产品,广义在产品包括:尚在本步骤加工中的在产品(狭义在产品),也包括本步骤已完工转入半成品库的半成品,还包括已从半成品库转到以后各步骤进一步加工,尚未最终完工的产品。在平行结转法分步法下,半成品的实物已经转移而半成品的成本仍留在各生产步骤,各生产步骤在产品成本的发生地和在产品的所在地往往是不一致的,这不利于在产品和半成品的管理。

【任务小结】

产品成本计算方法,是指将一定会计期间发生的生产费用归集到一定的产品成本计算对象,据以确定各种产品总成本与单位成本的方法。产品成本计算对象的确定是进行产品成本计算的前提。决定产品成本计算对象的因素主要是企业生产类型和管理要求,它们影响产品成本计算对象的确定、成本计算期的确定和生产费用在完工产品与期末在产品之间的分配。由于企业生产类型和管理要求的影响,形成了不同的产品成本计算方法。成本计算的基本方法有品种法、分批法、分步法。

品种法是以产品品种为对象归集生产费用计算产品成本的一种方法,其特点是以产品品种作为成本计算对象;以会计期间作为产品成本计算期;月末通常会有在产品,需要将生产费用在本月完工产品与月末在产品之间进行分配。主要适用于大量大批单步骤生产的企业和管理上不要求分步骤计算产品成本的大量大批多步骤生产企业。

分批法是按产品的批别归集生产费用,计算产品成本的一种方法。主要适用于单件、小批且管理上不要求分步骤计算成本的多步骤生产企业和管理上要求分批计算成本的单件小批单步骤生产企业。其特点是以产品的批次或订单作为成本计算对象;成本计算期与产品的生产周期相同,与会计核算的报告期不一致;月末不需要在完工产品与在产品之间分配费用。如各月投产的产品批数多、生产周期长、月末未完工产品的批别较多时,为了简化计算,可采用简化分批法,将各批产品每月发生的人工费用、制造费用等间接费用,不是按月在各批产品之间分配,而是先累计起来,直到产品完工的那个月份,再按完工产品累计生产工时比例,在各批完工产品之间进行分配。

产品成本计算分步法,是按照产品的生产步骤归集生产费用,计算产品成本的一种方法。它主要适用于大量大批多步骤生产的企业。其特点是以各生产步骤的产品作为成本计算对象;以会计报告期作为成本计算期;月末要将生产费用在完工产品和月末在产品之间进行分配。分步法按照各步骤之间是否结转半成品成本又分为逐步结转分步法和平行结转分步法两种。

逐步结转分步法主要适用于大量大批多步骤生产,且在管理上有必要提供半成品成本资料的企业,尤其是各步骤所产半成品作为商品对外销售的企业。其特点是采用逐步结转分步法计算各步骤成本,要按照产品的加工顺序,逐步计算并结转半成品成本,上一步骤所产半成品的成本,随着半成品实物的转移,从上一步骤的成本计算单转入下一步骤相同产品的成本计算单中,以便逐步计算各步骤的半成品成本,最后一个步骤即为完工产品成本。逐步结转分步法按照半成品成本在下一步骤成本计算单中反映的方法,可分为综合结转分步法和分项结转分步法两种。综合结转分步法是将各生产步骤所耗用的上一步骤的半成品成本,以其合计数综合记入下一步骤的产品成本计算单中的半成品或原材料成本项目中去。综合结转分步法不能直接提供按原始成本项目反映的成本资料,对计算出的产成品成本需要进行成本还原。

平行结转分步法,也称为不计算半成品成本的分步法。它主要适用于成本管理上不要求计算半成品成本的企业,特别是半成品不对外销售的大量大批装配式多步骤生产企业。特点是,各步骤不计算半成品成本,只计算本步骤所发生的生产费用;各步骤之间不结转半成品成本,只在企业的产成品入库时才将各步骤费用中应计入产成品的份额从各步骤产品明细账中转出,不通过"自制半成品账户"进行核算,即半成品成本不随半成品实物转移而结转。每一步骤的生产费用需采用适当的方法,在其完工产品与月末广义在产品之间分配。

品种法、分批法、分步法是产品计算的基本方法,也是主要方法,其中品种法是最基本的方法,是其他成本计算方法的基础。

【任务强化与实操】

一、单项选择

1. 生产类型和管理要求对成本计算方法的影响主要表现在( )。
A. 生产组织的特点　　　　　　　　B. 工艺过程的特点
C. 生产管理的要求　　　　　　　　D. 产品成本计算对象的确定

2. 下列成本计算方法中不属于成本计算基本方法的是( )。
A. 品种法　　　　B. 分类法　　　　C. 分步法　　　　D. 分批法

3. 在大批大量简单生产的企业里,要求连续不断地重复生产一种或者若干种产品,而在管理上只要求而且只能按照( )。
A. 产品的批别计算成本　　　　　　B. 产品的品种计算成本
C. 产品的类别计算成本　　　　　　D. 产品的步骤计算成本

4. 决定成本计算对象的因素是生产类型和( )。
A. 成本计算实体　　　　　　　　　B. 成本计算时期
C. 成本管理要求　　　　　　　　　D. 成本计算方法

5. 下列方法中最基本的成本计算方法是( )。
A. 品种法　　　　B. 分批法　　　　C. 分步法　　　　D. 定额法

6. 品种法的特点是( )。
A. 分批计算产品成本　　　　　　　B. 分步计算产品成本
C. 既分品种又分步计算产品成本　　D. 分品种计算产品成本

7. 品种法的成本计算期与( )是一致的。
A. 生产周期　　　　　　　　　　　B. 会计月度
C. 会计年度　　　　　　　　　　　D. 产品完工日期

8. 品种法的成本计算对象是( )。
A. 产品品种　　　　　　　　　　　B. 产品的批别或订单
C. 产品生产工序　　　　　　　　　D. 各种产品的类别

9. 如果企业只生产一种产品,那么发生的费用( )。
A. 都要进行分配后计入　　　　　　B. 全部是间接计入
C. 全部是直接计入　　　　　　　　D. 部分直接计入,部分间接计入

10.分批法的成本计算对象是（　　）。
A.产品的批别　　B.产品的品种　　C.生产的步骤　　D.产品的订单

11.分批法的特点是（　　）。
A.按品种计算产品成本　　　　　　B.按月计算产品成本
C.按步骤计算产品成本　　　　　　D.按批别计算产品成本

12.通常情况下，可采用分批法计算产品成本的企业是（　　）。
A.纺织厂　　　　B.发电厂　　　　C.造纸厂　　　　D.造船厂

13.分批法的成本计算期一般按（　　）。
A.月份归集　　　B.生产合同　　　C.生产周期　　　D.会计核算期

14.采用分批法计算产品成本的企业，其成本计算单的设置应按（　　）。
A.产品批号　　　B.生产日期　　　C.产品种类　　　D.客户要求

15.分批法一般是按客户的订单来组织生产的，所以也叫（　　）。
A.订单法　　　　B.系数法　　　　C.分类法　　　　D.定额法

16.采用简化的分批法，在各批产品完工以前，产品基本生产成本明细账（　　）。
A.只登记生产工时和人工费用　　　　B.只登记生产工时和直接费用
C.只登记生产工时和间接费用　　　　D.只登记人工费用和材料费用

17.在简化分批法下，累计间接费用分配率（　　）。
A.只是在各批完工产品之间分配间接费用的依据
B.只是在各批在产品之间分配间接费用的依据
C.既是各批完工产品之间，也是完工产品与在产品之间分配间接费用的依据
D.只是完工产品与在产品之间分配间接费用的依据

18.简化的分批法与分批法的区别主要表现在（　　）。
A.不分批计算在产品成本　　　　　B.不分批计算完工产品成本
C.不进行间接费用的分配　　　　　D.不分批核算原材料费用

19.分步法适用于（　　）。
A.大量大批多步骤生产　　　　　　B.单件生产
C.小批生产　　　　　　　　　　　D.大量大批单步骤生产

20.产品成本计算的分步法是（　　）。
A.分车间计算产品成本的方法
B.计算各步骤半成品和最后步骤产品成本的方法
C.按实际生产步骤计算产品成本的方法
D.不计算在产品成本的方法

21.下列方法中需要进行成本还原的是（　　）。
A.逐步结转分步法　　　　　　　　B.综合结转分步法
C.分项结转分步法　　　　　　　　D.平行结转分步法

22.成本还原就是从最后一个步骤起，把各步骤所耗上一步骤半成品成本，按照（　　）逐步分解，还原算出按原始成本项目反映的产成品成本。
A.本月所耗半成品成本结构　　　　B.本月完工产品成本的结构
C.上一步骤所产该种半成品成本的结构　　D.上一步骤月末在产品成本的结构

23.某产品采用逐步综合结转法计算产品成本,本月第一步骤发生的费用为50 000元,完工半成品成本为40 000元,本月第二步骤发生的费用为20 000元,完工产品成本中所耗上一步骤"半成品"项目金额为36 000元。该产品的成本还原率为( )。
  A.0.5   B.0.9   C.1.2   D.1.8
24.将各步骤所耗用半成品费用,按照成本项目分项转入各步骤产品成本明细账的各个成本项目中的分步法是( )。
  A.综合结转分步法   B.分项结转分步法
  C.平行结转分步法   D.逐步结转分步法
25.在平行结转分步法下,完工产品与月末在产品之间的费用分配是指( )。
  A.在各步骤完工半成品与狭义在产品之间分配   B.在产品与广义在产品之间分配
  C.在各步骤完工半成品与广义在产品之间分配   D.在产成品与狭义在产品之间分配

二、多项选择
1.受生产类型和管理要求影响,产品成本计算的对象有( )。
  A.产品品种   B.产品类别   C.产品批别   D.产品生产步骤
2.下列方法中属于产品成本计算基本方法的有( )。
  A.分步法   B.分类法   C.品种法   D.分批法
3.产品成本计算品种法的适用范围是( )。
  A.大量大批的单步骤生产   B.要求分步骤计算成本的多步骤生产
  C.封闭式车间进行的产品生产   D.不要求分步骤计算成本的多步骤生产
4.下列企业中,适合运用品种法计算产品成本的有( )。
  A.发电厂   B.小型水泥厂   C.拖拉机厂   D.煤矿
5.以下各项中,属于品种法特点的有( )。
  A.以产品的品种为成本计算对象   B.计算期与生产周期一致
  C.一般适用于大量大批的生产   D.按月定期计算产品成本
6.下面对品种法表述正确的有( )。
  A.以产品品种作为成本计算对象   B.成本计算程序较为复杂
  C.成本计算期与会计报告期一致   D.可用于大量单步骤生产产品的企业
7.品种法是( )。
  A.最基本的成本计算方法   B.通常需要计算在产品成本
  C.要求按批别计算成本   D.以产品品种作为成本计算对象的方法
8.分批法适用于( )。
  A.小批生产   B.大批生产   C.单件生产   D.多步骤生产
9.分批法下,产品批别可以按( )确定。
  A.客户的订单   B.一张订单下不同的产品
  C.相同产品的不同订单   D.产品的种类
10.采用分批法计算产品成本时,如果批内产品跨月陆续完工的情况不多,完工产品数量占全部批量的比重很小,那么先完工的产品可以按( )计价从产品基本生产成本明细账转出。
  A.按计划单位成本   B.按定额单位成本
  C.按近期相同产品的实际单位成本   D.按实际单位成本

11.采用分批法计算产品成本时,如果批内产品跨月陆续完工的情况较多,完工产品数量占全部批量的比重较大,那么可以采用( )在完工产品和在产品之间分配费用。
A.约当产量比例法　　　　　　　　B.按近期相同产品的实际单位成本计价方法
C.定额比例法　　　　　　　　　　D.计划单位成本计价方法

12.简化分批法下,不可能按约当产量比例分配的费用有( )。
A.原材料费用　　　B.动力费用　　　C.人工费　　　D.制造费用

13.简化分批法下,产品成本明细账中应登记的内容是( )。
A.完工产品的生产工时　　　　　　B.月末在产品的直接计入费用
C.月末在产品的生产工时　　　　　D.月末在产品的间接计入费用

14.简化分批法下,"基本生产二级账"中应登记的内容是( )。
A.本月发生的原材料费用　　　　　B.本月发生的各项间接计入费用
C.月末在产品的原材料费用　　　　D.月末在产品的累计工时

15.分步法适用于( )。
A.大量大批单步骤生产企业　　　　B.单件小批生产企业
C.要求分步骤计算成本的多步骤生产企业　　D.半成品需要对外销售的多步骤生产企业

16.对于逐步结转分步法,下列说法中正确的有( )。
A.各步骤的在产品成本是狭义在产品成本　　B.各步骤的在产品成本是广义在产品成本
C.半成品成本不随半成品实物转移而转移　　D.半成品成本随半成品实物的转移而转移

17.采用逐步结转分步法,按照结转的半成品成本在下一步骤基本生产成本明细账中反映方法不同,可分为( )。
A.综合结转分步法　　　　　　　　B.分项结转分步法
C.按实际成本结转分步法　　　　　D.按计划成本结转分步法

18.逐步结转分步法的特点有( )。
A.半成品成本随着实物的转移而结转　　　B.可以计算出半成品成本
C.期末在产品是指广义在产品　　　　　　D.期末在产品是指狭义在产品

19.平行结转分步法下的在产品包括( )。
A.正在本步骤加工的在产品
B.本步骤完工后转入半成品仓库的半成品
C.从半成品仓库转入以后各步骤进一步加工但尚未最终完成的在产品
D.最后步骤完工入库的完工产品

20.采用分项结转分步法结转半成品成本的缺点是( )。
A.能够按原始成本项目反映产品成本
B.半成品成本结转工作量大
C.各步骤完工产品成本中看不出所耗上一步骤半成品成本和本步骤加工费用
D.不便于对完工产品成本进行综合分析

21.采用综合结转分步法结转半成品时,可以按( )结转至下一生产步骤。
A.计划成本　　　B.定额成本　　　C.实际成本　　　D.标准成本

22.采用综合结转分步法,根据需要而进行成本还原时,所计算的成本还原率可能会( )。
A.大于1　　　B.小于1　　　C.等于1　　　D.等于0

23.与逐步结转分步法相比,平行结转分步法的缺点是( )。
A.各步骤不能同时计算产品成本　　B.不便于各生产步骤完工产品的成本分析
C.不能为实物管理和资金管理提供资料　D.不能提供各步骤的半成品成本资料

三、判断

1.品种法不需要在各种产品之间分配费用,也不需要在完工产品和月末在产品之间分配费用,所以也称单一品种法。( )

2.企业的产品生产按照工艺计算过程可分为简单生产和复杂生产。( )

3.从生产工艺过程看,品种法只适用于简单生产。( )

4.无论采用何种方法计算产品成本,都必须进行在产品的计价。( )

5.品种法只适用于单步骤生产的企业。( )

6.品种法一般适用于大批大量多步骤生产企业的产品成本计算。( )

7.采用品种法计算产品成本时,成本的计算期与报告期一致。( )

8.对于多步骤生产的企业,当采用品种法计算产品成本时,往往需要将生产费用在完工产品与在产品之间进行分配。( )

9.分批法下的产品批量必须与购买者的订单一致。( )

10.采用分批法,如果批内产品跨月陆续完工情况不多,完工产品数量占全部批量比重较小,那么完工产品可按计划成本或定额成本计算。( )

11.如果一张订单规定有几种产品,应合为一批组织生产。( )

12.采用分批法计算产品成本时,必须在该批产品全部完工时才计算成本。( )

13.简化的分批法是不分批计算在产品成本的分批法。( )

14.采用简化的分批法,必须设置基本生产成本二级。( )

15.采用简化的分批法,在间接费用水平相差悬殊的情况下,会影响成本计算的正确性。( )

16.采用简化分批法时,某批完工产品应负担的间接费用应该等于该批完工产品当月耗用的工时数乘以全部产品累计间接费用分配率。( )

17.分步计算产品成本不一定就是分生产车间计算产品成本。( )

18.平行结转分步法,各步骤的生产费用都要在完工产品和广义在产品之间进行分配。( )

19.平行结转分步法下,不需要设置"自制半成品"账户。( )

20.分步法均应顺序结转半成品成本,最后步骤计算出完工产品成本。( )

21.成本还原的对象是还原前完工产品成本中的半成品的综合成本。( )

22.采用平行结转分步法时,各生产步骤都不能全面反映其生产耗费水平。( )

23.在平行结转分步法下,参与生产费用分配的在产品是指广义的在产品。( )

四、任务实操

(一)练习产品成本核算的品种法

1.核算资料:宏运工厂有一个基本生产车间,单步骤大量生产甲、乙两种产品,该公司2020年5月的有关成本资料如表6—1—1至表6—1—4所示。该公司有关费用的分配方法如下。

(1)甲、乙产品耗用的原材料均系开工时一次投入。

(2)甲、乙共同耗用的材料按定额耗用量比例法分配。

(3)生产工人人工费用按甲、乙产品实际工时比例分配。

(4)甲产品按定额比例法将生产费用在完工产品和在产品之间进行分配;乙产品按约当产

量法将生产费用在完工产品和在产品之间进行分配,乙产品月末在产品的完工程度为50%。

表6-1-1　　　　　　　　　　　　　产量资料
2020年5月　　　　　　　　　　　　　　　　　单位:件

产品名称	月初在产品	本月投产	本月完工产品	月末在产品
甲产品	100	650	500	250
乙产品	150	500	550	100

表6-1-2　　　　　　　　　　　　月初在产品成本
2020年5月　　　　　　　　　　　　　　　　　单位:元

产品名称	直接材料	直接人工	制造费用	合计
甲产品	2 000	600	400	3 000
乙产品	1 100	700	300	2 100

表6-1-3　　　　　　　　　　　本月发生的生产费用
2020年5月　　　　　　　　　　　　　　　　　单位:元

用途＼费用要素	甲产品生产用	乙产品生产用	甲乙产品共同耗用	基本生产一般耗用	合计
A材料	3 000	4 800			7 800
B材料			25 000		25 000
C材料				5 000	5 000
人工费用			17 200	2 000	19 200
折旧费				1 000	1 000
办公费				4 000	4 000
水电费				900	900
合计	3 000	4 800	42 200	12 900	62 900

表6-1-4　　　　　　　　　　　　其他有关资料
2020年5月

项目	B材料消耗定额（千克）	实际耗用工时（小时）	材料定额成本（元）	定额工时（小时）
甲产品	1 000	4 000		
乙产品	1 500	4 600		
甲完工产品			7 500	5 500
甲在产品			5 000	2 500
合计	2 500	8 600	12 500	8 000

2.要求

(1)设置基本生产车间的"基本生产成本明细账—甲产品"(见表 6－1－10)、"基本生产成本明细账—乙产品"(见表 6－1－11)、"制造费用明细账"(见表 6－1－12)。

(2)编制"材料费用分配汇总表"(见表 6－1－5)、"人工费用分配汇总表"(见表 6－1－6),编制会计分录,登记有关账簿。

(3)编制计提折旧、办公费、水电费耗用的会计分录(假设办公费的对应科目为"银行存款",水电费的对应科目为"应付账款"),并登记有关账簿。

(4)根据"制造费用明细账"编制"制造费用明分配表"(见表 6－1－7),编制会计分录,登记有关账簿。

(5)根据"甲、乙产品明细账"归集的生产费用,编制"完工产品与月末在产品成本计算单"(见表 6－1－8、表 6－1－9),编制会计分录,登记有关账簿。

表 6－1－5　　　　　　　　　　**材料费用分配汇总表**

2020 年 5 月

材料用途		B 材料			A 材料	C 材料	合计
		定额耗用量(千克)	分配率	分配额			
产品领用	甲产品						
	乙产品						
小计							
车间一般耗用							
合计							

表 6－1－6　　　　　　　　　　**人工费用分配汇总表**

2020 年 5 月　　　　　　　　　　　　　　　金额单位:元

工资		实际工时(小时)	分配率	分配额
产品生产人员工资	甲产品			
	乙产品			
小计				
车间管理人员工资				
合计				

表 6－1－7　　　　　　　　　　**制造费分配表**

2020 年 5 月　　　　　　　　　　　　　　　金额单位:元

受益对象	实际工时(小时)	分配率	分配额
甲产品			
乙产品			
合计			

表6-1-8　　　　　　　　　　完工产品与月末在产品成本计算单

产品名称：甲产品　　　　　　　2020年5月　　　　　　　　　金额单位：元

成本项目		原材料	直接人工	制造费用	合计
期初在产品					
本期生产费用					
生产费用合计					
费用分配率					
完工产品费用（500件）	定额				
	实际				
	单位成本				
月末在产品费用（250件）	定额				
	实际				

表6-1-9　　　　　　　　　　完工产品与月末在产品成本计算单

产品名称：乙产品　　　　　　　2020年5月　　　　　　　　　金额单位：元

成本项目	直接材料	直接人工	制造费用	合计
期初在产品				
本期生产费用				
生产费用合计				
完工产品数量				
月末在产品约当产量				
约当总产量				
分配率				
完工产品成本				
单位成本				
月末在产品成本				

表 6-1-10　　　　　　　　　　　　　基本生产成本明细账
产品:甲产品　　　　　　　　　　　　　　　　　　　　　　　　　金额单位:元

2020年		凭证字号	摘要	直接材料	直接人工	制造费用	合计
月	日						

表 6-1-11　　　　　　　　　　　　　基本生产成本明细账
产品:乙产品　　　　　　　　　　　　　　　　　　　　　　　　　金额单位:元

2020年		凭证字号	摘要	直接材料	直接人工	制造费用	合计
月	日						

表 6-1-12　　　　　　　　　　　　　制造费用明细账
车间:基本生产车间　　　　　　　　　　　　　　　　　　　　　　金额单位:元

2020年		凭证字号	摘要	材料费	人工费	折旧费	水电费	办公费	合计
月	日								

(二)练习产品成本核算的一般分批法

1.资料:某制造企业根据客户订单小批生产甲、乙两种产品,采用分批法计算产品成本。2020年7月生产情况及生产费用发生情况如表6—2—1、表6—2—2所示。

(1)本月份生产产品的批号。

501批号甲产品10台,5月投产,本月全部完工。

601批号甲产品20台,6月投产,本月完工13台,未完工7台。

701批号乙产品18台,本月投产,计划8月完工,本月提前完工2台。

(2)本月的成本资料。

1)各批产品月初在产品成本。

表6—2—1　　　　　　　　　月初在产品成本资料

单位:元

批号	原材料	燃料及动力	直接人工	制造费用	合计
501	13 000	14 000	7 000	3 500	37 500
601	25 000	20 000	11 000	7 700	63 700

2)根据各种费用分配表,汇总各批产品本月发生的生产费用。

表6—2—2

单位:元

批号	原材料	燃料及动力	直接人工	制造费用	合计
501		6 300	6 000	1 900	14 200
601		7 500	12 000	5 400	24 900
701	18 000	16 000	11 500	6 100	51 600

3)各批完工产品与在产品之间分配费用的方法。

601批号甲产品,本月完工产品占该批产品比重较大,采用约当产量法将本月累计生产费用在完工产品与月末在产品之间分配。原材料在生产开始时一次投入,月末在产品完工程度为70%。

701批号乙产品,本月完工数量占该批产品比重较小,为简化核算,完工产品成本按定额成本结转。单位完工产品定额成本为:原材料1 100元,燃料及动力900元,直接人工600元,制造费用350元,合计2 950元。

2.要求:

根据上述各项资料,计算501批号甲产品全部完工产品的总成本和单位成本表6—2—3;计算601批号甲产品表6—2—4和701批号乙产品表6—2—5的完工产品总成本及月末在产品成本;编制完工产品入库的会计分录。

表 6－2－3　　　　　　　　　　　　　生产成本明细账
产品批号:501　　　　购货单位:祥瑞工厂　　　　投产日期:5月
产品名称:甲产品　　　　批量:10台　　　　　　完工日期:7月

项目	直接材料	燃料及动力	直接人工	制造费用	合计
月初在产品成本					
本月生产费用					
生产费用合计					
完工产品成本					
完工产品单位成本					

表 6－2－4　　　　　　　　　　　　　生产成本明细账
产品批号:601　　　　购货单位:春城工厂　　　　投产日期:6月
产品名称:甲产品　　　　批量:20台　　　　　　完工日期:7月
　　　　　　　　　　　（本月完工13台）

项目	直接材料	燃料及动力	直接人工	制造费用	合计
月初在产品成本					
本月生产费用					
生产费用合计					
完工产品成本					
月末在产品成本					

表 6－2－5　　　　　　　　　　　　　生产成本明细账
产品批号:701　　　　购货单位:春城工厂　　　　投产日期:7月
产品名称:乙产品　　　　批量:18台　　　　　　完工日期:7月
　　　　　　　　　　　（本月完工2台）

项目	直接材料	燃料及动力	直接人工	制造费用	合　计
本月生产费用					
单位定额成本					
完工产品成本					
月末在产品成本					

(三)练习成本计算的简化分批法

1.资料:某产品制造企业小批生产多种产品,该企业2020年9月的产品批号有:
(1) 701批号甲产品6件,7月投产,本月完工。
801批号乙产品12件,8月投产,本月完工2件。
802批号甲产品8件,8月投产,尚未完工。

901批号丙产品4件,9月投产,尚未完工。

(2)各批号产品各月发生的原材料和工时的资料如表6—3—1所示。

表6—3—1

产品批号	月份	原材料(元)	工时(小时)
701	7	5 800	5 430
	8	1 130	8 870
	9	1 210	16 700
801	8	13 350	28 630
	9		14 140
802	8	9 840	19 070
	9	2 980	42 080
901	9	19 910	28 580

801批号产品的原材料在生产开始时一次投入,其完工2件的工时为10 460小时,在产品10件的工时为32 310小时。

(3)8月该厂全部在产品的人工费用为23 850元,制造费用为36 060元。

9月该厂发生的人工费用为41 550元,制造费用为45 690元。

2.要求:

根据上述资料,用简化分批法——累计间接费用分配法计算各批产品成本。

表6—3—2   基本生产二级账

(各批产品总成本)   金额单位:元

月	日	摘要	直接材料	生产工时	直接人工	制造费用	合计
8	31	在产品					
9	30	本月发生					
9	30	累计					
9	30	全部产品累计间接费用分配率					
9	30	本月完工产品转出					
9	30	月末在产品					

表 6-3-3 生产成本明细账
产品批号:701　　　购货单位:万里工厂　　　投产日期:7月
产品名称:甲产品　　　批量:6件　　　完工日期:9月
(本月完工6件)

月	日	摘要	直接材料	生产工时	直接人工	制造费用	合计
7	31	本月发生					
8	31	本月发生					
9	30	本月发生					
9	30	累计数及累计间接费用分配率					
9	30	本月完工产品转出					
9	30	完工产品单位成本					

表 6-3-4 生产成本明细账
产品批号:801　　　购货单位:大恒工厂　　　投产日期:8月
产品名称:乙产品　　　批量:12件　　　完工日期:9月
(完工2件)

月	日	摘要	直接材料	生产工时	直接人工	制造费用	合计
8	31	本月发生					
9	30	本月发生					
9	30	累计数及累计间接费用分配率					
9	30	本月完工产品(2件)转出					
9	30	完工产品单位成本					
9	30	在产品					

表 6-3-5 生产成本明细账
产品批号:802　　　购货单位:大兴工厂　　　投产日期:8月
产品名称:甲产品　　　批量:8件　　　完工日期:

月	日	摘要	直接材料	生产工时	直接人工	制造费用	合计
8	31	本月发生					
9	30	本月发生					

表 6-3-6　　　　　　　　　　　　　　**产品成本明细账**

产品批号:901　　　　购货单位:东方集团　　　　投产日期:8月

产品名称:丙产品　　　批量:4件　　　　　　　　完工日期:

月	日	摘要	直接材料	生产工时	直接人工	制造费用	合计
9	30	本月发生					

(四)练习产品成本计算的综合结转分步法、成本还原及分项结转分步法

某企业甲产品经过三个车间连续加工制成,一车间生产第一步骤 A 半成品,直接转入二车间加工制成第二步骤 B 半成品,第二步骤 B 半成品直接转入三车间加工成第三步骤甲产品。原材料于生产开始时一次投入,各车间月末在产品完工率均为50%。各车间生产费用在完工产品和在产品之间的分配采用约当产量法。

该企业2020年4月有关资料如表 6-4-1、表 6-4-2 所示。

表 6-4-1　　　　　　　　　　　**各车间的产量资料**

2020 年 4 月

摘要	第一步骤 A 半成品	第二步骤 B 半成品	第三步骤 甲产品
月初在产品数量	20	30	50
本月投产数量或上步转入	190	180	190
本月完工产品数量	180	190	200
月末在产品数量	30	20	40

表 6-4-2　　　　　　　　　　**各车间月初、本月生产费用资料**

2020 年 4 月

摘要		直接材料	直接人工	制造费用	合计
第一步骤 A 半成品	月初在产品成本	6 000	3 000	1 000	10 000
	本月生产费用	54 000	27 000	9 000	90 000
第二步骤 B 半成品	月初在产品成本		4 500	1 500	6 000
	本月生产费用		31 500	10 500	42 000
第三步骤 甲产品	月初在产品成本		9 000	3 000	12 000
	本月生产费用		72 000	24 000	96 000

任务要求:

(1)根据上述资料开设甲产品三个生产步骤的基本生产成本明细账见表 6-4-3、表 6-4-4、表 6-4-5,并计入期初在产品成本和本月生产费用。

(2)根据上述资料采用逐步结转分步法的综合结转分步法计算各步骤半成品或完工产品

成本,计算过程直接在账上进行,并转账。

(3)对采用综合结转分步法计算出来的完工产品成本进行成本还原,计算出原始的成本项目金额见表6—4—6。

(4)根据上述资料采用逐步结转分步法的分项结转分步法计算各步骤半成品或完工产品成本,计算过程直接在账上进行,并转账。

表6—4—3　　　　　　　　　　　第一车间生产成本计算单

生产步骤:第一步骤　　　　2020年4月　　　　　　　　　完工产量:
产品:A半成品　　　　　　　　　　　　　　　　　　　　　在产品:

摘要	直接材料	直接人工	制造费用	合计
月初在产品成本				
本月本步发生费用				
生产费用合计				
本月完工产品数量				
月末在产品约当产量				
约当总产量				
分配率				
完工产品总成本				
月末在产品成本				

表6—4—4　　　　　　　　　　　第二车间生产成本计算单

生产步骤:第二步骤　　　　2020年4月　　　　　　　　　完工产量:
产品:B半成品　　　　　　　　　　　　　　　　　　　　　在产品:

摘要	上步转入 A半成品	本步发生		合计
		直接人工	制造费用	
月初在产品成本				
本月本步发生费用				
生产费用合计				
本月完工产品数量				
月末在产品约当产量				
约当总产量				
分配率				
完工产品总成本				
月末在产品成本				

表 6－4－5　　　　　　　　　　　　第三车间生产成本计算单

生产步骤:第三步骤　　　　　　2020 年 4 月　　　　　　　　完工产量:
产品:甲产品　　　　　　　　　　　　　　　　　　　　　　　在产品:

摘要	上步转入 B半成品	本步发生		合计
		直接人工	制造费用	
月初在产品成本				
本月本步发生费用				
生产费用合计				
本月完工产品数量				
月末在产品约当产量				
约当总产量				
分配率				
完工产品总成本				
月末在产品成本				

表 6－4－6　　　　　　　　　　　　　成本还原计算表

产品:甲产品　　　　　　　　　　　2020 年 4 月　　　　　　　　金额单位:元

成本项目	还原前总成本	二步半成品成本	还原额及还原率	一步半成品成本	还原额及还原率	还原后总成本
栏目	1	2	3	4	5	6
还原分配率						
直接材料						
半成品						
直接人工						
制造费用						
合计						

分项结转分步法：

表 6－4－7　　　　　　　　　　　　第一车间生产成本计算单
生产步骤：第一步骤　　　　　　2020 年 4 月　　　　　　　　　完工产量：
产品：A 半成品　　　　　　　　　　　　　　　　　　　　　　　在产品：

摘要	直接材料	直接人工	制造费用	合计
月初在产品成本				
本月本步发生费用				
生产费用合计				
本月完工产品数量				
月末在产品约当产量				
约当总产量				
分配率				
完工产品总成本				
月末在产品成本				

表 6－4－8　　　　　　　　　　　　第二车间生产成本计算单
生产步骤：第二步骤　　　　　　2020 年 4 月　　　　　　　　　完工产量：
产品：B 半成品　　　　　　　　　　　　　　　　　　　　　　　在产品：

摘要	直接材料	直接人工	制造费用	合计
月初在产品成本				
本月本步发生费用				
上步转入自制半成品				
生产费用合计				
本月完工产品数量				
月末在产品约当产量				
约当总产量				
分配率				
完工产品总成本				
月末在产品成本				

表 6-4-9　　　　　　　　　第三车间生产成本计算单
生产步骤：第三步骤　　　　　2020 年 4 月　　　　　　　　完工产量：
产品：甲产品　　　　　　　　　　　　　　　　　　　　　　　在产品：

摘要	直接材料	直接人工	制造费用	合计
月初在产品成本				
本月本步发生费用				
上步转入自制半成品				
生产费用合计				
本月完工产品数量				
月末在产品约当产量				
约当总产量				
分配率				
完工产品总成本				
月末在产品成本				

(五)产品成本计算的平行结转分步法

镇江有限责任公司 2020 年 7 月生产甲产品 175 件，分别由第一车间和第二车间连续加工制成。第一车间为第二车间提供半成品。原材料于生产开始时一次投入，完工产品与期末广义在产品之间采用定额比例法分配生产费用。该企业各车间月初在产品成本和本月发生费用，以及甲产品的有关定额资料如表 6-5-1、表 6-5-2 所示。

表 6-5-1　　　　　　　　月初在产品成本及本期生产费用

金额单位：元

成本项目	月初在产品成本		本月生产费用	
	第一车间	第二车间	第一车间	第二车间
直接材料	8 253		6 300	
直接人工	4 575	1 100	3 000	3 700
制造费用	6 100	950	4 400	6 250
合计	18 928	2 050	13 700	9 950

表 6-5-2　　　　　　　　　　甲产品定额资料

金额单位:元

生产步骤	月初在产品		本月投入		本月完工产品	
	定额材料费用	定额工时	定额材料费用	定额工时	定额材料费用	定额工时
第一车间定额	7 150	11 500	7 550	13 500	8 700	15 000
第二车间定额		3 500		8 500		11 000
合计	7 150	15 000	7 550	22 000	8 700	26 000

(1)根据以上资料,计算分配应计入完工产品成本的"份额"与广义在产品成本,并登记第一车间、第二车间的产品成本计算单见表 6-5-3、表 6-5-4。

表 6-5-3　　　　　　　　　第一车间产品成本计算单

产品名称:甲产品　　　　　　　2020 年 7 月　　　　　　　产量:175 件

成本项目		原材料	工资及福利费	制造费用	合计
月初在产品费用	定额				
	实际				
本月生产费用	定额				
	实际				
生产费用合计	定额				
	实际				
费用分配率					
计入完工产品成本的"份额"	定额				
	实际				
广义在产品成本	定额				
	实际				

表 6－5－4　　　　　　　　　　第二车间产品成本计算单
产品名称：甲产品　　　　　　　2020 年 7 月　　　　　　　　产量：175 件

成本项目		原材料	工资及福利费	制造费用	合计
月初在产品费用	定额				
	实际				
本月生产费用	定额				
	实际				
生产费用合计	定额				
	实际				
费用分配率					
计入完工产品成本的"份额"	定额				
	实际				
广义在产品成本	定额				
	实际				

(2) 根据第一车间、第二车间的产品成本计算单，平行结转完工产成品的成本，编制甲产品成本汇总，如表 6－5－5 所示。

表 6－5－5　　　　　　　　　　甲产品成本汇总表
产品名称：甲产品　　　　　　　2020 年 7 月　　　　　　　　产量：175 件

摘要		直接材料	直接人工	制造费用	合计
应转入产成品成本的"份额"	第一车间				
	第二车间				
总成本					
单位成本					

(六) 旺江机械厂生产 W 机床，经过三个车间连续加工制成。第一车间生产第一步骤 A 半成品，第二车间将第一步骤生产的 A 半成品加工为 B 半成品，第三车间将第二步骤 B 半成品加工为 W 产品，均采取直接移交的方式。第一步骤耗用的材料在生产开始时一次投入，第二步骤所耗用的原材料随着加工进度逐步投入。各步骤月末在产品完工率均为 50%。各步骤生产费用采用约当产量法在完工产品和广义在产品之间分配。2020 年 11 月有关成本计算资料如表 6－6－1、表 6－6－2 所示。

表 6-6-1　　　　　　　　　　　　　　产量记录
2020 年 11 月　　　　　　　　　　　　　　单位:台

项目	第一步骤	第二步骤	第三步骤
月初在产品	120	100	280
本月投入	400	500	400
本月完工转出	500	400	600
月末在产品	20	200	80

表 6-6-2　　　　　　　　月初在产品成本及本月生产费用
2020 年 11 月　　　　　　　　　　　　　　单位:元

项目	直接材料	直接人工	制造费用	合计
月初在产品成本				
第一步骤	2 880	5 005	4 000	11 885
第二步骤	4 200	1 100	780	6 080
第三步骤	—	450	320	770
本月生产费用				
第一步骤	11 520	5 230	3 120	19 870
第二步骤	9 060	5 920	3 120	18 100
第三步骤	—	2750	2 240	4 990

要求:根据上述资料,计算各步骤应计入完工 C 产品的成本份额(见表 6-6-3、表 6-6-4、表 6-6-5);编制 C 产品成本汇总表如表 6-6-6 所示,计算完工产品总成本和单位成本;编制完工产品入库的记账凭证。

表 6-6-3　　　　　　　　第一生产步骤产品成本计算单
A 半成品　　　　　2020 年 11 月　　　　　　完工产量:600 台

成本项目	直接材料	直接人工	制造费用	合计
月初在产品成本				
本月发生费用				
合计				
应计入产成品成本份额				
月末在产品成本				

表 6-6-4　　　　　　　　　第二生产步骤产品成本计算单
B 半成品　　　　　　　　　　2020 年 11 月　　　　　　　　　完工产量：600 台

成本项目	直接材料	直接人工	制造费用	合计
月初在产品成本				
本月发生费用				
合计				
应计入产成品成本份额				
月末在产品成本				

表 6-6-5　　　　　　　　　第三生产步骤产品成本计算单
W 产品　　　　　　　　　　　2020 年 11 月　　　　　　　　　完工产量：600 台

成本项目	直接材料	直接人工	制造费用	合计
月初在产品成本				
本月发生费用				
合计				
应计入产成品成本份额				
月末在产品成本				

表 6-6-6　　　　　　　　　　W 产品成本汇总表
　　　　　　　　　　　　　　　2020 年 11 月　　　　　　　　　完工产量：600 台

成本项目	直接材料	直接人工	制造费用	合计
第一生产步骤转入份额				
第二生产步骤转入份额				
第三生产步骤转入份额				
总成本				
单位成本				

项目七 产品成本计算的辅助方法

【知识目标】
1. 了解分类法、定额法的特点、适用范围、应用条件和优缺点。
2. 掌握成本计算辅助方法的核算程序。
3. 掌握分类法、定额法的费用分配方法。
4. 掌握联产品、副产品的计算方法。

【能力目标】
1. 能运用分类法计算产品成本。
2. 能运用定额法计算产品成本。
3. 能计算联产品、副产品的成本。

【素质目标】
1. 在运用分类法和定额法计算产品成本的过程中充分发挥严谨、细致的工作作风。
2. 做到诚实守信,不做假账,为树立良好的企业信用形象贡献自己的一份力量。

工作情境

丹江公司是生产太阳能电池片的小型企业。该企业产品单一,只有电池片和组件的生产加工。生产车间有2个,分别承担电池片和组件的生产。电池片所用原料主要是硅片,组件的原料主要是电池片及其他一些原料。同一车间的产品规格较多,用的是同一生产流水线,具有相同的生产工艺。这种生产特点的产品成本核算如果按品种法核算种类太多,但是适合采用分类法核算,那么如何运用分类法计算此类产品成本呢?

任务一　运用分类法计算产品成本

【任务准备】

在实际工作中,由于企业情况复杂,管理基础和管理要求各不相同,有的企业在采用品种法、分批法和分步法三种基本方法核算成本的基础上,还要采用分类法、定额法等辅助方法计算成本。分类法、定额法与生产特点无直接关系,不涉及成本计算对象,从计算产品实际成本来说,并不是必不可少的,因而称为产品成本计算的辅助方法。

一、分类法的含义

分类法也称分类成本法,是以产品类别为成本计算对象,归集生产费用,计算各类产品总成本和类内各种产品成本的方法。

有些工业企业,在生产的产品品种、规格繁多的情况下,可以先按照一定的标准对产品进行分类,然后按产品类别归集生产费用并计算各类产品的总成本,期末对各类产品的总成本按一定的标准在类内各种产品之间进行分配,计算出各种规格产品成本。

二、分类法的特点

(一) 成本计算对象

分类法以产品的类别作为成本计算对象,归集该类产品的生产费用后,能够直接明确的费用直接计入产品成本;各类产品共同耗用的费用,采用一定的分配标准分配计入,汇总计算出该类产品总成本,再按照一定的方法,在每类产品的各种产品之间分配费用,计算出类内各种产品的成本。

(二) 成本计算期

分类法的成本计算期要根据企业的生产特点及管理要求来确定。如果是大量大批生产,结合品种法或分步法进行成本计算,则定期在月末进行成本计算;如果与分批法结合运用,则成本计算期可不固定,而与产品的生产周期相一致。

(三) 生产费用在完工产品与在产品之间的分配

采用分类法计算产品成本,如果月末在产品数量较多,则应将该类产品生产费用总额在完工产品和月末在产品之间进行分配。

由此可见,分类法不是一种独立的、基本的成本计算方法,它需要与品种法、分批法、分步法等成本计算的基本方法结合起来应用,属于成本计算的辅助方法。如多步骤大量大批生产的钢铁厂可采用分步法与分类法相结合的方法计算各个步骤各类钢铁产品的成本,然后再分别计算出类内各种产品的成本。单步骤大量大批生产的无线电元件厂可采用品种法与分类法结合的方法先计算出某一类元件的成本,然后再计算出类内不同规格的各种元件的成本。

三、分类法的适用范围

分类法一般适用于使用同样的原材料,通过基本相同的加工工艺过程,所生产产品品种、规格、型号繁多,可以按照一定标准予以分类的生产企业。分类法与生产类型没有直接的管理,可以应用在各种类型的生产中。例如,钢铁厂生产的各种型号和规格的生铁、钢锭、钢材,针织厂生产的不同种类和规格的针织品,灯泡厂生产的不同类别和瓦数的灯泡,等等。它们虽生产类型有所不同,但都可以采用分类法计算成本。

有些工业企业,特别是化工企业,对同一原料进行加工,可以同时生产出几种主要产品。例如,原油经过提炼,可以同时生产出各种汽油、煤油和柴油等产品,这些联产品所用原料和工艺技术相同,也只能归为一类,因而最宜于采用分类法计算成本。

此外,企业可能生产一些零星产品,如协作单位生产少量的零部件,或自制少量材料和工具等。这些零星产品,虽然所用原材料和工艺过程不一定完全相近,但其品种规格多,且数量少,费用比重小。为了简化核算工作,也可以把它们归为几类,采用分类法计算成本。

四、分类法的计算程序

(1)根据产品的结构、所用原材料和工艺技术过程的不同,将产品划分为若干类,按照产品的类别开设产品成本明细账,归集产品的生产费用,计算各类产品的成本。

(2)选择合理的分配标准,在类内各种产品之间进行费用分配,计算出每类产品内各种产品的总成本和单位成本。

同类产品内各种产品之间分配费用所确定的标准,一般有定额消耗量、定额费用、售价,以及产品的体积、长度和重量等。在选择费用的分配标准时,应考虑分配标准与产品生产成本的关系是否较大,即应选择与产品各项耗费有密切联系的分配标准。

在类内各种产品之间分配费用时,各成本项目可以按同一个分配标准进行分配,也可按照各成本项目的性质,分别采用不同的分配标准进行分配,以使分配结果更趋合理。例如,直接材料费用可以按照材料定额消耗量或材料定额费用比例进行分配,直接人工等其他费用则可以按照定额工时比例进行分配。

分类法成本计算的具体程序如图7-1所示。

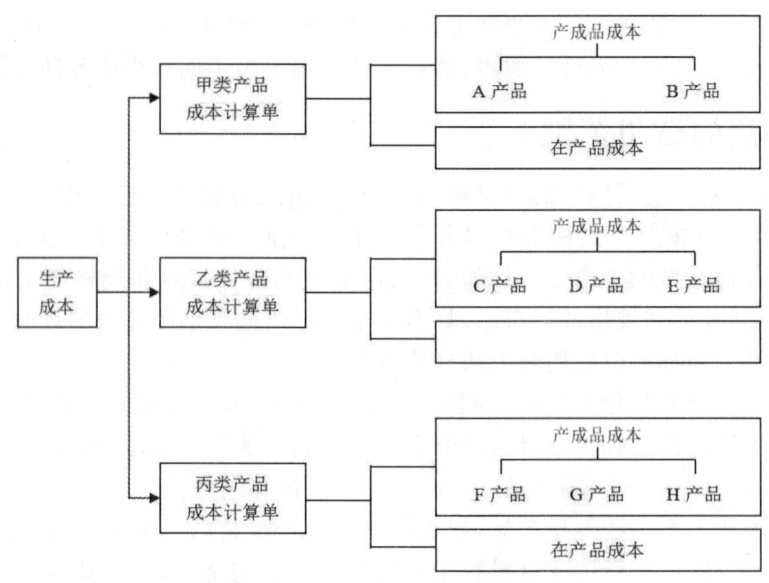

图 7-1 分类法成本计算程序

为了简化日常的核算工作,对类内产品的分配常将分配标准折算为相对固定的系数,按照固定的系数在类内各种产品之间分配费用。在确定系数时,一般是在类内产品中,选择一种产量较大、生产比较稳定或规格折中的产品作为标准产品,将这种产品的分配标准额系数定为"1";再用其他各种产品的分配标准额分别与标准产品的分配标准额相比,算出其他各种产品的分配标准与标准产品的分配标准额的比率,即系数。在分类法中,按照系数分配类内各种产品成本的方法,也叫系数法。因此,系数法是分类法的一种,也可称为简化的分类法。

系数法的有关计算公式如下:

某产品系数=该产品售价(或定额消耗量)/标准产品售价(或定额消耗量)

某产品总系数(标准产量)=该产品实际产量×该产品系数

某项费用分配率=该项费用总额/类内产品总系数(标准总产量)

【任务实施与解析】

系数法核算产品成本

【任务 7-1】环球有限公司生产 20 系列、21 系列、22 系列汽车配件。因该三种产品的结构、所用原材料和工艺过程相近,公司统称为 A 类汽车配件,采用分类法计算产品成本。成本计算单按产品类别设置,成本由直接材料、直接人工、制造费用项目构成。该类产品内各型号产品成本的计算按定额成本作为分配标准,20 系列汽车配件生产稳定,产销量大于其他型号产品。A 类汽车配件 2020 年 4 月有关产量、费用资料如表 7-1、表 7-2 所示。

表 7－1　　　　　　　　A 类汽车配件月末产量及定额记录
2020 年 4 月　　　　　　　　　　　　　　金额单位:元

型号	完工产品数量	月末在产品		单位完工产品定额成本
		在产品数量	在产品完工程度(%)	
20 系列	500	200	30	40
21 系列	456	300	40	60
22 系列	300	100	60	70

表 7－2　　　　　　　　　　A 类汽车配件费用资料
2020 年 4 月　　　　　　　　　　　　　　金额单位:元

摘要	直接材料	直接人工	制造费用	合计
月初在产品	10 000	7 040	1 050	18 090
本月发生费用	30 550	25 400	3 816	59 766
合计	40 550	32 440	4 866	77 856

根据上述资料,采用系数分配法计算 A 类汽车配件内各型号汽车配件成本过程如下。

(1)合理确定标准产品系数。资料表明,该类产品内各型号产品成本的计算按定额成本作为分配标准,20 系列汽车配件生产稳定,产销量大于其他型号产品,因此应选 20 系列汽车配件作为标准产品,并将其单位定额成本 40 元作为标准,确定系数为 1,则 21 系列汽车配件系数为 1.5(60÷40),22 系列汽车配件系数为 1.75(70÷40)。

(2)根据标准产品系数,将 A 类汽车配件中各产品产量折合为标准产量,见表 7－3。

表 7－3　　　　　　　　　　标准产品产量换算表
类别:A 类汽车配件　　　　　2020 年 4 月　　　　　　　金额单位:元

产品名称	系数	产成品		在产品			标准产量合计
		实际产量	标准产量	实际产量	完工程度	标准产量	
	①	②	③＝①×②	④	⑤	⑥＝①×④×⑤	⑦＝③＋⑥
20 系列	1	500	500	200	30%	60	560
21 系列	1.5	456	684	300	40%	180	864
22 系列	1.75	300	525	100	60%	105	630
合计			1 709			345	2 054

(3)计算分配 20 系列、21 系列、22 系列三种型号汽车配件的成本。根据各型号汽车配件的产量和标准产量总额计算,如表 7－4 所示。

表 7-4　　　　　　　　　　　　　　产品成本计算表

类别:A 类汽车配件　　　　　　　　　2020 年 4 月　　　　　　　　　金额单位:元

摘要	产成品数量	标准产量			成本项目			
		产成品	在产品	合计	直接材料	直接人工	制造费用	合计
月初在产品成本					10 000	7 040	1 050	18 090
本月生产费用					30 550	25 400	3 816	59 766
合计					40 550	32 440	4 866	77 856
分配率					19.74①	15.79	2.37③	37.9
月末在产品成本			345	345	6 810.3	5 447.55	817.65	13 075.5
产成品成本		1 709		1 709	33 739.7	26 992.45	4 048.35	64 780.5
合计		1 709	345	2 054	40 550	32 440	4 866	77 856
20 系列单位成本	500	500			9 870 19.74	7 895 15.79	1 185 2.37	18 950 37.9
21 系列单位成本	456	684			13 502.16 29.61	10 800.36 23.685	1 621.08 3.555	25 923.6 56.85
22 系列单位成本	300	525			10 367.54 34.56	8 297.09 27.67	1 242.27 4.140 9	19 906.9 66.36

注:①直接材料分配率＝40 550÷2 054≈19.74;

②直接人工分配率＝32 440÷2 054≈15.79;

③制造费用分配率＝4 866÷2 054≈2.37。

根据上述成本计算资料,编制产成品入库会计分录:

借:库存商品—20 系列　　　　　　　　　　　18 950.00
　　　　—21 系列　　　　　　　　　　　25 923.60
　　　　—22 系列　　　　　　　　　　　19 906.90
　　贷:生产成本—基本生产成本　　　　　　　　　64 780.50

任务二 运用定额法计算产品成本

【任务准备】

一、定额法的特点

定额法是以定额成本为基础,控制生产费用日常实际支出,核算并分析生产费用脱离定额的差异和原因。月末加减各种成本差异和定额变动,以此来计算产品实际成本的一种成本计算与管理方法。

产品成本计算的定额法克服了成本计算方法中实际成本与定额成本差异难以实时确定的缺点,及时反映和监督生产费用和产品成本脱离定额的差异,把产品的计划、控制、核算和分析结合在一起,有利于加强定额管理与成本控制。其特点主要表现在如下三个方面。

(1)事前制定产品的消耗定额、费用定额和定额成本作为降低成本的目标,对产品成本进行事前控制。

(2)在生产费用发生的当时,将符合定额的费用和发生的差异分别核算,加强对成本差异的日常核算、分析和控制。

(3)每月月末,在定额成本的基础上加减各种成本差异,计算产品的实际成本,为成本的定期考核和分析提供资料。

二、定额法的计算程序

(一)一般程序

1.制定产品订额成本。根据消耗定额和费用定额,按照产品品种和规定的成本项目,计算产品定额成本,编制产品定额成本计算表。

2.按成本计算对象设置产品成本明细账,专栏内各成本项目应分设"定额成本""脱离定额差异""定额变动差异"等各小栏。

3.在定额成本修订的当月,应调整月初在产品的定额成本,计算月初定额变动差异。

4.生产费用发生时,按成本项目将符合定额的费用和脱离定额的差异分别核算,并予以汇总。

5.按确定的成本计算基本方法,汇集各项费用和定额成本差异,按一定标准在完工产品和在产品之间进行分配。

6.将本月完工产品的定额成本加减各种差异,调整计算出完工产品的实际成本。

产品实际成本=产品定额成本±脱离定额差异±定额变动差异

(二)具体步骤

产品成本可具体分成三个部分计算,如图7-2所示。

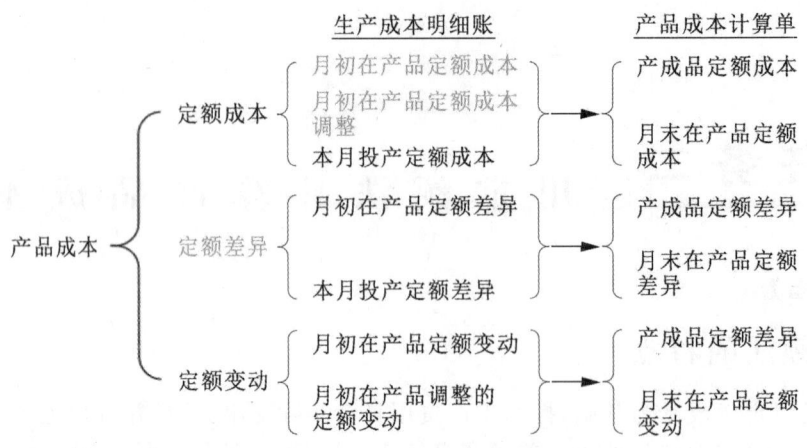

图7-2　产品成本定额法核算项目

1.产品定额成本的制定

产品的定额成本,就是根据各种有关的现行定额计算的成本。

产品的单位定额成本的制定,通常有两种方式。

(1)在零部件不多的情况下,从零件、部件到产品定额成本的方式

采用这种方式,首先应根据产品图纸,制定某产品各种零件的定额成本。其次,对由各种零件组成的各部件分别制定其定额成本,也就是将各有关零件的定额成本加以汇总,加上装配该部件的装配定额成本。最后将若干部件和零件的定额成本进行汇总,加上总装的定额成本,从而制定出产品的单位定额成本。

(2)在零部件较多的情况下,直接制定产品定额成本的方式

如果在企业产品所需的自制零件、部件品种规格繁多的情况下,就需要为每种零件、部件编制一张定额成本计算表,进行逐步汇总,编制出产品的定额成本计算表,那么其工作量就会非常大。因此,为了简化计算工作,可以采用直接制定产品定额成本的方式,也就是将每个单位产品的有关材料、工时等定额资料加以汇总(如果各车间工资率不同,则要分车间汇总工时),然后按汇总的材料、工时的总数计算出产品的定额成本。

定额成本的制定一般由生产、技术、计划、会计等部门共同完成。定额成本的成本项目和计算方法与实际成本的成本项目和计算方法一致。

2.脱离定额差异的核算

脱离定额差异是指在生产中实际发生的各项生产费用与定额成本相比较的差额。采用定额法计算成本,就是要将日常发生的实际生产费用分两个部分进行归集:一部分是按现行定额计算的费用;另一部分是脱离定额的差异,并及时分析差异产生的原因,确定差异产生的责任,及时采取有效的措施进行处理。对于实际消耗中存在的损失和浪费,应当坚决予以制止,以防再次发生;确实属于定额脱离实际的,应按规定及时调整、修订定额。只有这样,才能将生产耗费控制在既先进又切实可行的定额范围之内,以达到节约生产耗费,降低产品成本的目的。

脱离定额的差异核算是在生产费用发生得当时,为符合定额的费用和脱离定额的差异,分别编制定额凭证和差异凭证,且在有关的费用分配表和明细分类账中分别予以登记。这样,就能及时正确地核算和分析生产费用脱离定额的差异,控制生产费用支出。为了防止生产费用的超支,避免浪费和损失,差异凭证填制以后,还必须按照规定办理审批手续。有条件的企业,

也可以将脱离定额差异的日常核算与车间或班组经济责任制结合起来,依靠各生产环节的广大职工,控制生产耗费。

(1)材料脱离定额差异的核算

在各成本项目中,原材料费用,包括自制半成品费用,一般占有比较大的比重,而且属于直接计入费用,因而有必要和可能在费用发生的当时就按产品核算定额费用和脱离定额的差异,加强控制。

直接材料脱离定额差异是指实际产品的现行定额耗用量和实际耗用量之间的差异与计划价格的乘积,即只包括材料用量的差异,而不包括价格差异,材料价格差异应当作为一个实际成本的差异因素单独进行核算。

$$\text{材料脱离定额差异} = \text{实际产量} \times \left(\text{单位产品实际材料耗用量} - \text{单位产品定额材料耗用量} \right) \times \text{材料计划单价}$$

原材料脱离定额差异的核算方法,一般有限额法、切割核算法和盘存法三种。

①限额法

在限额法下,原材料的领用通常采用限额领料制度。在限额范围内的领料,应根据限额领料单等定额凭证领发。当由于增加产量,需要增加用料时,在办理追加限额手续后,也可根据定额凭证领发。如果由于其他原因发生的超额用料或代用材料的领用,则应填制专设的超额领料单、代用材料领料单等差异凭证,经过一定的审批手续后领发。在差异凭证中,应填写差异的数量、金额以及发生差异的原因。对于采用代用材料和废料利用,还应在有关的限额领料单中注明,并从原来的限额中予以扣除。

采用限额法时,必须在每批生产任务完成以后,根据车间余料编制退料手续,限额领料单中尚未领用的余额,在扣除代用领料单中的金额后,再加上退料单上的金额,即为材料的节约差异。超限额领料单上的数量为超支金额。

②切割核算法

分批组织生产的企业,对于某些贵重或经常大量使用的,且又需要经过准备车间切割后才能进一步进行加工的材料,应当采用整批切割法,通过"材料切割核算单",核算材料定额消耗量和脱离定额的差异。

"材料切割核算单"应按切割材料的批别开立,单中填明发料切割材料的种类、数量、消耗定额和应切割成的毛坯数量。切割完毕后,再填写实际切割成的毛坯数量和材料的实际消耗量。根据实际切割的毛坯数量和消耗定额,即可算出材料定额消耗量,以此与材料实际消耗量相比较,即可确定用料脱离定额的差异。采用切割核算法,应填写材料切割核算单,其基本格式见表7—11。

材料切割核算单应按被切割材料的每一批别、每一班组、每种材料或每种零件开设。材料定额消耗量和废料定额回收量应按实际切割成的毛坯数量分别乘以材料消耗定额和废料回收定额计算。材料实际消耗量减去定额消耗量即为材料脱离定额的差异数量,再乘以材料计划单价就可算出差异金额。废料实际回收量减去定额回收量即为废料脱离定额差异,再乘以废料单价即为差异金额。由于回收废料超过定额的差异可以冲减材料费用,故表中列为负数;低于定额的差异列为正数。

表 7-11　　　　　　　　　　　　　材料切割核算单

材料编号或名称：镀锌板 1.5mm　　　　　　　　　　　　　　　材料计量单位：千克
产品名称：丙产品　　　　　　　　　　　　　　　　　　　　　　计划单位成本：2.7 元
切割工人工号和姓名：××　　　　　机床编号：506　　　　　　图纸：567
切割日期：××××年 8 月 10 日　　　　　　　　　　　　　　完工日期：××××年 8 月 12 日

发料数量		退回余料数量		材料实际消耗量		回收实际废料数量	
296		9		287		14.8	
单件消耗定额		单件回收废料定额		应切割的毛坯数量	实际切割毛坯数量	材料定额消耗量	废料定额回收量
5		0.6		19	18	270	10.8
材料脱离定额差异		废料脱离差异定额		差异原因		责任者	
数量	金额	数量	单价	金额	未按规定操作，废料增多	切割工人	
17	45.9	-4	1	-4			

采用"材料切割核算单"进行材料切割的核算，能够及时反映材料的使用情况和发生差异的具体原因，有利于加强对材料消耗的监督和控制，尤其是与车间或班组的经济核算结合起来，则可以收到更好的效果。

③盘存法

上述两种方法都是按照产品的批别进行材料脱离定额差异的核算。在连续式大量大批生产情况下，不能分批核算原材料脱离定额的差异。根据完工产品数量和在产品盘存（实地盘存或账面结存）数量算出投产产品数量，再乘以原材料的消耗定额，算出原材料定额消耗量；根据限额领料单、超额领料单、退料单以及车间余料的盘存数量，算出原材料实际消耗量。然后，将原材料实际消耗量与定额消耗量进行比较，进而确定原材料脱离定额的差异。

按照本期投产产品数量计算材料脱离定额的差异，必须具备下列条件：原材料在生产开始时一次投入，不包括期初和期末在产品耗用的原材料；如果原材料是随着生产进度陆续投入的，则期初和期末在产品数量应改为按原材料消耗定额计算的期初和期末在产品的约当产量。

综上所述，对于原材料的定额消耗量和脱离定额差异的核算，不论采用哪种方法，都应分批或定期地将有关核算资料按照成本计算对象进行汇总，编制原材料定额成本和脱离定额差异汇总表。表中应填明该批或该种产品所耗各种原材料的定额消耗量、定额成本和脱离定额的差异，并且分析说明差异产生的主要原因。该表既可用来汇总反映和分析材料消耗定额的执行情况，又可代替原材料费用分配表登记产品成本明细账，以使企业根据差异发生的原因采取措施，进一步降低原材料消耗量。

（2）直接工资脱离定额差异的核算

由于企业采用的工资制度不同，工资脱离定额差异的核算也存在着差别。

在计件工资形式下，生产工资总额要等到月终才能确定，因此，生产工资脱离定额的差异不能在平时按照产品直接计算。在这种情况下,工资脱离定额差异的核算可以分为两个部分:一部分为工时差异,它反映工时定额的执行情况;另一部分是工资率差异。在日常核算中,一般先核算工时差异,月末实际生产工人工资总额确定之后,再计算核定工资率差异。

如果生产工人工资属于直接计入费用,则某种产品的生产工人工资脱离定额差异可按下列公式计算:

$$\begin{matrix}某产品生产工资\\脱离定额的差异\end{matrix} = 该产品实际生产工资费用 - \left(该产品实际产量 \times 该产品生产工资费用定额\right)$$

如果生产工人工资属于间接计入费用,产品的生产工资脱离定额差异则应该按照下列公式计算:

计划小时工资=计划产量的定额生产工人工资/计划产量的定额生产工时

实际小时工资=实际生产工人工资总额/实际生产工时总额

产品定额生产工资=产品实际产量定额生产工时×计划小时工资

产品实际生产工资=产品实际产量的实际生产工时×实际小时工资

产品生产工资脱离定额差异=产品实际生产工资-产品定额生产工资

工时差异=(实际生产工时-实际产量定额生产工时)×计划小时工资

工资率差异=(实际小时工资-计划小时工资)×实际生产工时

从以上计算公式可以看出,若要降低单位产品的计时工资,就必须降低单位小时的生产工资率和单位产品的生产工时。因此,企业不仅要将工资严格控制在计划范围之内;同时还要充分利用工时,将单位产品的工时耗费控制在定额范围以内。在定额法下,为了降低单位产品的计时工资额,应加强日常管理,监督生产工时的利用情况和工时消耗定额的执行情况,据以登记有关的产品成本计算单。

在定额法下,不论采用哪种工资形式,都应根据上述核算资料,按照成本计算对象汇总编制定额生产工资和脱离定额差异汇总表。在表中,汇总反映产品的定额工资、实际工资、工资脱离定额的差异及其产生的原因(在计时工资形式下,还应汇总反映各种产品工时脱离定额的情况)等资料,以考核和分析各种产品工资定额的执行情况,据以计算产品的工资费用。

(3)其他费用脱离定额差异的核算

①制造费用脱离定额差异的核算。

制造费用一般属于间接计入费用。在日常核算中,不能在费用发生的当时按照产品直接确定费用脱离定额的差异,而只能根据月份的费用预算,按照费用发生的车间、部门和费用项目核算脱离预算的差异,据以控制和监督费用的发生。对于制造费用中能够按照一定标准制定限额进行控制的一些项目,如辅助材料费用等,可以采用限额领料单、超额领料单等定额凭证和差异凭证规定限额,按照材料的核算方法进行脱离定额差异的核算。

各种产品应负担的制造费用脱离定额的差异,只有等到月末实际费用分配给各产品以后,才能以其实际费用与定额费用相比较加以确定。其计算确定方法,与计时工资脱离定额差异的计算确定方法相类似,也是由工时差异和单位小时分配率差异两个因素组成。其有关计算公式如下:

计划小时制造费用率=计划制造费用总额/计划产量的定额生产工时总数

实际小时制造费用率＝实际制造费用总额/产品实际生产工时总数
某产品实际制造费用＝该产品实际产量的定额工时×实际小时制造费用率
某产品制造费用脱离定额差异＝该产品实际制造费用－该产品定额制造费用

②废品损失问题。

在单独核算废品损失的企业中，对废品损失及其发生的原因，应当采用废品通知单和废品损失计算表单独反映，其中不可修复废品的成本应按照定额成本计算。由于在产品的定额成本中一般不包括废品损失，因而发生的废品损失，通常作为脱离定额差异来处理。

③月末在产品承担定额差异的问题。

通过将产品的各项生产费用分别计算出符合定额费用的部分和脱离定额差异的部分，在产品的定额成本上，加上或者减去脱离定额的差异，即可求得产品的实际成本。

为了计算完工产品的实际成本，上述脱离定额的差异，还应在完工产品和月末在产品之间进行分配。由于采用定额法计算产品成本的企业，都有现成的定额成本资料，所以脱离定额差异在完工产品与月末在产品之间的分配，大多采用定额比例法进行。如果各月在产品的数量比较稳定，则可采用按定额成本计算在产品成本的方法，将全部差异计入完工产品成本，月末在产品不负担差异。

3. 定额变动差异的核算

定额变动差异，是指由于修改消耗定额而产生的新旧定额之间的差额。它表明企业生产技术提高和生产组织改善对定额影响的程度。它是定额本身变动的结果，与生产费用支出的节约和超支无关。定额变动差异与定额差异不仅经济内容和作用不同，在核算方法上也不一样。定额变动差异不是经常发生的，因而不需要经常核算，只有在发生定额变动时才进行核算；而定额差异则是经常发生的，因而必须经常地、及时地进行核算。同时，由于定额变动与某一种产品相联系，一般可以直接计入该产品成本；而定额差异则不一定是由某一种产品引起的。在一般情况下，新定额的实施往往在年初或月初实施。当月投产产品定额费用，都按新定额计算。如果有月初在产品，那么其成本是按原定额计算的。只有将其定额成本按新定额调整后，才能与本月投产产品的定额成本相加。为此，就必须按成本项目计算定额变动差异。该项差异一方面应调整月初在产品定额成本，另一方面要调整本月产品成本。这方面调整的金额相等，方向相反，实际上完工产品和月末在产品的成本总额未变，只是内部表现形式发生改变。在消耗定额下降时，减少了定额成本，增加了定额变动差异，所以一方面应从月初在产品定额成本中扣除，另一方面应将该项差额计入当月费用。也就是说，在月初在产品定额成本中要加上这项差异，同时又应在当月费用中扣除。

在有月初在产品定额变动差异时，产品实际成本的计算公式如下：

产品实际成本 ＝ 按现行定额计算的产品定额成本 ± 脱离现行定额的差异 ± 材料成本差异 ± 月初在产品定额变动差异

定额变动差异应根据企业具体情况确定是否在完工产品与月末在产品之间进行分配。如果进行分配，则应当采用定额成本比例法。如果定额变动差异数额较小或者月初在产品在本月全部完工，则定额变动差异全部由完工产品负担，月末在产品不再负担定额变动差异。

4.在完工产品和月末在产品间分配成本差异

月末,企业应将月初结转和本月发生的脱离定额差异、定额变动差异分别汇总,按照企业确定的成本计算方法,在完工产品和月末在产品之间进行分配。为了简化成本核算工作,差异额较小或差异额虽大但各月在产品数量变动较小时,可以全部由完工产品负担。

5.计算完工产品的实际总成本和单位成本

以本月完工产品的定额成本为基础,加减各种成本差异,计算出完工产品的实际总成本,实际总成本除以总产量,即为完工产品的实际单位成本。

四、定额法的优缺点

定额法是将产品成本的计划工作、核算工作和分析工作有机结合起来,将事前、事中、事后反映和监督融为一体的一种产品成本计算方法与成本管理制度。

(一)定额法的优点

1.通过生产耗费及其脱离定额和计划的差异的日常核算,能在各该耗费发生的当时反映和监督脱离定额(或计划)的差异,加强成本控制,可以及时、有效地促进生产耗费的节约,降低产品成本。

2.由于产品实际成本是按定额成本和各种差异分别反映的,因而便于对各项生产耗费和产品成本进行定期分析,有利于进一步挖掘降低成本的潜力。

3.通过脱离定额差异和定额变动差异的核算,还有利于提高成本的定额管理和计划管理工作的水平。

4.由于有着现成的定额成本资料,因而能够比较合理、简便地解决完工产品和月末在产品之间分配费用(分配各种成本差异)的问题。

(二)定额法的缺点

采用定额法计算产品成本,核算工作量要比采用其他方法大。因为采用定额法计算产品成本必须制定定额成本,单独核算脱离定额差异,在定额变动时还必须修订定额成本,计算定额变动差异。

【任务实施与解析】

一、用限额法核算材料脱离定额差异

【任务7-2】某企业基本生产车间本月投产A产品490件,单位产品的原材料消耗定额为10千克,本月实际领料4 500千克,领料差异为节约400千克。每千克计划单位成本5元,现假定存在以下三种情况。

第一种情况:本期投入产品的原材料消耗定额的数量与限额领料单规定的数量相一致。车间月初、月末均无余料。则:

原材料定额消耗量 = 490 × 10 = 4 900(千克)

原材料脱离定额差异(耗用量) = 4 500 − 4 900 = −400(千克)

原材料脱离定额差异(成本) = −400 × 5 = −2 000(元)(节约差异)

第二种情况:本期投入产品的原材料消耗定额的数量不变,车间月初余料为200千克,月末余料为150千克。则:

原材料定额消耗量＝490×10＝4 900（千克）

原材料实际消耗量＝4 500＋200－150＝4 550（千克）

原材料脱离定额差异（耗用量）＝4 550－4 900＝－350（千克）（节约差异）

原材料脱离定额差异（成本）＝－350×5＝－1 750（元）（节约差异）

第三种情况：本期投入产品的原材料消耗定额的数量为4 800千克，车间月初余料仍为200千克，月末余料为150千克。则：

原材料定额消耗量＝4 800（千克）

原材料实际消耗量＝4 500＋200－150＝4 550（千克）

原材料脱离定额差异（耗用量）＝4 550－4 800＝－250（千克）（节约差异）

原材料脱离定额差异（成本）＝－250×5＝－1 250（元）（节约差异）

只有本期投入产品的原材料消耗定额的数量与限额领料单规定的数量相一致，且车间月初、月末均无余料或期初、期末余料量相等时，领料差异才是用料脱离定额的差异。

由于投产的产品数量不一定等于规定的产品数量，且期初、期末车间可能有余料，致使所领原材料的数量也不一定等于原材料的实际消耗量。另外，原材料脱离定额差异只是产品生产中实际用料脱离现行定额而形成的成本差异，限额法不能完全控制用料。

【任务7－3】某企业月初在产品200件，材料定额成本按上月原定额每件为40元，共计8 000元。从本月初起，每件材料定额成本降为34元；本月投产800件，实际发生材料费用为28 800元，本月产品1 000件全部完工，计算结果如下：

月初在产品材料定额成本　　　　　　　　　8 000（元）

加：本月投产产品的材料定额成本　　　34×800＝27 200（元）

定额成本合计　　　　　　　　　　　　　34 000（元）

减：月初在产品材料定额成本降低额　　（40－34）×200＝1 200（元）

加：材料定额超支差异　　　　28 800－27 200＝1 600（元）

减：材料定额变动差异　　　　　　　　　　1 200（元）

完工产品材料实际成本　　　　　　　　　34 400（元）

月初在产品定额变动差异，可以根据定额发生变动的在产品盘存数量或在产品账面结存数量及修订前后的消耗定额，算出月初在产品消耗定额修订前和修订后的定额消耗量，进而确定定额变动差异。在构成产品的零部件种类较多的情况下，采用这种方法按照零部件和工序进行计算，工作量会很大。

二、用系数折算的方法计算定额变动差异

为了简化计算工作，也可以按照单位产品，采用系数（按新旧定额算出的单位产品成本进行对比）折算的方法进行计算。其计算公式如下：

定额变动系数＝按新定额计算的单位产品成本／按旧定额计算的单位产品成本

月初在产品定额变动差异＝按旧定额计算的月初在产品成本×（1－定额变动系数）

【任务7－4】假定乙产品的一些零件从8月1日起实行新的原材料消耗定额，单位产品旧的材料消耗定额为40元，新的材料消耗定额为36元。该产品月初在产品按旧定额计算的材料定额成本为36 000元，则月初在产品定额变动差异计算结果如下：

定额变动系数＝36/40＝0.9

月初在产品定额变动差异＝36 000×（1－0.9）＝3 600（元）

采用系数法计算月初在产品定额变动差异虽然较为简便,但由于系数是按照单位产品计算,而不是按照产品的零部件计算的,因而它只适宜于在零部件成套性生产较大的情况下采用。否则,就会影响计算结果的正确性。

三、品种法下的定额成本核算

【任务7-5】假设某企业大批量生产丙产品,该产品的各项消耗定额比较准确与稳定,为了加强定额管理和成本控制,采用定额法计算产品成本。材料在生产开始时一次投入。该产品的定额变动差异和材料成本差异由完工产品成本负担;脱离定额差异按定额成本比例,在完工产品与月末在产品之间进行分配。该企业2020年8月丙产品成本定额资料及有关成本计算情况如下。

1.定额资料见表7-12。

表7-12　　　　　　　　丙产品单位定额成本计算表
2020年8月

成本项目	消耗量	计划单价(元)	定额成本(元)
直接材料	100千克	4.50	450
直接人工	200小时	0.40	80
燃料及动力	200小时	0.35	70
制造费用	400小时	0.25	100
合计			700

2.月初在产品100件,月初在产品成本资料见表7-13。

表7-13　　　　　　　　月初在产品成本资料
2020年8月　　　　　　　　　　　　　　　　单位:元

成本项目	定额成本	定额差异
直接材料	45 500	2 000
直接人工	8 000	100
燃料及动力	7 000	80
制造费用	10 000	100
合计	70 500	2 280

3.定额变动资料:丙产品直接材料费用定额由上月的455元降为450元,由于月初在产品为100件,所以丙产品的定额变动差异为500(5×100)元。

4.本月实际发生费用总额为365 425元,其中:直接材料236 525元,直接人工41 660元,燃料及动力36 075元,制造费用51 165元。

5.本月投入丙产品500件,当月丙产品完工400件。

6.成本计算单见表7-14。

表 7—14　　　　　　　　　　　　　产品成本计算单

产品名称：丙产品　　　　　　　　2020 年 8 月　　　　　　　　　　　单位：元

成本项目		序号	直接材料	直接人工	燃料及动力	制造费用	合计
月初在产品	定额成本	①	45 500	8 000	7 000	10 000	70 500
	定额差异	②	2 000	100	80	100	2 280
月初在产品定额变动	定额成本调整	③	−500				−500
	定额变动差异	④	+500				+500
本月费用	定额成本	⑤	225 000	40 000	35 000	50 000	350 000
	定额差异	⑥	11 525	1 660	1 075	1 165	15 425
生产费用合计	定额成本	⑦=①+③+⑤	270 000	48 000	42 000	60 000	420 000
	定额差异	⑧=②+⑥	13 525	1 760	1 155	1 265	17 705
	定额变动差异	⑨=④	+500				+500
差异分配率		⑩=⑧/⑦	0.050 1	0.036 7	0.027 5	0.021 1	
产品成本	定额成本	1	180 000	32 000	28 000	40 000	280 000
	定额差异	2=1×⑩	9 018	1 174.40	770	844	11 806.40
	定额变动差异	3=⑨	+500				+500
	实际成本	4=1+2+3	189 518	33 174.40	28 770	40 844	292 306.40
月末在产品	定额成本	5=⑦−1	90 000	16 000	14 000	20 000	140 000
	定额差异	6=⑧−2	4 507	585.60	385	421	5 898.60

上述产品的实际成本是由三部分组成的：一是根据产品定额成本计算表计算的定额成本；二是根据定额差异分配率计算分配的脱离定额的差异部分；三是由产品成本负担的，对月初在产品定额成本进行调整定额变动差异部分，任务假定全部变动差异由产成品负担。

任务三 联产品、副产品的成本计算

【任务准备】

某些企业在使用同种原材料、在同一生产过程中可以同时生产出几种主要产品（联产品），或生产一种主要产品并附带生产或利用生产中的废料加工一些非主要产品（副产品）。在这种情况下，需要采用一定的方法正确核算各主、副产品的成本。

在许多制造企业里，存在使用同一种原材料，经过同一生产过程，同时生产出两种或几种产品，或者由于生产条件所限及加工操作等方面的原因，产生了不同等级的同一产品情况。这些产品共同承担的成本，称为联合成本。对于联合成本在不同产品、不同等级产品之间进行分配，可根据不同情况，分为联产品、副产品和等级产品。联产品与副产品的关系如图 7—3 所示。

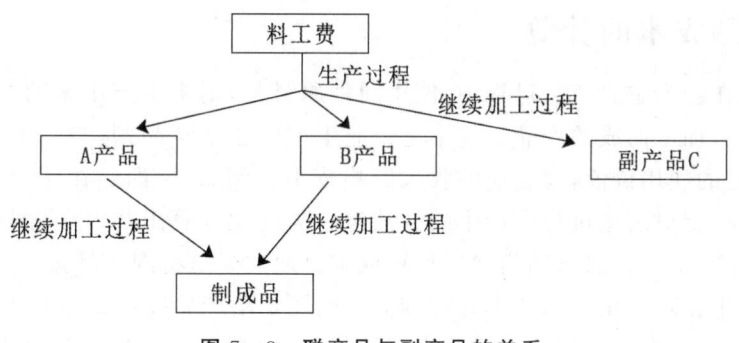

图 7—3 联产品与副产品的关系

一、联产品成本的计算

（一）联产品概述

联产品是指使用同种原材料，经过同一加工过程而同时生产出几种具有同等地位、不同用途的产品。例如，炼油厂在提炼原油时，可以同时生产出原油、汽油、柴油和天然气等几种联产品；糖厂用甘蔗制糖时可以同时生产出白砂糖、绵白糖等联产品；奶制品厂用原奶可以同时生产牛奶、奶油等联产品；化工企业、木材厂、面粉厂等都可生产出各种联产品。这些联产品在性质和用途上不同，但在经济上都有重要的意义，它们都是企业生产的主要目的。

（二）联产品核算程序

联产品的生产从原材料投入到最终产出，要经过联产、分离、分离后再加工三个阶段，分离前联合生产阶段发生的成本称为联合成本，分离后再加工阶段发生的成本称为继续加工成本。联产品成本计算程序如图 7—4 所示。

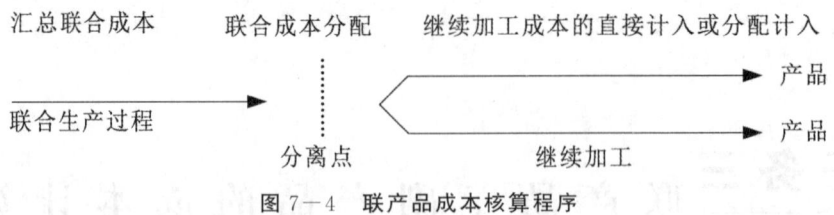

图 7-4 联产品成本核算程序

联产品的成本计算有以下几种情况。

一是在同一生产过程中利用同一原材料,同时生产出几种产品,此时,联产品的成本计算即为将联合生产阶段发生的联合成本进行归集,并选择一定方法进行分配,计算出各种联产品的成本,联合成本的分配方法有产量分配法、系数分配法、售价分配法、原材料耗用比例分配法等。

二是在联产阶段的终点即分离点分离出不同的产品,有的产品可直接对外出售,有的产品还需继续加工;此外,联产品的成本计算包括两方面工作,先将联合生产阶段发生的联合成本进行分配,计算出各种联产品应分摊的分离前成本,可直接对外出售的联产品的成本就是它应分摊的分离前成本,还需继续加工的联产品的成本即为它应分摊的分离前成本加上它在继续加工阶段发生的成本。

二、副产品成本的计算

副产品是指在生产主要产品过程中,使用同种原材料,附带生产出来的一些非主要产品,或利用生产中废料加工而成的产品。它不是企业生产的主要产品,其与主要产品相比价值较低,但它具有一定的使用价值,对企业的收入影响较小。例如,炼油厂在原油的加工过程中产生的渣油、石油焦;肥皂制造过程中产生的甘油等。为简化计算工作,将主副产品作为一类产品,采用与分类法类似的方法来归集费用计算成本。通常只是将副产品按一定标准作价,从分离前的联合成本中扣除。副产品成本计算的关键问题是副产品按什么标准计价。

副产品在分离后,有的可作为产成品直接销售,有的则需进一步加工后才能出售,根据这两种不同情况副产品成本的计价也有所不同。

(一)不需进一步加工直接销售的副产品计价

副产品不负担联合成本。如果副产品的价值较低,副产品可以不负担分离前的联合成本,联合成本全部由主产品负担,副产品的销售收入直接作为其他业务利润处理。采用这种方法,计算简便,但由于副产品不负担分离前的联合成本,在一定程度上会影响主产品成本的正确性。

(二)需要进一步加工的副产品的计价

1.副产品只负担可归属成本

采用这种方法,副产品不负担分离点前发生的联合成本,联合成本全部由主产品负担,副产品只负担分离后进一步加工的成本。这种方法虽简便易行,但它少算了副产品成本,而多算了主产品的成本。

2.副产品既负担可归属成本,也负担分离点前的联合成本

采用这种方法,副产品应负担的联合成本,可按销售价格扣除税金、销售费用和利润后的价值,再减去进一步加工的可归属成本后的价值计算。

3.副产品按计划单位成本计价

如果副产品加工处理时间不长,费用不大,那么为了简化计算工作,副产品也可以按计划单位成本计价,而计算其实际成本。这样,从联合成本中,扣除按计划单位成本计算的副产品成本,即为主产品的成本。如果副产品需进一步加工,但进一步加工所需时间不长,并且是在同一车间完成的,为了简化计算,副产品进一步加工费用也可全部归集在主产品成本计算单中。

【任务实施与解析】

一、联产品成本的核算

【任务7-6】宏海企业在同一生产过程中利用同一原材料,同时生产出A、B、C三种联产品,A产品分离后还需继续加工,继续加工阶段发生的成本为:工资及福利费1 000元,制造费用800元;B、C两产品可直接对外出售。联合成本的分配采用系数分配法分配,B产品为标准产品,系数为1,A、C两产品的系数分别为1.2和0.8。A、B、C三种产品的实际产量分别为300件、400件、540件,A、B、C三种联产品的联合成本为120 000元,其中原材料78 000元、工资及福利费30 000元、制造费用12 000元。根据以上资料可编制联产品成本计算表,见表7-15。

表7-15　　　　　　　　　　　　　联产品成本计算表　　　　　　　　　　　　　单位:元

产品	产量	系数	标准产量	标准产量单位成本	联产品总成本	联产品单位成本
A	300	1.2	360	100	36 000	120
B	400	1	400	100	40 000	100
C	550	0.8	440	100	44 000	80
合计			1 200	100	120 000	

根据以上计算结果和题中资料,可编制产品成本汇总表,见表7-16。

表7-16　　　　　　　　　　　　　产品成本汇总表　　　　　　　　　　　　　单位:元

	摘要	原材料	工资及福利费	制造费用	总成本	单位成本
	各成本项目比重(%)	65	25	10	100	
A	分离时成本	23 400	9 000	3 600	36 000	120
	继续加工费用		1 000	800	1 800	6
	合计	23 400	10 000	4 400	37 800	126
	B	26 000	10 000	4 000	40 000	100
	C	28 600	11 000	4 400	44 000	80
	合计	78 000	31 000	12 800	121 800	

在联产品成本的计算中,各种联合成本的分配可以按各种联产品的产量比例、售价比例或定额成本比例等进行分配,也可以将这些分配标准预先折算成系数,按系数进行分配。

二、副产品成本计算

【任务7-7】某企业在生产甲主产品的同时,附带生产出乙副产品。假定本期共发生费用250 000元,其中直接材料150 000元,直接人工624 00元,制造费用37 600元,甲产品产量16 000千克,乙副产品产量1 000千克,单位售价14元,单位税金1.6元,单位销售费用和利润合计2.4元。副产品成本从直接材料成本项目中减扣。根据上述资料,甲、乙产品成本计算如下:

乙产品单位成本＝14－1.6－2.4＝10(元)

乙产品的总成本＝10×1 000＝10 000(元)

甲产品总成本＝250 000－10 000＝240 000(元)

甲、乙产品成本计算单如表7-17所示。

表7-17 产品成本计算单

产品:甲产品　　　　　　　　　　2020年10月　　　　　　　　　　单位:元

项目	直接材料	直接人工	制造费用	合计
生产费用合计	150 000	62 400	37 600	250 000
结转乙产品成本	10 000			
甲产品总成本	140 000	62 400	37 600	240 000
甲产品单位成本	8.75	3.9	2.35	15

根据成本计算结果,编制结转甲、乙产品完工入库的会计分录:

借:库存商品——甲产品　　　　　　　　　　　240 000
　　　　　　——乙产品　　　　　　　　　　　 10 000
　贷:生产成本——基本生产成本　　　　　　　250 000

如果副产品的价值较高,可以按它的售价扣除税金、销售费用和销售利润后的余额作为副产品应负担的成本,从联合成本中扣减。扣减时,副产品成本可以从直接材料成本项目中一笔扣除,也可以按比例从各成本项目中扣减。

三、需要进一步加工的副产品的计价

【任务7-8】仍沿用前例资料,设乙产品是在分离后进一步加工成丙产品才能对外销售。在进一步加工过程中,耗用原材料413元,直接人工225元,制造费用162元,进一步加工后生产出丙产品900千克,每千克售价18元,单位税金2元,单位销售费用和利润合计4元。根据上述资料,甲、乙、丙产品成本计算如下:

丙产品单位成本＝18－2－4＝12(元)

丙产品的总成本＝12×900＝10 800(元)

乙产品总成本＝10 800－(413＋225＋162)＝10 000(元)

甲产品总成本＝250 000－10 000＝240 000(元)

甲、丙产品成本计算单如表7-18、表7-19所示。

表 7-18　　　　　　　　　　　　产品成本计算单
产品:甲产品　　　　　　　　　　2020 年 10 月　　　　　　　　　　单位:元

项目	直接材料	直接人工	制造费用	合计
生产费用合计	150 000	62 400	37 600	250 000
结转乙产品成本	10 000			
甲产品总成本	14 000	62 400	37 600	240 000
甲产品单位成本	8.75	3.9	2.35	15

表 7-19　　　　　　　　　　　　产品成本计算单
产品:丙产品　　　　　　　　　　2020 年 10 月　　　　　　　　　　单位:元

项目	直接材料	直接人工	制造费用	合计
转入副产品成本	10 000			
进一步加工费用	413	225	162	800
生产费用合计	10 413	225	162	10 800
丙产品总成本	10 413	225	162	10 800
丙产品单位成本	11.57	0.25	0.18	12

根据成本计算结果,编制结转甲、乙产品完工入库的会计分录:
借:库存商品——甲产品　　　　　　　　　　　　　240 000
　　　　　　——丙产品　　　　　　　　　　　　　 10 800
　　贷:生产成本——基本生产成本　　　　　　　　　　　　230 800

四、副产品按计划单位成本计价

【任务 7-9】假设上例分离出的乙产品是在本车间进一步加工成丙产品后再对外销售。由于加工时间不长、加工费不大,丙产品不单设产品成本计算单,全部费用在甲产品成本计算单中归集。丙产品按计划单位成本计价,从甲产品成本中扣除。本月附带生产出丙产品 900 千克,计划单位成本 10 元,其中直接材料 7 元,直接人工 2 元,制造费用 1 元。进一步加工过程中,耗用原材料 413 元,直接人工 225 元,制造费用 162 元。根据上述资料,甲、乙、丙产品成本计算如下:

丙产品总成本=10×900=9 000(元)
其中:直接材料=7×900=6 300(元)
　　　直接人工=2×900=1 800(元)
　　　制造费用=1×900=900(元)
甲产品总成本=250 000+(413+225+162)−10 000=240 800(元)

表7-20　　　　　　　　　　　　　产品成本计算单
产品：甲产品　　　　　　　　　2020年10月　　　　　　　　　　　　单位：元

项目	直接材料	直接人工	制造费用	合计
生产费用合计	150 000	62 400	37 600	250 000
结转乙产品成本	6 300	1 800	900	9 000
甲产品总成本	156 300	64 200	38 500	259 000
甲产品单位成本	9.77	4.01	2.41	16.19

【任务小结】

产品成本计算的辅助方法与企业的生产类型没有直接联系。应用产品成本计算的辅助方法的目的是简化成本计算工作或加强企业的成本控制等。产品成本计算的辅助方法不能单独使用，必须结合产品成本计算的基本方法使用，产品成本计算的辅助方法包括分类法和定额法等。分类法主要适用于产品品种规格繁多，并可以合理分类的企业。定额法是把产品成本的计划、控制、核算和分析结合在一起，以便加强成本管理，而采用的一种成本计算方法。采用此种方法计算产品成本时，以产品的定额成本为基础，加减各种成本差异，计算出完工产品的实际总成本，实际总成本除以总产量，即为完工产品的实际单位成本。此法适用于定额管理制度比较健全，定额管理工作的基础比较好，产品生产已经定型，消耗定额比较准确、稳定的企业。大量大批生产的机械制造业容易具备上述条件，但定额与生产类型并无直接关系。不论哪种生产类型的企业，只要具备上述条件，都可以采用定额法计算产品成本。

生产联产品、副产品的企业，联产品的成本计算，主要是分离点前联产品的联合成本在各联产品之间进行分配的问题。副产品的成本计算往往采用简易的方法，即先将副产品按照一定标准作价，再从分离前的联合成本中扣除。

【任务强化与实操】

一、单项选择

1. 成本计算的分类法的特点是(　　)。

A. 按产品品种计算产品成本

B. 按产品类别计算产品成本

C. 按产品批别归集生产费用，计算产品成本

D. 按生产步骤归集生产费用，计算产品成本

2. 产品成本计算的分类法适用于(　　)。

A. 品种、规格繁多的产品　　　B. 品种、规格繁多并可按一定标准分类的产品

C. 可按一定标准分类的产品　　D. 大量大批生产的产品

3. 采用分类法，应当按(　　)设置生产成本明细账。

A. 产品品种　　　B. 产品类别　　　C. 联产品　　　D. 副产品

4. 由于修改定额而产生的新旧定额之间的差额称为(　　)。

A. 定额差异　　　　　　　　　　　B. 材料成本差异

C. 定额变动差异　　　　　　　　　D. 脱离定额差异

5.产品成本计算的定额法在适用范围上( )。
A.与生产类型直接相关　　　　　B.与生产类型无关
C.适用于大量生产　　　　　　　D.适用于小批生产

6.在脱离定额差异的核算中,与制造费用脱离定额差异核算方式相同的是( )。
A.原材料　　　　　　　　　　　B.计件工资形式的生产工人工资
C.自制半成品　　　　　　　　　D.计时工资形式的生产工人工资

7.定额法的主要缺点是( )。
A.只适用于大批生产的机械化企业
B.不便于成本分析
C.较其他成本计算方法核算工作量大
D.不能合理解决完工产品与月末在产品之间的费用分配问题

8.原材料脱离定额差异核算的限额法( )。
A.既能控制领料,又能控制用料　　B.只能控制领料,不能控制用料
C.只能控制用料,不能控制领料　　D.既控制领料又控制用料,但不能完全控制

9.本月A产品所耗原材料的定额费用为55 000元,脱离定额的差异为超支5 000元,该原材料成本差异率为节约5%,则A产品原材料成本差异额为( )元。
A.+2 500　　B.-3 000　　C.-2 500　　D.+3 000

10.某公司生产甲产品和乙产品,甲产品和乙产品为联产品。6月发生加工成本1 200万元。甲产品和乙产品在分离点上的销售价格总额为750万元,其中甲产品的销售价格总额为450万元,乙产品的销售价格总额为300万元。采用售价法分配联合成本,甲产品应分配的联合成本为( )万元。
A.750　　B.450　　C.480　　D.720

11.在分离后再发生的加工成本称为( )。
A.联合成本　　B.可归属成本　　C.可分成本　　D.共同成本

12.企业在生产主要产品的过程中,附带生产出来的一些次要产品称为( )。
A.联产品　　B.等级品　　C.副产品　　D.次品

13.下列有关副产品的表述正确的是( )。
A.指使用同种原料经过同一生产过程同时加工出来的两种或两种以上的主要产品
B.分配生产成本时,通常先确定副产品的生产成本,然后确定主产品的生产成本
C.分配生产成本时,通常先确定主产品的生产成本,然后确定副产品的生产成本
D.在分配生产成本时,通常可以采用售价法或实物数量法

二、多项选择

1.采用分类法,可将( )等方面相同或相似的产品归为一类。
A.产品结构和耗用原材料　　　　B.产品性质和用途
C.产品生产工艺技术过程　　　　D.产品的售价

2.在分类法下,同类产品内各种产品之间分配费用的标准通常有( )。
A.产品体积　　B.定额费用　　C.产品售价　　D.定额消耗量

3.采用系数法,应在同类产品中选择一种产品作为标准产品,该标准产品的确定应具备的条件有( )。

A. 生产比较稳定　　B. 产量较大　　C. 规格折中　　D. 成本较高

4.分类法的优点是（　　）。
A. 计算的结果比较准确　　　　　B. 能简化成本计算工作
C. 能分类掌握产品成本的水平　　D. 有利于加强成本管理

5.产品成本计算的分类法（　　）。
A. 是以产品类别为成本计算对象
B. 能分类提供产品成本水平资料
C. 各产品成本的计算结果有着一定的假设性
D. 适用于产品品种、规格繁多，并能划分为若干类别的企业

6.在下列各种成本计算方法中，与产品生产类型没有直接联系的方法有（　　）。
A. 分步法　　　B. 分类法　　　C. 定额法　　　D. 品种法

7.定额法的重要内容有（　　）。
A. 控制生产费用支出　　B.及时正确核算生产费用脱离定额的差异
C. 简化成本核算工作　　D.及时正确分析生产费用脱离定额的差异

8.在定额法下，如果月初在产品定额变动差异是负数，说明（　　）。
A. 消耗定额提高　　B. 以前定额管理和成本管理取得了成绩
C. 消耗定额降低　　D. 以前定额管理和成本管理可能存在缺陷

9.原材料脱离定额差异的计算方法有（　　）。
A. 限额领料单法　　B. 切割核算法　　C. 盘存法　　D. 年限法

10.联产品联合成本的分配法有（　　）等。
A.系数分配法　B.相对销售收入分配法　C.实物量分配法　D.人工成本分配法

三、判断

1.采用分类法，同类产品内各种产品之间按其成本项目分配费用时，必须采用同一分配标准进行分配。（　）

2.由于内部结构、所用原材料的质量或工艺技术要求不同而产生的不同产品，则该产品不能采用分类法。（　）

3.凡是产品的品种、规格繁多的企业或车间，均可采用分类法计算产品成本。（　）

4.在分类法下，按系数分配费用，实际上是按以产量加权的总系数分配费用。（　）

5.分类法与生产的类型没有直接关系，因而可以在各种类型的生产中应用。（　）

6.在定额法下，某产品的实际产量、工时定额和计划小时工资率三者的乘积，就是该产品的实际生产工资。（　）

7.为了便于进行成本考核和分析，定额成本包括的成本项目和计算方法，应该与计划成本、实际成本包括的成本项目和计算方法一致。（　）

8.限额领料单所列领料限额，不一定是材料的定额消耗量。（　）

9.定额变动差异反映的是生产费用的实际支出符合定额的程度。（　）

10.一个企业或车间不能同时应用几种成本计算方法。（　）

11.对分离后仍需进一步加工才能出售的副产品，价值较高的，则需负担可归属成本和分离前的联合成本。（　）

12.联产品的成本计算，就是将分离点后联产品的联合成本在种类联产品之间进行分配。（　）

13.制造企业在生产主要产品的过程中,附带的生产出来的一些要产品,称为联产品。( )

14.联产品和副产品没有本质上的区别,它们的成本计算只要将其按一定标准作价,从分离点前的联合成本中扣除就可以了。( )

15.在分配主产品和副产品的生产成本时,通常先确定主产品的生产成本,然后确定副产品的生产成本( )。

四、任务实操

(一)假定某企业大量生产甲、乙、丙三种产品,这三种产品的规格不同,但其结构相似,所用原材料相同,生产工艺过程也相近。为了简化核算工作,将三种产品归为一类,按全厂各月份生产的该类产品来归集费用。原材料在生产开始时一次投入。该类产品本月发生的费用与月初在产品的成本之和为40 214元,其中直接材料费用22 064元,直接人工7 260元,制造费用10 890元。要求将按各类别归集的生产费用,分配到甲、乙、丙三种不同规格的产品中去。2020年10月甲、乙、丙三种产品的完工产品与在产品的有关资料如下表所示。

甲、乙、丙三种产品的有关资料

产品名称	完工产品产量	在产品产量	在产品完工程度	单位定额成本
甲产品	900	200	50%	30
乙产品	240	100	60%	50
丙产品	600	120	75%	40

假定该类产品按定额成本制定综合系数作为分配的依据,以乙产品作为标准产品,以各产品的单位定额成本计算类内各产品的成本系数,填制类内各产品的标准产量换算表及成本计算单,并制作完工产品的会计分录。

标准产品产量换算表

类别:　　　　　　　　　　　2020年10月　　　　　　　　　　　金额单位:元

产品名称	系数	产成品		在产品			标准产量	
		实际产量	标准产量	实际数量	完工程度	约当产量	按约当产量折合	按实际数量折合
	①	②	③	④	⑤	⑥	⑦	⑧
甲								
乙								
丙								
合计	—	—						

产品成本计算表

类别： 2020年10月 金额单位：元

摘要	直接材料	直接人工	制造费用	合计
本月生产费用				
甲产品 实际产量 单位成本				
乙产品 实际产量 单位成本				
丙产品 实际产量 单位成本				
合计				
月末在产品成本				

（二）某企业生产丙产品采用定额法计算产品成本。丙产品有关原材料费用资料如下：

(1)月初在产品原材料定额费用3 000元，月初在产品脱离定额差异为节约24元。

(2)本月修订原材料费用定额，由50元降低为48元，并从本月起执行。本月发生的原材料定额费用4 320元，原材料脱离定额差异为超支600元。

(3)本月原材料成本差异率为节约5%。

(4)本月完工产品原材料定额费用为6 720元。

(5)原材料成本差异和定额变动差异全部由完工产品负担；原材料脱离定额差异按定额费用比例在完工产品和月末在产品之间进行分配。

要求：

(1)计算月初在产品定额变动差异。

(2)计算月末在产品原材料定额费用。

(3)计算本月原材料费用应分配的材料成本差异。

(4)分配计算完工产品与月末在产品应负担的原材料脱离定额差异，确定完工产品和月末在产品的原材料实际费用。

(三)海西集团下属的建福公司第三分厂在生产主要产品——丁产品的同时,附带生产出A副产品,A副产品分离后需进一步加工后才能出售。2020年11月共发生联合成本155 000元,其中:直接材料77 500元,直接人工31 000元,制造费用46 500元。A副产品进一步加工发生直接人工费2 000元,制造费用2 500元。本月生产丁产品1 000千克,A副产品200千克,A副产品的市场售价150元/千克,单位税金和利润50元。

根据资料,按A副产品既要负担专属成本,又要负担分离前联合成本的方法计算丁产品成本和A副产品成本。

主产品成本计算单

品名:丁产品　　　　　　　　　2020年11月　　　　　　　　　　金额:元

品名	直接材料	直接人工	制造费用	合计
生产费用合计				
结转副产品负担的联合成本				
本月完工丁产品的生产成本				
单位成本				

副产品成本计算单

品名:A副产品　　　　　　　　　2020年11月　　　　　　　　　　金额:元

品名	直接材料	直接人工	制造费用	合计
分摊的联合成本				
可归属的成本				
A副产品总成本				
单位成本				

要求:根据成本计算单和产品入库单,编制结转完工入库产品成本的会计分录。

项目八 成本控制与考核

【知识目标】
1. 理解成本控制的含义,熟悉成本控制的内容。
2. 熟悉成本控制的方法。
3. 理解责任成本的含义,熟悉责任成本的内容。

【能力目标】
1. 能够运用标准成本法进行成本控制。
2. 能够进行责任成本的计算与考核。

【素质目标】
1. 培养良好的职业道德和社会责任感。
2. 具有严谨、踏实的工作作风。

工作情境

西林公司是一家从事钢铁冶炼和机械制造的股份有限公司,由于产品生产工序复杂,原材料消耗和人工费用等和同行业相比偏高,企业生产成本一直居高不下,企业竞争力下降。西林公司决定学习邯钢经验,推行标准成本法控制成本。该公司应该从哪里入手运用标准成本法控制生产成本呢?

任务一　标准成本法控制成本

【任务准备】

运用标准成本法控制成本，首先应制定出本企业的标准成本，即制定单位产品标准成本，为下一步的成本差异分析和账务处理提供基础；成本差异分析，目的在于找出差异存在的原因和对策，以便对成本进行控制；标准成本账务处理，不仅可以提高成本计算的质量和效率，而且可以简化记账手续。

一、标准成本法控制成本

(一)成本控制的含义

成本控制即在成本形成过程中对各项成本活动进行监控，及时发现偏差，采取纠正措施，保证成本目标的实现。成本控制有狭义成本控制和广义成本控制之分。狭义成本控制亦称日常成本控制或成本的过程控制。广义的成本控制，包括事前成本控制、事中成本控制、事后成本控制。本项目所讲的成本控制是指狭义的成本控制。

(二)成本控制的程序

1.制定成本控制标准。这是成本控制的起点。成本控制标准一般按直接材料、直接人工和制造费用分别制定。每一项控制标准的制定均应考虑数量和单价两个基本要素。

2.执行成本控制标准。

3.确定成本差异。将实际发生的费用与制定的标准进行比较，分析成本差异的程度和性质，确定成本差异形成的原因和责任归属。差异的计算与分析通常按直接材料、直接人工和制造费用三个项目进行。

4.成本反馈。成本差异情况应及时反馈到有关部门，以便提出降低成本的措施或修订成本标准的建议。

(三)成本控制的原则

1.经济原则。即因推行成本控制而发生的成本，不应超过因缺少控制而丧失的收益。经济原则要求：成本控制具有实用性；贯彻例外管理原则，对正常成本费用支出可以从简控制，而格外关注各种例外支出；贯彻重要性原则，把注意力集中于重要事项，对无关紧要的事项从略；对成本控制具有灵活性。

2.因地制宜原则。成本控制必须个别设计，适合特定企业、部门、岗位和成本项目的实际情况，不可盲目照搬别人的做法。

3.全员参加原则。成本控制是全体员工的共同任务，每个员工都负有成本控制责任。成本控制要求每个员工：具有成本控制的愿望和意识，养成节约成本的习惯，关心成本控制的结果；具有合作精神，理解成本控制是一项集体的努力过程；正确理解和使用成本控制信息，据以控制成本。有效控制成本的关键，是调动全体员工的积极性。

4.领导推动原则。成本控制必须由最高管理当局推动。成本控制对管理当局的要求：重视并支持成本控制；具有完成成本控制的决心和信心，不半途而废；具有实事求是的精神，不急功近利、好高骛远；以身作则，严格控制自身的责任成本。

（四）成本控制的方法

日常成本控制方法包括定额法和标准成本法。本项目仅对标准成本法进行控制成本作一简要介绍。

标准成本法亦称"标准成本制度"，是泰罗管理思想在成本会计中的具体体现。标准成本法是一个成本控制系统，包括标准成本的制定、计算、分析差异，处理成本差异三个环节。

（五）标准成本的含义

标准成本是通过精确的调查、分析和技术测定而制定的，用于评价实际成本的一种预计成本。基本排除了不应该的成本"浪费"，是一种"应该"成本。标准成本主要用于衡量产品制造过程的工作效率和控制成本，也可用于存货和销货的成本计算。

（六）标准成本的类型

企业在生产经营过程中的不同期望水平导致不同的标准成本类型。

1.理想标准成本，是指企业在最优生产条件下，利用现有的规模和设备能够达到的最低成本。制定理想标准成本的依据，是理论上的业绩标准、生产要素的理想价格和可能实现的最高生产经营能力利用水平。它的主要用途是提供一个完美无缺的目标，揭示实际成本下降的潜力。因其提出的要求太高，不能作为考核的依据。

2.基本标准成本，是以某一时期正常的耗用水平、正常的价格和正常的生产经营能力利用程度而制定的标准成本。这是一种经过努力可以达到的成本，而且在生产技术和经营管理条件没有较大变动的情况下，可以不修订而继续使用。

3.正常标准成本，是指在效率良好的生产条件下，根据下期一般应该发生的生产要素消耗量、预计价格和预计生产经营能力利用程度制定出来的标准成本。

在制定正常标准成本时，把生产经营中一般难以避免的损耗和低效率等情况计算在内，更符合实际，成为切实可行的控制标准。从数量上，正常标准成本大于理想标准成本，小于历史平均水平，有利于调动职工积极性。企业广泛采用的标准成本是正常标准成本。

【任务实施及解析】

标准成本的制定

【任务8—1】西林公司根据生产实践编制直接材料标准成本。

材料用量标准即单位产品材料消耗量，主要由生产技术部门制定；材料价格标准即材料价格，由会计部门和采购部门共同制定，如表8—1所示。

直接材料标准成本＝直接材料标准消耗量×材料标准单价

表 8-1　　　　　　　　　　西林公司直接材料标准成本

A 产品　　　　　　　　2020 年 10 月　　　　　　　　金额单位:元

标准	材料甲	材料乙
价格标准		
发票价格	1.00	4.00
装卸检验费	0.07	0.28
每千克标准价格		
用量标准		
设计用量	3.0	2.0
允许损耗	0.3	
单位标准用量	3.3	2.0
成本标准		
材料甲(3.3×1.07)	3.53	
材料乙(2.0×4.28)		8.56
单位标准成本	12.09	

【任务 8-2】西林公司根据生产实践编制直接人工标准成本。

直接人工用量标准即单位产品直接人工工时,主要由生产技术部门制定;价格标准即单位小时工资率,由会计部门和生产部门共同制定,如表 8-2 所示。

直接人工标准成本＝直接人工标准工时×直接人工标准工资率

表 8-2　　　　　　　　　　西林公司直接人工标准成本

A 产品　　　　　　　　2020 年 10 月　　　　　　　　金额单位:元

标准	第一车间	第二车间
直接人工标准工资率		
基本生产工人人数	20	50
每人每月工时(25.5×8)	204	204
出勤率	98%	98%
每人平均可用工时	200	200
每月总工时	4 000	10 000
每月总工资	3 600	12 600
每小时工资	0.90	1.26
直接人工标准工时		
理想作业时间	1.5	0.8
设备调整时间	0.3	—

续表

标准	第一车间	第二车间
工间休息	0.1	0.1
其他	0.1	0.1
单位产品工时合计	2.0	1.0
直接人工标准成本	1.80	1.26
合　　计	3.06	

【任务8—3】西林公司根据生产实践编制制造费用标准成本。

制造费用用量标准即单位产品直接人工工时或机器工时,主要由生产技术部门制定;价格标准即小时制造费用分配率,由会计部门和生产部门共同制定。

①变动制造费用标准成本

变动制造费用标准分配率＝变动制造费用/直接人工总费用

变动制造费用标准成本＝直接人工标准工时(机器工时)×变动制造费用标准分配率

各车间变动制造费用标准成本确定以后,可汇总出单位产品的变动制造费用标准成本,如表8—3所示。

表8—3　　　　　　　　　西林公司变动制造费用标准成本

A产品　　　　　　　　2020年10月　　　　　　　金额单位:元

部门	第一车间	第二车间
变动制造费用预算		
运输	800	2 100
电力	400	2 900
消耗材料	1 400	2 300
间接人工	2 000	3 900
燃料	400	1 400
其他	200	400
合计	5 200	13 000
生产量标准(人工工时)	4 000	10 000
变动制造费用分配率	1.30	1.30
直接人工标准工时	2	1
变动制造费用标准成本	2.60	1.30
单位产品标准变动制造费用	3.90	

②固定制造费用标准成本

如果企业采用完全成本法计算成本,则固定制造费用计入产品成本。

固定制造费用标准分配率＝固定制造费用/直接人工标准总工时
固定制造费用标准成本＝直接人工标准工时(机器工时)×固定制造费用标准分配率
各车间固定制造费用标准成本确定以后，可汇总出单位产品的固定制造费用标准成本，见表8－4所示。

表8－4　　　　　　　　西林公司固定制造费用标准成本
A产品　　　　　　　　2020年10月　　　　　　　　金额单位：元

部门	第一车间	第二车间
固定制造费用预算		
折旧费	200	1 750
管理人员工资	700	1 500
间接人工	500	1 200
保险费	300	400
其他	300	150
合计	2 000	5 000
生产量标准(人工工时)	4 000	10 000
固定制造费用分配率	0.5	0.5
直接人工标准工时	2	1
固定制造费用标准成本	1.0	0.5
单位产品标准固定制造费用	1.50	

【任务8－4】西林公司根据生产实践编制单位产品标准成本，将以上直接材料、直接人工和制造费用的标准成本按产品加以汇总，即可确定单位产品的标准成本，一般通过编制"标准成本卡"来完成，见表8－5。

表8－5　　　　　　　　西林公司标准成本卡
A产品　　　　　　　　2020年10月

成本项目	用量标准	价格标准	标准成本
直接材料			
甲材料	3.3千克	1.07元/千克	3.53元
乙材料	2.0千克	4.28元/千克	8.56元
合计			12.09元
直接人工			
第一车间	2.0小时	0.90元/小时	1.80元
第二车间	1.0小时	1.26元/小时	1.26元
合计			3.06元

续表

成本项目	用量标准	价格标准	标准成本
制造费用			
变动制造费用(第一车间)	2.0 小时	1.30 元/小时	2.60 元
变动制造费用(第二车间)	1.0 小时	1.30 元/小时	1.30 元
合计			3.90 元
固定费用			
固定制造费用(第一车间)	2.0 小时	0.50 元/小时	1.00 元
固定制造费用(第二车间)	1.0 小时	0.50 元/小时	0.50 元
合计			1.50 元
单位标准成本总计	20.55 元		

任务二 标准成本差异分析

【任务准备】

一、成本差异的含义

实际成本与标准成本的差额,称为标准成本差异或称为成本差异。成本差异反映实际成本脱离预定目标的程度。

二、成本差异分析基本原理

成本差异＝实际成本－标准成本＝实际数量×实际价格－标准数量×标准价格

成本差异＝实际数量×(实际价格－标准价格)＋(实际数量－标准数量)×标准价格

成本差异＝价格差异＋数量差异

三、成本差异形成的原因

不同的成本项目,其成本差异形成的原因有所不同。

材料价格差异是在采购过程中形成的,应由采购部门负责;形成材料价格差异的具体原因很多,比如未能及时订货造成的紧急订货、供应厂家价格变动、采购舍近求远、违反合同而被罚款等。材料数量差异是在材料耗用过程中形成的,反映生产部门的成本控制业绩;形成材料数量差异的具体原因也有许多,比如操作失误造成废品和废料增加、技术改进而节省材料、新工人上岗造成多用料等;但有时多消耗材料并非生产部门的责任,如购入材料质量低劣、工艺变更、检验过严也会使数量差异加大。

工资率差异形成的原因包括:直接生产工人升级或降级使用、奖励制度未产生实效、工资率调整、加班或使用临时工、出勤率变化等。一般应归属于人事劳动部门,具体可能涉及生产部门或其他部门。直接人工效率差异主要是生产部门的责任,形成的原因包括:工作环境不良、工人经验不足、劳动情绪不佳、机器或工具选择不当、设备故障太多、作业计划安排不当等。

变动制造费用的耗费差异是部门经理的责任,主要是部门开支超支造成的。变动制造费用效率差异形成的原因与直接人工效率差异形成的原因相同。

四、标准成本核算

(一)账户设置

设置"原材料""生产成本""库存商品"账户登记相关资产的标准成本;设置"材料价格差异""材料数量差异""直接人工效率差异""直接人工工资率差异""变动制造费用耗费差异""变动制造费用效率差异""固定制造费用耗费差异""固定制造费用闲置能量差异""固定制造费用

效率差异"账户登记相关成本差异。

【任务实施与解析】

成本差异分析

(一)直接材料成本差异分析

【任务8-5】西林公司2020年10月生产产品400件,消耗乙材料900千克,材料单价4.08元/千克;直接材料单位产品标准成本为8.56元,即每件产品消耗2千克直接材料,材料标准单价4.28元/千克。试进行直接材料成本差异分析。

直接材料价格差异=900×(4.08-4.28)=-180(元)

直接材料数量差异=(900-400×2)×4.28=428(元)

验算:

直接材料成本差异=-180+428=248(元)

直接材料成本差异=900×4.08-400×2×4.28=3 672-3 424=24(元)

解析:直接材料成本差异分为材料数量差异和材料价格差异。

材料价格差异=实际数量×(实际价格-标准价格)

材料数量差异=(实际数量-标准数量)×标准价格

(二)直接人工成本差异分析

【任务8-6】西林公司2020年10月生产产品400件,实际使用工时900工时,支付工资1 098元;直接人工的标准成本为3.06元/小时,即每件产品标准工时3小时,标准工资率为1.02元/小时。试进行直接人工成本差异分析。

直接人工效率差异=(900-400×3)×1.02=(900-1 200)×1.02=-306(元)

直接人工工资率差异=$900\times(\frac{1\ 098}{900}-1.02)$=900×(1.22-1.02)=180(元)

验算:

直接人工成本差异=-306+180=-126(元)

直接人工成本差异=1 098-400×3.06=-126(元)

直接人工成本差异分为人工效率差异和工资率差异:

工资率差异=实际工时×(实际工资率-标准工资率)

人工效率差异=(实际工时-标准工时)×标准工资率

(三)变动制造费用差异分析

【任务8-7】西林公司本月生产产品400件,实际使用工时900工时,实际发生变动制造费用1 350元;变动制造费用的标准成本为3.9元/件,即每件产品标准工时3小时,标准变动制造费用分配率为1.3元/小时。试进行变动制造费用成本差异分析。

变动制造费用效率差异=(900-400×3)×1.3=-300×1.3=-390(元)

变动制造费用耗费差异=$900\times(\frac{1\ 350}{900}-2)$=900×(1.5-1.3)=180(元)

验算:

变动制造费用成本差异=-390+180=-210(元)

变动制造费用成本差异=1 350-400×3.9=-210(元)

变动制造费用差异分为变动制造费用耗费差异和变动制造费用效率差异:

变动制造费用耗费差异＝实际工时×(实际分配率－标准分配率)
变动制造费用效率差异＝(实际工时－标准工时)×变动制造费用标准分配率

(四)固定制造费用差异分析

【任务8－8】西林公司2020年10月生产产品400件,实际使用工时900工时,实际发生固定制造费用2 035元;企业生产能力为600件即1 800小时;每件产品固定制造费用标准成本为4.5元/件,即每件产品标准工时为3小时,标准分配率为1.50元/小时。试进行固定制造费用成本差异分析。

1.二因素分析法

固定制造费用耗费差异＝2 035－1 800×1.5＝－665(元)
固定制造费用能量差异＝1 800×1.5－400×3×1.5＝2 700－1 200＝＋900(元)

验算：
固定制造费用成本差异＝(－665)＋(＋900)＝＋235(元)
固定制造费用成本差异＝2 035－400×4.5＝＋235(元)

2.三因素分析法

固定制造费用耗费差异＝2 035－1 800×1.5＝－665(元)
固定制造费用闲置能量差异＝(1 800－900)×1.5＝＋1 350(元)
固定制造费用效率差异＝(900－400×3)×1.5＝－450(元)

验算：
固定制造费用成本差异＝(－665)＋(＋1350)＋(－450)＝＋235(元)
固定制造费用成本差异＝2 035－400×4.5＝＋235(元)

解析：

1.二因素分析法

将固定制造费用差异分为固定制造费用耗费差异和固定制造费用能量差异。固定制造费用耗费差异指固定制造费用实际金额与固定制造费用预算金额之间的差额;固定制造费用能量差异指固定制造费用预算与固定制造费用标准成本的差额。

固定制造费用耗费差异＝固定制造费用实际数－固定制造费用预算数
固定制造费用能量差异＝固定制造费用预算－固定制造费用标准成本
或＝(生产能量－实际产量标准工时)×固定制造费用分配率

2.三因素分析法

将固定制造能量差异进一步分为效率差异和闲置能量差异。固定制造费用效率差异是实际工时脱离标准工时而形成的,固定制造费用闲置能量差异是实际工时未达到生产能量而形成的。

固定制造费用耗费差异＝固定制造费用实际数－固定制造费用预算数
固定制造费用闲置能量差异＝固定制造费用预算－实际工时×固定制造费用分配率
或＝(生产能量－实际工时)×固定制造费用分配率
固定制造费用效率差异＝(实际工时－实际产量标准工时)×固定制造费用分配率

二、标准成本核算

(一)成本差异结转

【任务8－9】南方公司2020年10月期初资料见表8－6。

表 8-6　　　　　　　　　　　　期初资料
2020 年 10 月

单位标准成本		费用预算	
直接材料(100 千克×0.3 元/小时)	30 元	生产能量	4 000 小时
直接人工(8 小时×4 元/小时)	32 元	变动制造费用	6 000 元
变动制造费用(8 小时×1.5 元/小时)	12 元	固定制造费用	4 000 元
固定制造费用(8 小时×1 元/小时)	8 元	变动制造费用标准分配率	1.5 元/小时
单位产品成本	82 元	固定制造费用标准分配率	1 元/小时

① 本月第一次购入原材料 30 000 千克,实际成本 0.27 元/千克,共计 8 100 元,材料款未付。

价格差异:30 000×(0.27−0.3)=−900(元)

账务处理:

借:原材料　　　　　　　　　　　9 000
　　贷:材料价格差异　　　　　　　　900
　　　　应付账款　　　　　　　　　8 100

② 本月第二次购入原材料 20 000 千克,实际成本 0.32 元/千克,共计 6 400 元,材料款未付。

价格差异:20 000×(0.32−0.3)=400(元)

账务处理:

借:原材料　　　　　6 000(20 000×0.3)
　　材料价格差异　　　　　　　　　400
　　贷:应付账款　　　6 400(20 000×0.32)

③ 本月投产 450 件,共领用原材料 45 500 千克。

数量差异:(45 500−450×100)×0.3=150(元)

账务处理:

借:生产成本　　　13 500(450×100×0.3)
　　材料数量差异　　　　　　　　　150
　　贷:原材料　　　　13 650(45 500×0.3)

④ 本月初在产品 50 件,在产品约当产量系数为 0.5。本月投产 450 件,完工入库 430 件,月末在产品 70 件。本月实际使用直接人工 3 500 小时,应支付工资 14 350 元,4.1 元/小时。

本月完成约当产量为:70×0.5+430−50×0.5=440(件)

人工效率差异:(3 500−440×8)×4=−80(元)

人工工资率差异:3 500×(4.1−4)=350(元)

账务处理:

借:生产成本　　　　14 080(440×8×4)
　　直接人工工资率差异　　　　　　350
　　贷:直接人工工资效率差异　　　　80

　　　　应付工资　　　　　　　　　　　　　　　　14 350（3 500×4.1）

⑤本月实际发生变动制造费用5 600元，实际费用分配率1.6元/小时。

变动制造费用效率差异：(3 500－440×8)×1.5＝－30（元）

变动制造费用耗费差异：3 500×(1.6－1.5)＝350（元）

账务处理：

借：生产成本　　　　　　　　　5 280（440×8×1.5）

　　变动制造费用耗费差异　　　　350

　　贷：变动制造费用效率差异　　　　　　　　　30

　　　　变动制造费用　　　　　　　　　　　　5 600（3 500×1.6）

⑥本月实际发生固定制造费用3 675元，实际费用分配率1.05元/小时。

固定制造费用耗费差异：3 675－4 000＝－325（元）

固定制造费用闲置能量差异：(4 000－3 500)×1＝500（元）

固定制造费用效率差异：(3 500－440×8)×1＝－20（元）

账务处理：

借：生产成本　　　　　　　　　3 520（440×8×1）

　　固定制造费用闲置能量差异　　500

　　贷：固定制造费用耗费差异　　　　　　　　325

　　　　固定制造费用效率差异　　　　　　　　 20

　　　　固定制造费用　　　　　　　　　　　　3 675（3 500×1.05）

⑦本月初产成品30件，本月完工入库430件。

账务处理：

借：产成品　　　　　　　　　　35 260（430×82）

　　贷：生产成本　　　　　　　　　　　　　35 260

⑧本月销售440件，月末20件。销售单价125元/件。

账务处理：

借：应收账款　　　　　　　　　55 000（440×125）

　　贷：生产成本　　　　　　　　　　　　　55 000

借：主营业务成本　　　　　　　36 080（440×82）

　　贷：生产成本　　　　　　　　　　　　　36 080

结转各种成本差异

借：主营业务成本　　　　　　　　　　　　　395

　　材料价格差异　　　　　　　　　　　　　500

　　直接人工效率差异　　　　　　　　　　　 80

　　变动制造费用效率差异　　　　　　　　　 30

　　固定制造费用耗费差异　　　　　　　　　325

　　固定制造费用效率差异　　　　　　　　　 20

　　贷：材料数量差异　　　　　　　　　　　　150

　　　　直接人工工资率差异　　　　　　　　　350

　　　　变动制造费用耗费差异　　　　　　　　350

　　　　固定制造费用闲置能量差异　　　　　　　　　　500

　　在成本差异不大时,将成本差异在会计期末结转本期损益。具体来说,将各种成本差异转入"本年利润"账户,或者先将成本差异转入"主营业务成本"账户,再随同已销产品的标准成本转入"本年利润"账户。

任务三 成本考核

【任务准备】

成本考核是成本管理的一个关键环节,责任成本是成本考核的重要手段,通过对各个责任中心责任成本的计算和考核,借以对企业的业绩进行评价;并据以编写成本控制与考核报告。

一、责任成本的含义与特点

(一)责任成本的含义

责任成本是成本考核的形式。责任成本是以责任单位为对象,以其承担的责任为范围所归集的成本,亦即特定责任中心的全部可控成本。

(二)可控成本的含义

可控成本指在特定时期内、特定责任中心能够直接控制其发生的成本。可控成本总是针对特定责任中心的,一项成本对某个责任中心是可控的,而对另一个责任中心则是不可控的。区分可控成本,还要考虑成本发生的时间范围;一般来说,在消耗或支付的当期成本是可控的,一旦消耗或支付就不再可控。

在计算责任成本前,必须将成本分为可控成本和不可控成本。确定可控成本的条件有:成本可以预计;是可以控制的成本;是可以计量的成本。否则为不可控成本。

(三)责任成本的特点

计算责任成本的目的是评价成本控制业绩;责任成本是以责任中心为成本计算的对象;责任成本计算的范围是各个责任中心的可控成本,谁能控制谁负责;责任成本重点是事后的计算、评价和考核。

二、责任成本的内容

(1)责任成本的内容取决于企业的生产特点。不同企业有不同的生产特点,因而不同企业的责任中心其责任成本亦不同。

(2)责任成本的内容主要有:技术部门的责任成本;供应部门的责任成本;生产部门的责任成本;销售部门的责任成本。

责任成本由各责任中心直接控制和调节的"可控成本"组成。属于某责任中心的各项可控成本之和,即构成该中心的责任成本。

某责任中心的责任成本=该责任中心生产成本−该责任中心不可控成本+其他单位转来的责任成本

责任成本考核一般采用逐级汇总的办法,通常由班组、车间、厂部逐级汇总。先由班组汇总到车间,再由车间汇总到厂部,计算出企业责任成本。

班组责任成本＝可控直接材料成本＋可控直接人工成本＋可控制造费用成本

车间责任成本＝各班组责任成本＋车间可控间接费用成本

企业责任成本＝各车间责任成本＋企业可控间接费用成本

三、责任成本的考核

(一)责任成本考核的含义

责任成本考核即通过报告期成本实际完成数与预算指标、定额指标对比,借以评价成本管理工作业绩及成本管理水平的一项工作。责任成本考核是成本管理和检验成本管理目标是否达到的一个关键环节。

(二)责任成本考核的内容

1.编制与修订责任成本预算

责任成本预算是各责任中心业绩控制和考核的重要依据。它通常按预定的生产产量、生产消耗定额标准和成本标准,运用弹性预算方法,编制各责任中心的预算责任成本。按预定的业务量标准编制好责任成本预算后,还需要按实际的业务量进行调整。

2.确定成本考核指标

用于成本考核的指标有目标成本节约额和目标成本节约率。

目标成本节约额＝预算成本－实际成本

目标成本节约率＝目标成本节约额/目标成本×100％

当预算成本大于实际成本时,表示为目标成本节约;反之,则表示目标成本超支。

【任务实施与解析】

【任务8－10】下面以西林公司2020年12月为例,计算责任成本,见表8－7。

表8－7　　　　　　西林公司责任成本计算表

成本中心		预算	实际	差异
甲班组责任成本	实际业绩			
	直接材料	4 500	4 700	＋200
	直接人工	2 000	2 100	＋100
	制造费用	1 600	1 500	－100
	合计	8 100	8 300	＋200
A车间责任成本	实际业绩			
	甲班组责任成本	8 100	8 300	＋200
	乙班组责任成本	8 000	7 800	－200

续表

成本中心		预算	实际	差异
A车间责任成本	A车间可控成本	2 000	2 200	+200
	合计	18 100	18 300	+200
企业责任成本	实际业绩			
	A车间责任成本	18 100	18 300	+200
	B车间责任成本	19 800	21 000	+1 200
	企业可控成本	4 500	5 000	+500
	成本合计	42 400	44 300	+1 900

四、责任成本考核的业绩评价

评价一个责任中心的业绩,要同时考核目标成本节约额和目标成本节约率,综合考核各方面因素的影响,合理、公正地进行业绩评价。

业绩评价应编制成本控制与考核报告,对相关责任成本中心进行奖励与惩罚,提出纠正偏差的措施。纠偏措施包括:重新制订计划或修改目标;采用组织手段重新委派任务或明确职责;采用人事管理措施增加人员,选拔和培训或者撤换主管人员;改进指导和领导工作,给下属以更具体的指导和实施更有效的领导。

【任务8—11】南方公司生产A、B、C三种产品,每种产品均需甲、乙、丙三个生产部门加工。2020年12月企业发生直接材料消耗180 000元,直接人工80 000元,制造费用100 000元,根据料、工、费耗用的原始凭证及有关的分配表,各责任中心和各产品该月成本计算,如表7—8所示。如果甲、乙、丙三个责任成本中心的责任成本预算分别为150 000元、80 000元、110 000元,则如何对各责任中心进行考核?

表8—8 南方公司责任成本和产品成本计算
2020年12月 金额单位:元

成本项目	合计	责任成本			产品成本		
		甲	乙	丙	A	B	C
直接材料	180 000	90 000	50 000	40 000	43 000	77 000	60 000
直接人工	80 000	30 000	20 000	30 000	20 000	30 000	30 000
制造费用	100 000	40 000	30 000	30 000	30 000	40 000	30 000
总成本	360 000	160 000	100 000	100 000	93 000	147 000	120 000

目标成本节约额(甲)=150 000-160 000=-10 000(元)

目标成本节约率(甲)=$\dfrac{-10\ 000}{150\ 000} \times 100\% = -6.7\%$

由此可见,甲责任成本中心成本超支较少,没有完成成本控制目标,应进一步分析原因,采取有效措施,以便于下期控制成本。

目标成本节约额(乙)＝80 000－100 000＝－20 000(元)

目标成本节约率(乙)＝$\frac{-20\ 000}{80\ 000}×100\%＝-25\%$

由此可见,乙责任成本中心成本超支较多,没有完成成本控制目标,应进一步分析原因,采取有效措施,以便于下期控制成本。

目标成本节约额(丙)＝110 000－100 000＝10 000(元)

目标成本节约率(丙)＝$\frac{-10\ 000}{110\ 000}×100\%＝9.1\%$

【任务小结】

标准成本法是成本核算与成本管理紧密结合的方法,其通过标准成本系统予以实施。标准成本系统由标准成本制定、标准成本的差异分析以及成本差异处理构成。

成本差异的计算与分析是标准成本法系统的重要内容。成本差异从不同的角度可以进行不同的分类,包括价格差异与用量差异、有利差异与不利差异、主观差异与客观差异等。

成本考核是在财务报告期结束时,通过把报告期成本完成数额与计划指标、定额指标、预算指标进行对比,来评价成本管理工作成绩的一项工作,它是成本管理的最后一个环节,也是检查成本管理目标是否达到的一个重要环节。

成本控制与考核是成本管理两大工作任务。标准成本制定是标准成本控制的基础;标准成本差异分析即将实际成本与标准成本对比,计算两者的差额,是成本控制的手段;标准成本账务处理是对成本差异的记录与期末结转,是成本控制的目的和归宿。责任成本的制定与计算是成本考核的前提,业绩评价是成本考核的手段,成本控制与考核报告是成本考核的结果体现。

【任务强化与实操】

一、单项选择

1.根据正常的耗用水平、正常的价格和正常的生产经营能力,利用程度制定的标准成本是(　　)。

　A.平均标准成本　　B.理想标准成本　　C.正常标准成本　　D.现实标准成本

2.标准成本可以按成本项目分别反映,每个成本项目的标准成本可按(　　)计算得到。

　A.价格标准×实际用量　　　　B.实际价格×用量标准

　C.实际价格×实际用量　　　　D.价格标准×用量标准

3.计算数量差异要以(　　)为基础。

　A.标准价格　　B.实际价格　　C.标准成本　　D.实际成本

4.直接材料数量差异一般应由(　　)负责。

　A.采购部门　　B.生产部门　　C.人事部门　　D.质量控制部门

5.直接材料价格差异一般应由(　　)负责。

　A.采购部门　　B.生产部门　　C.人事部门　　D.质量控制部门

6.本月生产甲产品8 000件,实际耗用A材料32 000千克,其实际价格为每千克40元。该产品A材料的用量标准为3千克,标准价格为45元,其直接材料用量差异为(　　)元。

　A.360 000　　　B.320 000　　　C.200 000　　　D.－160 000

7.某产品工时消耗定额为2小时,变动制造费用标准分配率为3元/小时。本月生产产品600件,实际使用工时2 000小时,实际发生变动制造费用8 000元。则变动制造费用差异为( )元。

　　A.1 200　　　　B.2 400　　　　C.3 200　　　　D.2 000

8.固定制造费用的实际发生额与固定制造费用预算额之间的差异称为( )。

　　A.能量差异　　B.效率差异　　C.开支差异　　D.生产能力利用差异

9.成本差异是指在标准成本控制系统下,企业在一定时期生产一定数量的产品所发生的实际成本与( )之间的差额。

　　A.计划成本　　B.历史成本　　C.标准成本　　D.预算成本

10.计算数据差异要以( )为基础。

　　A.标准价格　　B.实际价格　　C.标准成本　　D.实际成本

11.直接人工效率差异是指单位( )耗用脱离单位标准人工工时耗用量所产生的差异。

　　A.实际人工工时　　B.定额人工工时　　C.预算人工工时　　D.正常人工工时

12.固定制造费用的实际金额与固定制造费用的预算金额之间的差额称为( )。

　　A.开支差异(耗费差异、预算差异)　　B.效率差异
　　C.闲置能量差异　　　　　　　　　　D.能量差异

13.固定制造费用的差异按二因素法可以分解为( )。

　　A.价格差异和产量差异　　　　B.耗费差异和效率差异
　　C.能量差异和效率差异　　　　D.耗费差异和能量差异

14.人工标准成本等于( )。

　　A.材料的标准耗用数量乘以标准小时工资率
　　B.标准工时数乘以材料的标准耗用数量
　　C.材料的标准价格乘以材料的标准耗用数量
　　D.标准小时工资率乘以标准工时数

15.产品的实际成本与标准成本之间的差额称为( )。

　　A.成本差异　　B.标准成本　　C.变化成本　　D.间接成本

16.关于成本差异的分析,正确的是( )。

　　A.成本差异只包括实际数量脱离标准数量而产生的数量差异
　　B.引起成本差异的根本原因只有通过管理当局的调查分析之后才能确定
　　C.成本差异只包括实际价格脱离标准价格而产生的价格差异
　　D.成本差异是产品的实际成本与理想成本的差异

17.责任成本是由各个责任中心可以直接控制和调节的( )。

　　A.实际成本　　B.定额成本　　C.标准成本　　D.可控成本

二、多项选择

1.在制定标准成本时,根据要求达到效率的不同,应采取的标准有( )。

　　A.理想标准成本　　B.正常标准成本　　C.现实标准成本　　D.基本标准成本

2.正常标准成本是在正常生产经营条件下应该达到的成本水平,它是根据( )制定的标准成本。

　　A.现实的耗用水平　　　　　　B.正常的价格

C.正常的生产经营能力利用程度　　D.现实的价格

3.在确定直接人工正常标准成本时,标准工时包括(　　)。

A.直接加工操作必不可少的时间　　B.必要的工间休息

C.调整设备时间　　D.不可避免的废品耗用工时

4.以下关于固定制造费用差异分析的表述中,错误的有(　　)。

A.固定制造费用差异分为耗费差异与效率差异

B.固定制造费用能量差异是生产能量与实际产量的标准工时之差,与固定制造费用标准分配率的乘积

C.固定制造费用的实际金额与固定制造费用预算金额间的差额,称为固定制造费用效率差异

D.固定制造费用能量差异反映未能充分使用现有生产能量而造成的损失

5.由(　　)造成的人工工资率差异,是企业可以预防的。

A.工人的工作安排不得当　　B.工人不熟悉工作环境

C.生产计划安排不当而造成低效率　　D.生产准备时间过长

6.固定性制造费用成本差异按三因素法可以划分为(　　)。

A.效率差异　　B.价格差异　　C.耗费差异　　D.闲置能量差异

7.产生材料价格脱离标准的原因可能是(　　)。

A.延期付款,未获优惠　　B.购入低价材料

C.按经济订货量制订购货计划　　D.紧急订货

8.以下属于标准成本差异的是(　　)。

A.材料价格差异　　B.直接人工成本差异

C.变动制造费用效率差异　　D.固定制造费用效率差异

9.直接人工的工资率标准可能采用(　　)。

A.标准工时　　B.标准小时工资率　　C.标准计件单价　　D.标准分配率

10.广义成本控制包括(　　)。

A.事前成本控制　　B.事中成本控制　　C.事后成本控制　　D.反馈控制

11.成本控制的基本程序是(　　)。

A.制定控制标准　　B.编制成本计划　　C.确定成本差异　　D.进行成本反馈

12.责任成本的特点是(　　)。

A.计算责任成本的目的是评价成本控制业绩

B.责任成本以责任中心为成本计算的对象

C.责任成本计算的范围是各个责任中心的可控成本

D.责任成本重点是事中的计算、评价和考核

三、判断

1.正常标准成本与现实标准成本不同的是,它需要根据现实情况的变化不断进行修改,而现实标准成本则可以保持较长一段时间固定不变。(　　)

2.固定制造费用标准分析率＝预算固定制造费用/实际工时。(　　)

3.对固定制造费用的分析和控制通常是通过编制固定制造费用预算与实际发生数对比来进行的。(　　)

4.标准成本是在正常生产经营条件下应该实现的,可以作为控制成本开支、评价实际成本、衡量工作效率的依据和尺度的一种目标成本。（　　）

5.正常标准成本与现实标准成本不同的是,它需要根据现实情况的变化不断进行修改,而现实标准成本则可以保持较长一段时间固定不变。（　　）

6.在经济形势变化无常的情况下,最合适的标准成本是现实标准成本。（　　）

7.在生产技术和经营管理条件变动不大的情况下,正常标准成本是一种可以较长时间采用的标准成本。（　　）

8.如果出现不利差异,企业必须采取措施减少该不利差异。（　　）

9.材料成本脱离标准的差异、人工成本脱离标准的差异、制造费用脱离标准的差异,都可以分为"量差"和"价差"两部分。（　　）

10.实际成本与标准成本的差额,称为标准成本差异。成本差异反映实际成本脱离预定目标程度的信息。（　　）

11.在成本差异不大时,将成本差异在会计期末结转本期损益。（　　）

12.现行标准成本是指企业现在所使用的标准成本。（　　）

四、任务实操

1.已知某企业2020年6月某产品的实际产量为500件,实际耗用某直接材料4 500千克,该材料的实际单价为110元/千克。单位产品耗用该材料的标准成本为1 000元/件,材料消耗定额为10千克/件。

要求:计算该材料的标准价格。

2.某企业生产甲产品,单位产品耗用的直接材料标准成本资料如下表所示。

成本项目	价格标准	用量标准	标准成本
直接材料	0.5元/千克	6千克/件	3元/千克

本月直接材料实际购进数量是4 000千克,单价0.55元/千克;本月生产产品400件,使用材料2 500千克。

要求：

(1)计算该企业生产甲产品所耗用直接材料的实际成本与标准成本的差异。

(2)将差异总额进行分解。

3.某公司生产甲产品需使用一种直接材料A,本期生产甲产品1 000件,耗用材料A为9 000千克,A材料的实际价格为200元/千克。假设A材料计划价格为210元/千克。单位甲产品标准用量为10千克。

要求：

(1)计算A材料的价格差异；

(2)计算A材料的数量差异；

(3)计算A材料的成本差异；

(4)如果固定性制造费用的预算差异是+2 000元,生产能力利用差异为-580元,效率差异为+1 000元,计算固定性制造费用的能量差异、耗费差异和总差异。

4. 某企业 5 月计划投产并完工 A、B 两种产品，数量分别为 160 件和 180 件，耗用甲材料的标准分别为 8 千克/件和 4 千克/件，材料标准单位成本为 17 元/千克。5 月实际生产 A、B 两种产品的数量分别为 150 件和 200 件，实际耗用材料分别为 2 100 千克和 840 千克，其实际成本总共为 33 600 元。

要求：

(1) 根据产品所耗用的标准材料耗用量分配 A、B 产品应分摊的实际材料费用。

(2) 计算 A 产品材料费用的标准单位成本和实际单位成本。

(3) 计算分析 A 产品材料费用的成本差异。

5. B 公司生产乙产品，乙产品直接人工标准成本相关资料如下表所示。

项目	标准
月标准总工时	21 000 小时
月标准总工资	420 000 元
单位产品工时用量标准	2 小时/件

假定 B 公司实际生产乙产品 10 000 件，实际耗用总工时 25 000 小时，实际应付直接人工工资 550 000 元。

要求：

(1) 计算乙产品标准工资率和直接人工标准成本。

(2) 计算乙产品直接人工成本差异、直接人工工资率差异和直接人工效率差异。

6. 某公司的一车间生产甲产品，预算产量 6 000 件，其成本预算资料如下。

甲产品成本预算表

成本项目	标准单价	标准用量	标准成本
直接材料	8 元/千克	5 千克/件	40 元
直接人工	20 元/小时	1 小时/件	20 元
合计			60 元

当期实际生产甲产品 5 500 件，实际发生的成本资料如下。

甲产品实际成本表

成本项目	标准单价	标准用量	实际总成本
直接材料	8.5 元/千克	4.8 千克/件	224 400 元
直接人工	18.2 元/小时	1.2 小时/件	120 120 元
合计		62.64 元	344 520 元

要求：计算该车间的目标成本降低额和目标成本降低率。

项目九 成本报表编制与分析

【知识目标】
1. 掌握成本报表的概念和种类。
2. 理解成本报表的意义。
3. 掌握各种成本报表的结构和编制方法。
4. 掌握成本分析的程序和方法。

【能力目标】
1. 编制商品产品成本表。
2. 编制主要产品单位成本表。
3. 编制各种费用明细表。

【素质目标】
1. 注重培养学生诚实守信、遵纪守法、严谨工作的职业道德。
2. 培养精益求精的工作作风。
3. 培养较强的会计思维模式和职业判断能力。

工作情境

投资者小王有意购买公司股票作为投资，他在上市公司 A、B 间犹豫不决，决定通过阅读 A、B 公司的会计报表来了解两家公司的经营状况。小王通过公开媒介找到了两家公司的资产负债表、利润表和现金流量表的相关资料，了解了两家公司的财务状况、经营成果和现金流量。小王还想进一步了解两家公司的成本费用构成情况，以便更全面地评价两家公司的管理水平、成本控制情况。可是小王却发现，这两家公司的成本报表在任何公开媒介上都无法找到。小王非常不解，既然其他的财务报表都能很轻易地获取，为什么成本报表却无法获取呢？小王打电话到两家公司索取成本报表，都被公司以商业秘密不能外泄为由拒绝了。你认为两家公司的拒绝合理吗？

成本报表和我们曾经学习过的资产负债表、利润表、现金流量表有什么区别？成本报表应该反映哪些内容？如何去分析成本报表？通过成本报表管理层又能得到什么信息呢？

任务一 编制成本报表

【任务准备】

成本报表不是对外报送或公布的会计报表,其种类、项目、格式和编制方法,国家不作统一规定,而是由企业根据自身实际情况来设计和编制。编制成本报表是为企业成本分析、成本考核和成本控制提供依据。

一、成本报表概述

成本是综合反映工业企业生产、技术和经营、管理工作水平的一项重要质量指标,成本报表是根据企业日常产品成本和期间费用的核算资料以及其他有关资料编制的,用以综合反映企业一定时期成本费用水平和构成情况及其变动情况的一种报告性书面文件,是会计报表体系的重要组成部分。编制成本报表是成本会计的一项重要内容。

由于在市场经济环境下,企业的生产经营情况、资金耗费和产品成本水平等成本信息都属于对外保密的资料,企业将其作为一种商业秘密,因此成本费用报表不宜对外公开报送,只是作为向企业经营管理者提供有关成本和经营管理费用信息,进行成本分析的一种内部管理报表。

(一)成本报表的作用

编制成本报表是企业成本管理的一个重要环节,是成本会计信息加工整理、选择输出以及评价与预测的一项价值管理系统。其重要作用在于:

1.利用成本报表,可以综合地反映企业报告期内产品成本水平及费用支出情况;

2.利用成本报表,可以检查成本计划的执行情况,考核成本工作业绩,对企业成本管理工作进行评价;

3.利用成本报表,可以进行成本分析,揭示产品成本指标和费用项目变动的原因,及时发现在生产、技术、生产组织和经营管理等方面存在的问题,挖掘节约费用支出和降低产品成本的潜力,提高企业经济效益;

4.利用成本报表的信息资料,还可以为制订成本计划,进行成本预测、决策,制定产品价格提供重要的参考依据。

(二)成本报表的分类

成本报表是一种对内报表,因此,成本报表的种类、项目、格式和编制方法等,国家不做统一规定,由企业自行确定。目前,工业企业编制的成本报表一般包括商品生产成本表、主要产品单位成本表、制造费用明细表、销售费用明细表、管理费用明细表和财务费用明细表。

会计部门除了定期编制全面反映成本、费用计划完成情况的报表外,为了加强成本的日常管理,除上列定期编制的报表以外,还可以设计和编制日常的成本报表。对于成本耗费的主要指标，也可以按旬、按周、按日编报，及时提供给有关部门负责人和值班人员，促使其及时、有针对性地采取措施，解决生产经营中存在的问题。

1. 按报表反映的内容分类

（1）反映产品成本水平的报表

反映企业成本水平的报表主要有"产品生产成本表"、"主要产品单位成本表"等。这类报表主要反映企业为生产一定种类和数量的产品所耗费的成本是否达到了企业的预期目标，通过分析，找出差距，以便进一步采取措施，寻求降低成本的有效途径。

（2）反映费用支出情况的报表

反映企业费用支出情况的报表主要有"制造费用明细表"、"销售费用明细表"、"管理费用明细表""财务费用明细表"等。这类报表主要反映企业在一定时期内的支出及其构成情况，了解费用支出是否合理及其变动趋势，从而促使企业内部各部门明确责任，控制费用支出，防止随意扩大费用开支范围。

（3）反映成本管理专题的报表

反映企业成本管理方面某个专题的报表有"责任成本报表"、"质量成本报表"等。这类成本报表一般根据企业生产工艺和生产组织特点、成本会计制度及管理要求自行设计编制，这些报表体现了灵活性、多样性等特点。

2. 按报表编制的时间分类

（1）定期报表

定期报表是指需按规定期限编报的成本报表，一般可分为月报、季报和年报。此外，如果内部管理有特殊需要，也可按日、按周、按月编报。

（2）不定期报表

不定期报表是指针对成本管理中出现的某些问题或有待解决的问题而随时按要求编制的成本报表。

3. 按照报送单位分类

（1）对外成本报表

对外成本报表是指企业向外部单位，如上级主管部门和联营主管单位等报送的成本报表。在市场经济中，成本报表一般被认为是企业内部管理用的报表，为了保守秘密，按惯例不对外公开公告。但在我国国有企业和国有联营企业中，为了管理的需要，目前或者相当长的一段时间还需要分管和托管这些企业的主管部门。这些主管部门为了监督和控制成本费用，了解目标成本完成的情况，进行行业的分析对比，并为成本预测和成本决策提供依据。除此之外，还有企业的投资者等需要了解企业经营状况和效益，都要求企业提供成本资料。所以说，对外的成本报表实际上也是一种扩大范围的内部报表。

（2）对内成本报表

对内成本报表是指为了企业本单位内部经营管理需要而编制的各种报表，主要是报送内部管理部门进行相关的成本管理。其内容、种类、格式、编制方法和程序、编制时间及报送对象，都由企业根据自身生产经营和管理的特点及需要来确定。成本报表的编制目的，主要在于让企业领导者和职工了解日常成本费用计划执行的情况，以便调动大家的积极性来控制费用的发生，为提高经济效益服务。同时，为企业领导者和投资者提供经营的成本费用信息，以便进行决策和采取有效措施，进而不断降低成本费用，提高管理水平。

二、成本报表的编制依据和要求

成本报表要以真实、完整、及时的有关资料来进行编制,具体应当包括报告期的成本账簿资料、本期成本计划及费用预算等资料、以前年度的会计报表资料、企业有关的统计资料和其他资料等。

在编制成本报表时也应该如同编制对外报表一样,遵循报表编制的基本要求,遵守相关制度规定。编制成本报表应做到:数字真实、计算准确、内容完整、报送及时。

(一)数字真实

数字真实是编制成本报表的基本要求,它要求企业编制的成本报表能如实地反映费用、成本的水平和构成,便于企业管理层正确进行成本分析和成本决策。

(二)计算准确

计算准确是指成本报表中的有关数字必须认真分析计算,保证准确无误,报表之间有勾稽关系的数字要核对相符,上、下期报表之间的有关数字要衔接一致,要选择一种符合企业特点的成本计算方法,保证成本报表的数据切合实际。

(三)内容完整

内容完整是指企业成本报表的种类应当完整,能全面反映企业各种费用成本的水平以及构成情况;同一报表的各个项目内容应当完整,只有内容完整的报表,才能满足企业经营管理者对成本信息的需求。

(四)报送及时

报送及时是指企业财会部门必须及时收集有关成本信息,并及时加工处理,及时传递给信息使用者。为了保证成本报表编报的及时性,企业内部各部门应密切协调、配合。如果企业财会部门不能及时地编制成本报表,企业管理者就无法据以做出正确的判断、决策、评价和比较,那么即便是真实、全面的报表资料也会因此丧失其应有的作用。

此外,在保证成本报表资料客观真实、准确、完整和及时的前提下还应充分发挥编制成本报表的作用。如在财务状况说明书中,应分析说明生产费用及产品成本的升降情况、原因及应采取的对策、措施。在分析说明时,应抓住主要问题,要有数字、有情况、有分析、有建议、有措施、不能模棱两可,含混不清。

【任务实施与解析】
一、产品生产成本表

产品生产成本表是反映企业在一定时期内生产全部产品的总成本和各主要产品单位成本及总成本的报表。利用产品成本表可以了解企业产品成本发生的全貌,考核和分析企业全部产品和各主要产品成本计划的执行情况,以及可比产品成本降低计划的执行情况。

产品生产成本表一般分为两种:一种是按成本项目反映,另一种是按产品种类反映。

(一)按成本项目反映的产品生产成本表的结构与编制

按成本项目反映的产品生产成本表是按成本项目汇总反映企业在一定时期内发生的全部

生产费用以及产品生产成本合计数的报表。该表可以分为生产费用和生产成本两部分,并按上年实际数、本月实际数和本年累计数分栏反映。其格式及内容如表9—1所示。

【任务9—1】编制按成本项目反映的产品生产成本表。

表9—1 **产品生产成本表(按成本项目编制)**

编制单位:泰龙公司　　　　　　　2020年12月　　　　　　　　　　　　单位:元

项目	行次	上年实际	本月实际	本年累计实际
生产费用				
1.直接材料	1	425 550	45 000	475 000
其中:原材料	2	350 000	35 000	390 000
燃料及动力	3			
2.直接人工	4	330 000	36 500	395 000
3.其他直接费用	5			
4.制造费用	6	319 550	32 000	365 325
生产费用合计	7	1 075 100	113 500	1 235 325
加:在产品、自制半成品期初余额	8	62 500	60 000	59 000
减:在产品、自制半成品期末余额	9	60 000	59 550	59 750
产品生产成本合计	10	1 077 600	113 950	1 234 575

产品生产成本表一般按月编制。按成本项目编制的产品生产成本表中,"上年实际"栏应当根据上年12月编制的"产品生产成本表"中"本年累计实际"栏内的金额填列;"本月实际"栏和"本年累计"栏的填列方法分别介绍如下。

1.生产费用总额

生产费用总额及各成本项目的金额中,"本月实际"栏应根据本月生产成本二级账(或明细账)的资料分析计算填列;"本年累计实际"根据本月本表中"本月实际栏"的金额,加上上月本表中"本年累计实际"栏的金额填列,也可以根据生产成本二级账(或明细账)的资料分析计算填列。本表各成本项目的金额之和,应等于生产费用总额。

2.在产品及自制半成品期初余额

在产品及自制半成品期初余额中,"本月实际"根据"生产成本"和"自制半成品"两个账户的本月月初余额之和填列;"本年累计实际"指年初余额,应根据上年12月本表中在产品及自制半成品期末余额数(本月实际数和本年累计实际数一致)填列,这一数字应与本年本表中"上年实际"栏第10行(在产品及自制半成品期末余额)的数字一致。

3.在产品及自制半成品期末余额

在产品及自制半成品期末余额中,"本月实际"和"本年累计实际"两栏的数字是一致的,都应根据"生产成本"和"自制半成品"两个账户的本月月末余额之和填列。

4.产品生产成本

产品生产成本的"本月实际"和"本年累计实际"数额,都可以由本表中生产费用总额,加上在产品及自制半成品期初余额,减去在产品及自制半成品期末余额计算求得。本表中本月实际和本年累计实际产品生产成本总额,应与本月"产品生产成本及销售成本表"以及按产品品种和类别编制的"产品生产成本表"中全部产品本月实际及本年累计实际产品生产成本总额分别对应相符。

(二)按产品种类反映的产品生产成本表的结构与编制

按产品种类反映的产品生产成本表是按产品种类汇总反映企业在报告期内生产的全部产品的单位成本和总成本的报表。一般分为产量、单位成本、生产总成本等部分。单位成本包括上年实际平均单位成本、本年计划单位成本、本月实际单位成本和本年累计实际平均单位成本等;产量包括本月实际产量和本年累计实际产量;总成本也分为本月总成本和本年累计总成本。为了便于分析,实际产量的生产总成本应按不同单位成本分别计算。其格式及内容如表9-2所示。

【任务9-2】编制按产品种类反映的产品生产成本表。

表9-2 **产品生产成本表(按产品种类编制)**

编制单位:泰龙公司　　　　　　　　2020年12月　　　　　　　　金额单位:元

产品	计量单位	实际产量		单位成本				本月总成本			本年累计总成本		
		本月	本年累计	上年实际平均	本年计划	本月实际	本年累计实际平均	按上年实际平均单位成本计算	按本年计划单位成本计算	本月实际	按上年实际平均单位成本计算	按本年计划单位成本计算	本年实际
		①	②	③	④	⑤=⑨÷①	⑥=⑪÷②	⑦=①×③	⑧=①×④	⑨	⑩=②×③	=②×④	⑪
一、可比产品													
甲产品	件	50	625	1 250	1 164	1 184	1 152.4	62 500	58 200	59 200	781 250	727 500	720 250
乙产品	件	20	250	1 000	990	995	978	20 000	19 800	19 900	250 000	247 500	244 500
合计	—						—	82 500	78 000	79 100	1 031 250	975 000	964 750
二、不可比产品													269 925
丙产品	件	15	250		1 110	2 463.33	1 079.7	—	16 650	36 950	—	277 500	269 925
合计	—						—		94 650	116 050	—	1 252 500	1 234 675

补充资料:可比产品成本实际降低额4500元(计划降低额为4700元)……

按产品种类编制的商品产品生产成本表各项目填列方法如下。

1.实际产量。它分本月产量和本年累计产量,应根据成本计算单或产品成本明细账的记录计算填列。

2.单位成本。它主要反映各种主要产品的上年实际、本年计划、本月实际和本年累计实际的单位成本。上年实际平均单位成本应根据上年度本表所列各种产品的全年实际平均单位成本填列;本月实际单位成本根据本月实际总成本除以本月实际产量所得商数填列;本年累计实际平均单位成本应根据本年累计实际总成本除以本年累计实际产量所得商数填列。

3.本月总成本。根据上年实际平均单位成本、本年计划单位成本分别乘以本月实际产量计算得出按上年实际平均单位成本计算的本月总成本和按本年计划单位成本计算的本月总成本,本月实际总成本应根据成本计算单的有关数据填列。

4.本年累计总成本。本年累计实际总成本应与前述按成本项目反映的产品生产成本表的有关指标一致。

二、主要产品单位成本表

主要产品单位成本表是反映工业企业在报告期内生产的各种主要产品单位成本构成情况和各项主要技术经济指标执行情况的报表。

（一）主要产品单位成本表的结构与编制

该表的结构可分为上、下两个部分:上半部分反映的是单位产品的成本项目,并分别列出历史先进水平、上年实际平均、本年计划、本月实际和本年累计实际平均的单位成本;下半部分反映的是单位产品的主要技术经济指标。其格式及内容如表9-3所示。

【任务9-3】编制主要产品单位成本表。

表9-3

主要产品单位成本表

2020年12月

编制单位:泰龙公司　　　　本月实际产量:100件　　　　单位售价:1450元
产品名称:甲产品　　　　　　本年累计产量:1 290件　　　　金额单位:元

成本项目	历史先进水平（2011年）	上年实际平均	本年计划	本月实际	本年累计实际平均
单位产品生产成本	1 100	1 260	1 164	1 175	1 153.4
其中:直接材料	440	500	439	450	450.4
直接人工	320	370	375	375	374
其他直接费用					
废品损失					
制造费用	340	390	350	350	329

补充资料

项　目	上年实际	本年实际
1.成本利润率(%)	(略)	(略)
2.资金利润率(%)		
3.产品销售率(%)	⋮	⋮
⋮		
9.全年平均职工人数		

主要产品单位成本表各项目填列方法如下。

1.主要产品单位成本表中,产品单位成本的历史先进水平是指本企业生产该种产品在历史上单位生产成本最低年度的成本,应根据该产品历史上成本最低年度的成本计算资料填列;

上年实际平均单位成本、本年计划单位成本、本月实际单位成本和本年累计实际平均单位成本等指标的填列方法,与前述按产品种类编制的产品生产成本表的填列方法基本相同,主要产品单位成本表中仅增加了成本项目的资料。

2.该表是主要技术经济指标部分,应根据企业需要或上级机构规定的指标设计,其内容分别根据上年、本年统计和会计资料填列。

利用主要产品单位成本表,可以反映企业各种主要产品的单位成本水平及其变动趋势,以及产品单位成本的构成情况,为进一步分析产品成本升降的原因,寻找降低产品成本的途径指明方向。

三、制造费用明细表

制造费用明细表是反映企业在报告期内发生的各项制造费用及其构成情况的报表。

（一）制造费用明细表的结构与编制

制造费用明细表的结构是依据制造费用项目设置"本期计划""上期实际""本期实际"三栏,以反映各项制造费用情况。其格式和内容如表9—4所示。

【任务9—4】编制制造费用明细表。

表9—4　　　　　　　　　　制造费用明细表

编制单位:泰龙公司　　　　　2020年12月　　　　　　　　　单位:元

费用项目	本年计划数	上年同期实际数	本月实际数	本年累计实际数
工资薪酬	20 500	22 000	1 900	21 000
办公费	1 500	2 000	125	1 800
折旧费	6 000	6 000	500	6 000
水电费	1 300	2 100	150	1 670
修理费	850	2 500	120	590
租赁费	3 600	3 600	300	3 600
机物料消耗	270	2 200	350	1 310
劳动保护费	380	380	32	380
差旅费	130	1 040	150	540
保险费	310	310	26	310
低值易耗品摊销	60	770	55	100
合计	34 900	42 900	3 708	37 300

制造费用明细表各项目填列方法如下。

1."本年计划数"栏的各项数字根据制造费用的年度计划数填列。

2."上年同期实际数"栏的各项数字根据上年度本表的"本年累计实际数"填列。若表内所列费用项目与上年度的费用在名称或内容上不相一致时,应对上年度的各项数字按表内所规定的项目进行调整。

3."本月实际数"栏的各项数字根据本月制造费用明细账合计数汇总填列。

4."本年累计实际数"栏的各项数字根据自年初起至本月末止的制造费用明细账累计实际

发生额计算填列。

由于各行业、各企业的制造费用明细项目并不完全一致,因此,制造费用明细表费用项目栏的内容,可由企业根据其生产经营特点和管理要求自行确定。对于同一行业的企业来说,为了便于对企业的制造费用进行可比性分析,可由行业主管部门统一规定。

利用该表,可以考核制造费用计划的执行情况,分析制造费用超支或节约的原因,以便采取措施压缩开支、降低费用,从而降低产品的制造成本。此外,还可以根据制造费用的构成及其增减变动的情况,为编制制造费用计划和预测未来的费用水平提供依据。

四、销售费用明细表

销售费用明细表是反映企业在一定时期内发生的销售费用及其构成情况的报表。

(一)销售费用明细表的结构与编制

该表按费用项目分别反映各项费用的本年计划数、上年同期实际数、本月实际数和本年累计实际数。其基本结构如表9—5所示。

【任务9—5】编制销售费用明细表。

表9—5　　　　　　　　　　　　　销售费用明细表

编制单位:泰龙公司　　　　　　2020年12月　　　　　　　金额单位:元

费用项目	本年计划数	上年同期实际数	本月实际数	本年累计实际数
包装费	4 100	3 340	400	4 800
运输费	4 257	3 215	354	4 018
装卸费	2 290	2 000	191	1 957
保险费	980	823	93	1 010
广告费	5 000	3 800	400	6 800
展览费	0	0	180	540
职工薪酬	16 160	20 800	973	25 000
合计	32 787	33 978	2 591	44 125

销售费用明细表各项目填列方法如下。

1."本年计划数"栏的各项数字根据销售费用的年度计划数填列。

2."上年同期实际数"的各项数字根据上年度本表的"本年累计实际数"填列。若表内所列费用项目与上年度的费用在名称或内容上不相一致时,应对上年度的各项数字按表内所规定的项目进行调整。

3."本月实际数"栏的各项数字根据本月销售费用明细账合计数汇总填列。

4."本年累计实际数"栏的各项数字根据自年初起至本月末止的销售费用明细账累计实际发生额计算填列。

五、管理费用明细表

管理费用明细表是反映企业在一定时期内发生的管理费用及其构成情况的报表。

管理费用明细表的结构与编制介绍如下:

该表一般按照费用项目反映各项费用的本年计划数、上年同期实际数、本月实际数、本年累计实际数。其格式及内容如表9—6所示。

【任务9—6】编制管理费用明细表。

表9—6　　　　　　　　　　　　　管理费用明细表

编制单位：泰龙公司　　　　　　　　2020年12月　　　　　　　　　　金额单位：元

费用项目	本年计划数	上年同期实际数	本月实际数	本年累计实际数
工资及福利费	17 000	18 850	1 500	17 600
折旧费	11 844	9 764	1 005	12 094
工会经费	3 000	2 580	260	3 093
业务招待费	1 100	1 940	345	1 230
办公费	7 800	6 753	624	7 565
税金	800	862	70	846
无形资产摊销	850	795	82	980
其他职工薪酬费用	225	194	20	232
保险费	3 500	2 530	290	3 530
坏账损失	300	290	350	350
其他	300	569	48	498
合计	46 719	45 127	4 594	48 018

管理费用明细表各项目填列方法如下。

1."本年计划数"栏的各项数字根据管理费用的年度计划数填列。

2."上年同期实际数"栏的各项数字根据上年度本表的"本年累计实际数"填列。若表内所列费用项目与上年度的费用在名称或内容上不相一致时,应对上年度的各项数字按表内所规定的项目进行调整。

3."本月实际数"栏的各项数字根据本月管理费用明细账合计数汇总填列。

4."本年累计实际数"栏的各项数字根据自年初起至本月末止的管理费用明细账累计实际发生额计算填列。

企业除了应及时编制上述成本、费用报表以外,还需要按特定的生产工艺和成本管理要求,设置和编制一些其他成本报表,如产量及成本状况表、材料成本考核表、人工成本考核表、责任成本表、质量成本表等。这些报表具有较大的灵活性、多样性和及时性,可细致地反映产品成本的细小变动,有助于管理人员及时获取成本信息,采取有效措施加以控制。

任务二 分析成本报表

【任务准备】

分析成本报表是成本核算工作的继续，是成本会计的重要组成部分。成本报表分析属于事后分析，目的在于检查成本计划完成情况，对成本执行和管理的各环节、各部门进行考核和评价，以便于今后对成本进行控制，不断降低成本，提高企业效益。

一、成本分析概述

(一)成本分析的概念

成本分析是根据成本核算资料和成本计划资料及其他有关资料，运用一系列专门方法，对成本水平及其构成情况进行分析和评价，揭示企业费用预算和成本计划的完成情况，认识和掌握降低成本费用的规律，查明影响成本升降的各因素及其变动的原因，挖掘降低成本的潜力，提高企业成本效益的一种管理活动。成本分析是成本核算工作的继续，它贯穿成本管理工作全过程，包括事前分析、事中分析和事后分析。在实际工作中，经常使用的是成本报表分析，成本报表分析属于事后分析。

(二)成本分析的内容

成本分析贯穿费用发生和成本形成的全过程，包括的内容很多，我们主要讲述根据工业企业成本报表和成本计划等资料进行的成本事后分析，主要包括：

1. 全部产品成本计划完成情况分析；
2. 可比产品(主要产品)成本降低计划完成情况分析；
3. 主要产品单位产品成本分析；
4. 技术经济指标变动对产品成本影响的分析；
5. 期间费用预算执行情况分析。

(三)成本分析的原则

企业进行成本分析时，必须以国家的有关财经政策，企业会计准则、企业会计制度为依据，以成本计划、目标成本为标准，对企业的产品成本及成本效益进行及时分析，正确评价。在分析方法上，还应注意遵循以下原则：

1. 全面分析与重点分析相结合；
2. 经济分析与技术分析相结合；
3. 成本分析与责任分析相结合；
4. 专业分析与群众分析相结合；

5.数据资料分析与调查研究相结合;
6.事后分析与事前、事中分析相结合。

二、成本分析的基本方法

成本分析的方法多种多样,它可以采用会计的方法、统计的方法或数学的方法。具体选用哪种方法,取决于企业成本分析的目的、费用和成本形成的特点,成本分析所依据的资料等。常用的方法有比较分析法、比率分析法、因素分析法和差额分析法等。

(一)比较分析法

比较分析法是通过对不同时间或不同情况下的成本指标数据的对比,揭示客观存在的差异,分析产生差异的原因,以便研究解决问题的途径和方法,提高成本管理的水平。在成本分析中运用比较分析法主要有以下几种方式。

1.分析期实际数据与计划数据比较

分析期实际数据与计划数据比较是基本的比较方法。这种方法可以找出分析期实际成本或费用与计划成本或费用的差异,检查分析成本计划的完成情况,为进一步分析指明方向。

2.分析期实际数据与前期实际数据比较

将分析期实际成本、费用与前期(上月、上季、上年、上年同期等)实际成本、费用进行比较,可以反映成本费用变动的趋势。在有关成本、费用的计划资料不全或质量不高时,这种比较尤为重要。在成本分析中,分析期实际数据除了与上月、上季、上年、上年同期实际成本、费用进行比较以外,还应当与本企业历史先进水平的成本、费用指标比较。历史先进水平年份的成本或费用资料,也是一种前期实际数据。

3.分析期实际数据与行业实际平均数据和行业先进企业实际数据比较

将分析期实际数据与计划数据和前期实际数据进行对比,可以考察企业成本、费用计划的完成程度和成本、费用水平的变动趋势,找出成本管理工作中的成绩和问题。但是,这种企业内部的纵向比较还不能充分说明企业成本各类工作的成绩和成本、费用的水平,只有将企业实际数据与行业实际平均数据和行业先进企业实际数据进行横向对比,才能找出本企业的差距,才能确定企业成本管理水平在同行业、同类企业中的位置。因为企业对于成本数据通常是保密的,所以,成本数据在企业之间的这种横向比较,只有在行业内各企业之间达成了某种协议,同行业同类企业之间有成本数据交换的情况下才有可能。至于企业内部各部门之间的成本数据,则应当是公开的,这种企业内部之间的横向比较也应当是经常进行的。

(二)比率分析法

比率分析法是指通过计算和对比经济指标的比率,进行数量分析的一种方法。在成本分析中,常用的比率分析法有相关比率分析法、构成比率分析法和趋势比率分析法等。

1.相关比率分析法

将两个性质不同但又相关的指标进行对比求出比率进行分析,以便从经济活动的客观联系中,更深入地认识企业的生产经营状况,如成本利润率、产值成本率、销售成本率等。这些指标的计算公式如下:

成本利润率=产品销售利润/产品成本×100%

产值成本率＝产品成本/产品产值×100％

销售成本率＝产品成本/产品销售收入×100％

从上述计算公式可以看出,产值成本率高和销售成本率高的企业经济效益差,产值成本率高和销售成本率低的企业经济效益好;成本利润率则相反,比率高的企业经济效益好,比率低的企业经济效益差。进行分析时,还应将各种比率的本期实际数与计划数或前期实际数进行对比,揭示其变动的差异,为进一步进行差异分析指明方向。

2.构成比率分析法

构成比率也叫作结构比率,是指某项经济指标总体内部构成部分的数值占总体数值的比重,可用以说明指标的内部构成情况及其变化。例如,首先将构成产品成本的各个费用项目同产品成本总额相比,计算其占总成本的比重,确定成本的构成比率;其次将不同时期的成本构成比率相比较,通过观察产品成本构成的变动,掌握经济活动情况及其对产品成本的影响。

3.趋势比率分析法

将不同时期同类指标的数值进行对比求出比率,进行动态比较,用以反映分析对象的增减速度和发展趋势,从中发现企业在生产经营方面的成绩或不足。

(三)因素分析法

因素分析法是将某一综合经济指标分解成若干相互联系的原始因素,采用一定的计算方法,确定各因素变动对该项经济指标的影响方向和影响程度的方法。一个经济指标完成的好坏,往往是由多种因素造成的,只有把这种综合性的结果分解为它的构成因素,才能了解指标完成好坏的真正原因。常用的因素分析法主要有以下两种。

1.连环替代法

它是因素分析法的基本形式,是将综合性经济指标分解为各个因素,将各因素的实际值按顺序替换成标准值(计划数、前期实际数),以此来计算各个因素变动对该项指标的影响程度的方法。运用连环替代法进行分析计算,应当遵循以下顺序。

①根据综合性经济指标的特征和分析的目的,确定构成该项指标的因素。

②根据因素之间的依存关系,按一定顺序排列因素。

采用连环替代法,改变因素的排列顺序,计算结果会有所不同。为了便于比较和分析,应当确定因素的排列顺序。在实际工作中,一般将反映数量的因素排列在前,反映质量的因素排列在后;反映实物量和劳动量的因素排列在前,反映价值量的因素排列在后。

③确定比较的标准(各标准的本期计划数值或前期实际数值)后,依次以各因素的本期实际数值替代该因素的标准数值(本期实际数值或前期计划数值),每次替换都计算出新的数据,有几个因素就替换几次,直至最后计算出该指标的实际数据。

④以每次替换后计算出的新数据,减去前一个数据,其差额即为该因素变动对经济指标的影响程度。

⑤综合各个因素的影响程度,其代数和(正负数抵消后)应等于该经济指标实际数据与标准数据的差异。

【任务实施与解析】

【任务9-7】泰龙公司采用A材料加工成甲产品,单位产品A材料计划消耗量为10千克,实际为9.5千克;A材料计划单价为20元,实际为23元;单位产品A材料消耗计划成本为

200(10×20)元,实际成本为 218.5(9.5×23)元。运用连环替代法分析单位产品材料消耗量和材料单价两个因素对材料成本的影响。

①分析对象:单位产品材料成本脱离计划的差异:
218.5－200＝18.5(元)
②计划数据:
10×20＝200(元)
③第一次替换(以单位产品 A 材料实际消耗量替换计划消耗量):
9.5×20＝190(元)
④单位产品 A 材料消耗量变化对成本的影响:
190－200＝－10(元)
⑤第二次替换(以 A 材料实际单价替换计划单价):
9.5×23＝218.5(元)
⑥A 材料单价变化对成本的影响:
218.5－190＝28.5(元)
⑦综合以上计算结果,可以查明:单位甲产品中 A 材料成本实际比计划超支 18.5(218.5－200)元,是由于单位产品材料消耗量减少 0.5(9.5－10)千克,使成本降低 10(190－200)元,A 材料单价超支 3(23－20)元使成本超支 28.5 元,是两个因素共同影响的结果。对材料超支的原因应进一步分析。

2.差额计算法

差额计算法是连环替代法的简化形式,它是在指标与因素之间为乘积的依存关系时,根据各因素本期实际数值与标准数值的差额,直接计算各因素变动对经济指标影响程度的方法。

【任务 9－8】根据任务 9－7 的数据资料,运用差额计算法分析单位产品材料消耗量和材料单价两个因素对材料成本的影响。

①分析对象:
218.50－200＝18.50(元)
②计算由于单位产品 A 材料消耗量变化对成本的影响:
(9.50－10)×20＝－10(元)
③计算由于 A 材料单价的变化对成本的影响:
(23－20)×9.50＝28.50(元)
④综合以上计算结果,与连环替代法的分析计算结果完全相同。

以上所述只是常用的两种数量分析方法。此外,还可以根据分析的目的和要求,采用分组法、指数法、图标法等其他数量分析方法。

三、成本计划完成情况的分析

成本计划完成情况的分析,主要是全部产品成本计划完成情况的分析和可比产品成本降低目标的完成情况分析。在分析中,重点是可比产品成本分析。因为,一方面在正常情况下可比产品占全部产品的比重较高;另一方面正因为产品是可比的,才能够评价企业降低成本工作的成绩和缺点。

全部产品成本计划完成情况的分析

企业的全部产品包括可比产品和不可比产品。因为包括不可比产品,企业不可能有全部产品的上年实际成本资料。所以对全部产品的成本分析,主要是分析成本计划的完成情况,确定本期全部产品的实际成本与计划成本相比较的差异额和差异率,并分析原因,以了解企业完成成本计划的一般情况,为进一步分析指明方向。

对全部产品成本计划情况分析,可按成本项目、产品品种两个方面进行。

1. 按成本项目进行成本计划完成情况分析

这种分析方法是将全部产品总成本按成本项目逐一汇总,与按实际产量调整后的计划总成本对比,确定每个成本项目的降低额和降低率,分析总成本变动的原因。

【任务9—9】泰龙公司有关成本核算资料按成本项目进行全部产品成本分析计算如表9—7所示。按成本项目进行成本计划完成情况分析。

表9—7　　　　　　　　　**产品成本分析表(按成本项目)**

编制单位:泰龙公司　　　　　　　2020年12月　　　　　　　　　　　单位:元

成本项目	本年实际产量总成本		实际比计划		各项差异对总成本影响的百分比(%)
	计划总成本	实际总成本	降低额	降低率(%)	
	①	②	③=②-①	④=③÷①	⑤=③÷∑①
直接材料	145 000	155 000	10 000	6.90	2.86
直接人工	110 000	105 000	-5 000	-4.55	-1.43
制造费用	95 000	94 000	-1 000	-1.05	-0.29
产品总成本	350 000	354 000	4 000	1.14	1.14

以上分析表明:泰龙公司全部产品的实际制造成本超支1.14%,主要是由于直接材料超支10 000元,比计划增加6.90%造成的,而直接人工和制造费用则比计划成本有所降低,形成成本的有利差异。对直接材料的超支,企业应作进一步的分析,了解变动原因是由主观因素还是客观因素所致,并采取相应的措施。

2. 按产品品种进行成本计划完成情况分析

这种分析方法所依据的资料是全部产品成本表和按产品品种编制的全部产品成本计划。通过编制产品成本分析表,计算确定可比产品、不可比产品和全部产品成本的降低额和降低率。其计算公式如下:

成本降低额=实际总成本-计划总成本
　　　　　=∑[实际产量×(实际单位成本-计划单位成本)]

成本降低率=成本降低额/∑(实际产量×计划单位成本)×100%

计划结果表明,负数为成本节约,正数为成本增加。

【任务9—10】泰龙公司生产甲、乙、丙三种产品,其中甲、乙产品为可比产品,丙产品为不可比产品,对全部产品成本的分析计算如表9—8所示。按产品品种进行成本计划完成情况分析。

表 9-8　　　　　　　　　　　　产品成本分析表（按产品品种）

编制单位：泰龙公司　　　　　　　　　2020 年 12 月　　　　　　　　　　　单位：元

产品名称	实际产量		实际计划的差异		各产品的成本差异对总成本影响的百分比（%）
	计划总成本	实际总成本	降低额	降低率	
	①	②	③=②-①	④=③÷①	⑤=③÷∑①
可比产品合计	235 500	234 817	-683	-0.29	-0.21
其中：甲	115 500	121 350	5 850	5.06	1.77
乙	120 000	113 467	-6 533	-5.44	-1.98
不可比产品合计	95 000	99 550	4 550	4.79	1.38
丙	95 000	99 550	4 550	4.79	1.38
全部产品	330 500	334 367	3 867	1.17	1.17

以上结果表明：

1.该企业全部产品成本实际总成本比计划总成本超支 3 867 元，超支率为 1.17%。

2.全部产品成本计划尚未完成，但从产品品种上看，成本计划完成情况不平衡，其中：可比产品中甲产品实际成本比计划增加了 5 850 元，成本超支率为 5.06%；乙产品实际成本比计划降低了 6 533 元，成本降低率为 5.44%。甲、乙产品构成了可比产品成本降低额 683 元，成本降低率为 0.29%。而不可比产品超支了 4 550 元，超支率为 4.79%。

3.企业需要进一步对超支较高的甲、丙产品进行分析，究其原因：是成本计划制订得不合实际，无法完成；还是实际生产过程中遇到特殊情况，或者人为因素将属于可比产品的成本费用挤进不可比产品成本，达到完成可比产品成本降低任务的目的等。

四、可比产品成本降低情况分析

企业在正确划分可比产品和不可比产品的基础上，还需要进一步分析可比产品成本降低计划的完成情况。

（一）可比产品成本降低计划完成情况分析

对可比产品成本降低计划完成情况的分析主要涉及可比产品成本降低额和降低率，实际成本的降低额和降低率。通过计算，评定企业可比产品成本降低任务的完成情况，确定各因素的影响程度，为进一步挖掘潜力，降低成本指出方向。其计算公式如下：

可比产品成本计划降低额=∑[计划产量×（上年实际单位成本-本年计划单位成本）]

可比产品成本计划降低率=可比产品成本计划降低额/∑（计划产量×上年实际单位成本）×100%

可比产品成本实际降低额=∑[实际产量×（上年实际单位成本-本年实际单位成本）]

可比产品成本实际降低率=可比产品成本实际降低额/∑（实际产量×上年实际单位成本）×100%

【任务9—11】泰龙公司生产甲、乙两种产品,有关成本资料如表9—9、表9—10所示。对可比产品成本降低计划完成情况进行分析。

表9—9　　　　　　　　　　　　　可比产品计划成本资料

编制单位:泰龙公司　　　　　　　　2020年12月　　　　　　　　　　　　单位:元

可比产品名称	计划产量（台）	单位成本		总成本		成本降低指标	
		上年实际	本年计划	按上年实际单位成本计算	按本年计划单位成本计算	降低额	降低率（%）
甲	2 300	50	48	115 000	110 400	4 600	4
乙	2 800	40	39	112 000	109 200	2 800	2.50
合计				227 000	219 600	7 400	3.26

表9—10　　　　　　　　　　　　　可比产品实际成本资料

编制单位:泰龙公司　　　　　　　　2020年12月　　　　　　　　　　　　单位:元

可比产品名称	实际产量（台）	单位成本		总成本		成本降低指标	
		上年实际	本年实际	按上年实际单位成本计算	按本年实际单位成本计算	降低额	降低率（%）
甲	2 500	50	50.625	125 000	126 562.50	−1 562.50	−1.25
乙	3 000	40	36.50	120 000	109 500	10 500	8.75
合计				245 000	236 062.50	8 937.50	3.65

以上结果表明:

该公司可比产品的生产成本计划降低额为7 400元,实际降低额为8 937.50元,计划降低率3.26%,实际成本降低率为3.65%,两项指标都超额完成了任务。但各产品情况不平衡,其中成本降低额指标超额完成1537.50(8 937.50−7 400)元,成本降低率指标超额完成0.39%(3.65%−3.26%)。其中,甲产品实际成本超过了上年实际单位成本,没有完成降低成本要求,其原因需作进一步分析。

(二)可比产品成本降低计划完成情况因素分析

影响可比产品成本的因素主要有三种,即产量变动因素、品种结构变动因素和单位成本变动因素。通过对这三个因素逐一替换计算,能解剖分析可比产品成本降低的原因。

1.产量变动因素的影响

成本计划降低额是根据各种产品的计划量制定的。实际产量发生变动,必然会影响到成本降低额。当产品的品种结构和单位成本不变时,单纯的产量变动只影响产品成本的降低额,而不影响产品成本的降低率。其计算公式如下:

产量变动对成本降低额的影响=[∑(实际产量×上年实际单位成本)−∑(计划产量×上年实际单位成本)]×计划成本降低率

=∑[(实际产量−计划产量)×上年实际单位成本]×计划成本降低率

产量变动对成本降低额的影响=[(2 500−2 300)×50+(3 000−2 800)×40]×(7 400/227 000×100%)=586.78(元)

在生产实践中,产量因素的变化往往会引起产品品种结构的变动。

2.产品品种结构变动因素的影响

全部可比产品成本降低率实质上是在各种产品的个别成本降低率的基础上计算的。由于各种产品成本降低程度的不同,当产品品种结构发生变化时,成本降低额、成本降低率也会随之发生变化。一般情况下,产品成本降低率高的产品在全部可比产品产量中所占的比例比计划提高,就会影响到全部可比产品成本降低率的提高,成本降低额也会随之增加;反之,产品成本降低率、降低额就会降低和减少。其计算公式如下:

产品品种结构变动对成本降低额的影响=∑(实际产量×上年实际单位成本)−∑(实际产量×本年计划单位成本)−∑(实际产量×上年实际单位成本)×计划成本降低率

产品品种结构变动对成本降低率的影响=产品品种结构变动对成本降低额的影响金额/∑(实际产量×上年实际单位成本)×100%

上例中因产品品种结构变动对成本降低额、降低率的影响计算如下:

产品品种结构变动对成本降低额的影响=(2 500×50+3 000×40)−(2 500×48+3 000×39)−(2 500×50+3 000×40)×(7 400/227 000×100%)=13.22(元)

产品品种结构变动对成本降低率的影响=13.22/(2 500×50+3 000×40)×100%=0.005 4%

3.单位成本变动因素的影响

可比产品计划成本降低额和实际成本降低额都是以上年成本为计算基础的。因此,可比产品成本降低任务的完成程度,实际上是各种产品单位成本发生变化的结果。产品实际单位成本比计划单位成本升高或降低,都会引起成本的降低额和降低率的变动。其计算公式如下:

单位成本变动对成本降低额的影响=∑[实际产量×(计划单位成本−实际单位成本)]

单位成本变动对成本降低率的影响=单位成本变动对成本降低额的影响金额/∑(实际产量×上年实际单位成本)×100%

上例中因单位成本变动对产品成本降低额、降低率的影响计算如下:

单位成本变动对成本降低额的影响=2 500×(48−50.625)+3 000×(39−36.50)=937.50(元)

单位成本变动对成本降低率的影响=937.50/(2 500×50+3 000×40)×100%=0.38%

最后,综合各种因素对可比产品成本降低计划完成情况的影响程度,其结果与上述计算相符,如表9−11所示。

表9−11　　　　各种因素影响可比产品成本降低程度汇总表

编制单位:泰龙公司　　　　　　　　　2020年12月　　　　　　　　　　　单位:元

因素	影响程度	
	降低额	降低率(%)
产品产量	586.78	
产品品种结构	13.22	0.005 4

续表

因素	影响程度	
	降低额	降低率(%)
单位产品成本	937.5	0.38
成本降低计划完成情况	1 537.5	0.39

对可比产品成本情况的分析,还可以采用成本性态因素分析法,即将影响可比产品成本降低的因素划分为产品产量、品种结构、单位变动成本和固定成本总额四个方面。通过分析,进一步揭示两种不同性态成本对完成成本降低任务的影响。

五、产品单位成本分析

从成本管理工作来讲,定期地对成本指标变动情况进行总括分析无疑是很重要的。但这是很不够的,因为成本指标的总括分析是从成本工作总体的角度来说明问题的,不管是全部产品成本计划完成情况的分析,还是可比产品成本降低计划完成情况的分析,都是如此。而在这总体后面却是各种成本高低不同的产品。因此,为了更有效地发挥成本分析在加强成本管理中的作用,揭露成本升降的具体原因,以寻求降低成本的途径和方法,还必须在前述成本总括分析的基础上,结合产品生产技术、工艺过程的特点和各项技术组织措施效果,对主要产品单位成本进行分析。

产品单位成本计划完成情况分析内容主要包括:产品单位成本计划情况分析,单位产品成本主要项目完成情况分析,以及主要技术经济指标变动对单位产品成本的影响分析。

产品单位成本计划完成情况分析,是将分析对象的各成本项目的实际数与计划数进行对比,确定差异额和差异率以及各成本项目变动对产品单位成本计划的影响程度,查明造成产品单位成本升降的原因。

【任务9—12】泰龙公司的甲产品是该公司的主要产品之一,且本年度成本超支,有关成本项目情况如表9—12所示。对产品单位成本计划完成情况进行分析。

表9—12　　　　　　　　　产品单位成本计划完成情况分析表
产品:甲产品　　　　　　　　2020年12月　　　　　　　　　　　单位:元

成本项目	单 位 成 本			与上年实际比		与本年计划比	
	上年实际	本年计划	本年实际	成本降低额	成本降低率(%)	成本降低额	成本降低率(%)
直接材料	23	22	21	2	8.7	1	4.55
直接人工	18	16	20	−2	−11.11	−4	−25
制造费用	9	10	9.625	−0.625	−6.94	0.375	3.75
合计	50	48	50.625	−0.625	−1.25	−2.625	−5.47

以上结果表明：

甲产品本年实际成本比计划超支了2.625元，主要是直接人工费用超支4元，影响单位成本降低任务的完成，因此还应对直接人工进一步进行分析。

六、产品单位成本项目分析

产品单位成本项目分析，可对每个成本逐一进行分析，也可有选择地对某些成本进行重点分析。

(一)直接材料项目的分析

直接材料是直接用于产品生产的原材料，生产一种产品往往要消耗多种原材料。直接材料项目分析应根据耗用的各种原材料进行分析，分析单位产品各种材料的消耗量和相应的材料单价两个因素。其计算公式如下：

单位产品直接材料费用＝∑(直接材料消耗量×材料单价)

单位产品直接材料差异额＝单位产品直接材料实际费用－单位产品直接材料计划费用

或＝单位产品直接材料消耗量变动的影响＋单位产品直接材料单价变动的影响

单位产品直接材料消耗数量变动的影响＝∑[(实际材料单耗－计划材料单耗)×计划材料单价]

单位产品直接材料单价变动的影响＝∑[(实际材料单价－计划材料单价)×实际材料单耗]

影响单位产品原材料消耗量变动的因素很多，归纳起来，主要有五个。

(1)产品或产品零部件结构的变化。在保证产品质量的前提下，不断改进产品设计，使产品结构合理、体积缩小、重量减轻，就能减少原材料消耗，降低原材料费用。

(2)原材料加工方法的改变。改进工艺和加工方法，减少毛坯的切削余量和工艺耗损或采取合理的套裁下料措施，就能提高原材料利用率，节约原材料消耗，降低产品成本。

(3)原材料质量的变化。即实际使用的原材料可能较计划规定的质量高，因而节约了材料消耗，或提高了产品质量；如果原材料质量不符合生产要求，不仅会增大材料消耗量，而且会增加生产操作时间，或降低产品质量。

(4)原材料代用或配料比例的变化。在保证产品质量的前提下，采用廉价的代用材料，选用经济合理的材料配方，就会节约原材料消耗，或降低原材料费用。

在化学、纺织和冶金等工业企业中，按照生产工艺的要求，将不同品种、规格的材料，按一定的技术配方进行搭配，投入生产制造产品。由于各种材料的单价不同，改变配料比例，就会促使各种材料的消耗数量和配料平均单价发生变动，从而影响原材料费用增加或减少。

(5)原材料综合利用。有些工业企业在利用原材料生产主产品的同时，还生产多种副产品，这样就可以用同等的原材料生产出更多数量和品种的产品，降低单位产品和原材料消耗。同样多的原材料费用被分配到更多品种和数量的产品，必然会使产品成本中的原材料费用相应地降低。

此外，生产工人的操作技术水平、劳动态度、机械设备性能良好程度和材料品质都会影响材料消耗数量的增减。

影响材料单价变动的因素有两个：

(1)材料买价的变动。在市场经济条件下,由于供求关系的影响,在不同时间、不同地点采购,不同或相同质量的材料都可能出现不同的单价。

(2)采购费用变动。由于采购地点、运输工具、交货方式等不同,都会影响采购费用的变动。

(3)采购部门的管理水平。由于采购人员不了解市场行情,缺乏经济观念或其他原因,购入了价格贵的材料。

(4)材料采购批量的大小等。

(二)直接人工项目分析

单位产品直接人工费用的变动,主要受劳动生产率和工资水平两个因素的影响。其计算公式如下:

单位产品直接人工费用＝单位产品工时消耗量×小时工资率

单位产品直接人工差异＝单位产品直接人工实际费用－单位产品直接人工计划费用

或＝单位产品人工效率差异＋小时工资率差异

单位产品人工效率差异＝(单位产品实际工时－单位产品计划工时)×计划小时工资率

小时工资率差异＝(实际小时工资率－计划小时工资率)×单位产品实际工时

其中,单位产品消耗工时数的多少体现劳动生产率(人工效率)的高低。劳动生产率愈高,单位产品消耗的工时愈少,工资费用就能降低;反之,就会超支。影响劳动生产率变动的因素主要有生产技术工艺、劳动组织、生产工人的熟练程度、材料质量等。小时工资率体现平均工资水平的高低,它取决于生产工人工资总额和生产工时数。生产工人工资水平提高,就会使直接人工增加。

(三)制造费用项目分析

单位产品制造费用的变动主要受单位产品工时消耗量和每小时制造费用分配率的影响。其计算公式如下:

单位产品制造费用＝单位产品耗用工时数×每小时制造费用分配率

单位产品制造费用差异额＝单位产品实际制造费用－单位产品计划制造费用

或＝工时消耗量变动差异＋小时制造费用分配率变动差异

工时消耗量变动的影响＝(实际单位工时消耗量－计划单位工时消耗量)×计划小时制造费用分配率

小时制造费用分配率变动的影响＝(实际小时制造费用分配率－计划小时制造费用分配率)×实际单位工时消耗量

【任务9—13】泰龙公司甲产品单位成本有关资料如表9—13所示。对制造费用变动进行分析。

表 9-13　　　　　　　　　　　　　　甲产品单位成本资料
编制单位：泰龙公司　　　　　　　　　　2020 年 12 月　　　　　　　　　　　　单位：元

成本项目	计划金额			实际金额		
直接材料	22			21		
直接人工	16			20		
制造费用	10			9.625		
合计	48			50.625		
主要技术经济指标	计划			实际		
	数量	单价	金额	数量	单价	金额
1.A 材料	1 千克	8	8	1 千克	8.5	8.5
2.B 材料	5 千克	2.8	14	4.464 千克	2.8	12.5
3.人工费用	4 工时	4	16	4.2 小时	4.761 9	20
4.制造费用	4 工时	2.5	10	4.2 小时	2.291 7	9.625

以上结果表明：

甲产品单位成本实际比计划超支额为 2.625，超支率为 5.47%，具体分析如下。

① 直接材料项目分析：

直接材料差异额＝21－22＝－1(元)

材料消耗量变动影响＝(1－1)×8＋(4.464－5)×2.8＝－1.50(元)

材料单价变动影响额＝(8.5－8)×1＋(2.8－2.8)×4.464＝0.50(元)

甲产品单位产品成本中直接材料节约了 1 元，其构成因素为：B 材料耗用量减少，节约了 1.50 元，A 材料的价格提高，超支了 0.50 元。

② 直接人工项目分析：

直接人工差异额＝20－16＝4.00(元)

人工效率差异＝(4.2－4)×4＝0.80(元)

小时工资率差异＝(4.761 9－4)×4.2＝3.20(元)

甲产品单位产品成本直接人工超支了 4 元，其组成因素为：人工效率降低，超支了 0.80 元，小时工资率提高，超支了 3.20 元。

③ 制造费用项目分析：

制造费用差异额＝9.625－10＝－0.375(元)

工时消耗量变动影响＝(4.2－4)×2.5＝0.50(元)

小时制造费用分配率变动的影响＝(2.291 7－2.5)×4.2＝－0.875(元)

甲产品单位产品成本制造费用节约了 0.375 元，其组成因素为：工时消耗增加，超支了 0.50 元，小时制造费用分配率降低，节约了 0.875 元。

对通过因素分析计算出来的数据，有关部门和管理人员应作进一步的调查和分析，巩固有利差异，加强对不利差异的控制。

七、技术经济指标变动对产品成本影响的分析

技术经济指标是指从各种生产资源的利用情况和产品质量等方面反映生产技术水平的各种指标总称。例如,原材料利用率指标、产品合格率指标、劳动生产率指标、产量指标等。技术经济指标是产品单位成本的基础,进行产品成本分析,必须深入技术经济指标的分析,才能了解产品单位成本变动的原因,找到改善企业技术经济指标,降低产品成本的途径。由于不同行业企业的生产经营活动及管理方法各具特点,都有自己的一套技术经济指标,它们对成本的影响不完全一致,故而不同行业、企业的技术经济指标各不相同。下面就只介绍常用的一些技术经济指标对成本的影响。

(一)材料耗用量变动对产品成本影响的分析

1. 原材料利用率变动对产品成本影响的分析

原材料利用率是反映原材料利用程度的相对指标,在不同类型的企业有不同的表达方法,通常用投入原材料的重量与实际利用原材料的重量的比率来表示。原材料利用率提高说明单位产品的材料耗用量降低,材料消耗量降低就能使单位产品成本降低。其计算公式如下:

原材料利用率=单位产品中某种原材料的净重/单位产品某种原材料的投料重量×100%

原材料利用率变动对单位产品成本的影响率=(变动前原材料利用率/变动后原材料利用率-1)×变动前原材料成本占单位产品成本的比重

原材料利用率变动对单位产品成本的影响额=原材料利用率变动对单位产品成本的影响率×单位产品成本

【任务9—14】泰龙公司甲产品上年实际单位成本为55元,其中直接材料为24元。上年原材料利用率为90%,本年原材料利用率为94%。如果其他条件不变,分析原材料利用率对产品成本的影响。

原材料利用率变动对单位产品成本的影响率=(90%/94%-1)×24/55×100%≈-1.857%

原材料利用率变动对单位产品成本的影响额=55×(-1.857%)=-1.02(元)

由于原材料利用率的提高,甲产品单位成本比上年降低了1.857%,降低金额1.02元。

2. 改进产品设计对产品影响分析

在生产、管理、技术水平较高的企业,若要较大幅度地降低产品成本,提高市场竞争力,必须通过改进产品设计,在保证质量的前提下,使产品的体积变小,重量变轻,采用代用材料及消除产品的不必要功能等来节约原材料的耗费,降低产品材料成本。其计算公式如下:

改进产品设计对单位产品成本的影响额=改进产品设计后材料成本-改进产品设计前的材料成本

改进产品设计对单位产品成本影响率=改进产品设计对单位产品成本影响额/改进产品设计前的单位产品成本×100%

【任务9—15】泰龙公司乙产品上年实际单位成本为30元,其中直接材料成本20元。为降低产品成本,本年改进了产品设计,单位产品直接材料成本降为17元,如其他条件不变,分析改进产品设计对产品成本的影响。

改变产品设计对单位产品成本的影响额=17-20=-3(元)

改进产品设计对单位产品成本的影响率=-3/30×100%=-10%

由于改进产品设计使用使该产品单位成本降低了3元,降低幅度为—10%。

3.原材料综合利用对产品成本影响的分析

企业对原材料或生产过程中产生的废气、废水、废渣等进行综合利用,一方面可以减少对环境的污染,变废为宝,节约有限的资料;另一方面可以在生产产品的同时,生产出副产品,分摊主产品的部分原材料成本,使主产品的原材料成本相对降低。原材料综合利用对产品成本影响的计算公式如下:

原材料综合利用对单位产品成本的影响=原材料成本降低额+加工费用变动额

原材料成本降低额=(1—综合利用后的费用分配率)×综合利用前原材料在单位核算成本中的比重×综合利用前的单位产品成本

加工费用变动额=[1—(1+加工费用增加率)×综合利用后费用分配率]×综合利用前加工费用在成本中的比重×综合利用前单位产品成本

(二)产品产量变动对产品成本影响的分析

产品成本按其习性分类,可分为固定成本和变动成本,在其他条件不变的情况下,产量与变动成本呈正比例关系,与固定成本呈反比例关系。也就是说,当产量增加时,固定消耗利用率(如生产设备利用率)提高,使单位产品分摊的固定费用减少;反之,则使单位产品分摊的固定费用增加。其计算公式如下:

产品产量增加对单位产品成本的影响率=—[1—1/(1+产量增长率)]×单位产品成本中固定费用的比重×100%

【任务9—16】泰龙公司甲产品上年实际产量2 200件,平均单位成本50元,其中固定制造费用5元,本年实际产品为2 400件,如其他条件不变,甲产品产量增加,则产品成本降低,分析产品产量增加对产品成本的影响。

产量增长率=(2 400—2 200)/2 200×100%≈9.09%

产品产量增加对单位产品成本的影响=—[1—1/(1+9.09%)]×5/50×100%≈—0.83%

产品产量增加对单位产品成本的影响额=50×(—0.83%)=—0.415(元)

由于产量增加,使单位产品成本降低0.415元,降低率为0.83%。

(三)工人劳动生产率变动对产品成本影响的分析

工人劳动生产率提高,意味着单位工作时间的产量增加或单位产品的工时消耗减少。劳动生产率直接影响单位成本中的直接人工成本。影响直接人工成本变动的因素包括工人劳动生产率和工人平均工资。只有当劳动生产率的增长超过平均工资的增长时,才能形成人工成本降低。其计算公式如下:

劳动生产率变动对单位成本的影响率=—[1—(1+平均工资增长率)/(1+劳动生产率增加率)]×直接人工占产品成本的百分比

劳动生产率变动对单位成本的影响额=上年(计划)单位成本×劳动生产率变动对单位成本影响率

【任务9—17】泰龙公司乙产品上年实际单位成本为40元,其中直接人工成本12元,本年实际产量为3 000件,生产工人劳动生产率实际比上年提高9%,生产工人平均工资比上年增加6%。分析工人劳动生产率变动对产品成本的影响。

劳动生产率变动对单位成本的影响率＝－[1－(1＋6％)/(1＋9％)]×12/40×100％≈－0.826％

劳动生产率变动对单位成本的影响额＝40×(－0.826％)＝－0.33(元)

由于劳动生产率提高的幅度超过生产工人的平均工资增长幅度,使单位产品成本降低了0.33元,降低率为0.826％。

(四)产品质量变动对单位成本的影响额

在生产消耗水平不变的条件下,产品质量提高可以使产品成本中废品损失项目的含量降低。同样数量的原材料、直接人工能生产出更多的合格品,从而达到降低产品单位成本的目的。反映产品质量的指标主要有废品率、合格品率、等级品率、返修率等。这里以不可修复废品的废品率为例,将废品率变动前后产品单位成本中的废品损失进行比较,可得出废品率变动对成本的影响额和影响率,其计算公式如下：

废品率＝[废品数量/(合格品数量＋废品数量)]×100％

废品损失占单位成本的百分比＝[废品率×(1－废品残料价值占废品成本的百分比)]/(1－废品率)

【任务9—18】泰龙公司乙产品上年合格产量为2 800件,废品数量为125件,单位成本为40元,废品残料价值占废品成本的1％,本年合格产品为3 000件,废品数量为130件。分析废品率变动对产品成本的影响。

上年废品率＝125/(2 800＋125)×100％≈4.27％

上年废品损失占单位成本的百分比＝[4.27％×(1－1％)]/(1－4.27％)≈4.42％

上年产品单位成本中含废品损失金额＝40×4.42％＝1.768(元)

本年废品率＝130/(3 000＋130)×100％≈4.15％

假定其他条件不变,废品率的变动对成本的影响如下：

本年废品损失占单位成本百分比＝[4.15％×(1－1％)]/(1－4.15％)≈4.29％

本年产品单位成本中含废品损失金额＝40×4.29％＝1.716(元)

根据以上计算可以看到,由于本年的废品率由上年的4.27％降低为4.15％,使单位产品成本中废品损失的比重由上年的4.42％降低为4.29％,所含废品损失金额降低了0.052元。

八、费用报表分析

一般来讲,制造费用、销售费用、管理费用和财务费用,经济用途各不相同。制造费用作为生产费用,计入生产成本,而期间费用直接计入当期损益。但是这些费用都是由许多具有不同经济性质和不同经济用途的费用组成的。不同经济性质和不同经济用途的费用支出的多少,与企业行政管理部门和生产车间的质量及责任制度有关。因此企业应分析各种费用支出情况,找出节约各项费用支出的途径,以便企业不断降低成本和增加盈利。

(一)制造费用明细表的分析

产品制造费用明细表的分析主要是实际与计划进行对比分析各种费用计划的执行情况。在生产多种产品的企业里,分析单位成本中制造费用变动的原因是困难的。制造费用的分析主要应从整个车间范围,按制造费用包括的各个费用项目进行。

【任务9—19】编制制造费用计划执行情况表。

表9—14　　　　　　　　　　　制造费用分析表

编制单位：泰龙公司　　　　　　　　2020年12月　　　　　　　　　　　　单位：元

费用项目	本年计划	本年实际	实际比计划升降额
1.工资	29 125	29 750	＋625
2.职工福利费	3 940	4 025	＋85
3.折旧费	225 000	219 750	－5 250
4.租赁费	5 000	5 400	＋400
5.修理费	22 500	25 000	＋2 500
6.低值易耗品摊销	6 250	6 250	0
7.水电费	40 000	42 000	＋2 000
8.办公费	2 910	2 500	－410
9.差旅费	3 500	3 750	＋250
10.运输费	3 000	2 000	－1 000
11.保险费	19 750	19 750	0
12.设计制图费	2 000	2 200	＋200
13.试验检验费	1 500	1 250	－250
14.劳动保护费	5 000	5 000	0
15.停工损失		50	＋50
……			
19.在产品盘亏和毁损			
20.其他	4 200	4 500	＋300
合计	373 675	373 175	－500

表9—14计算表明，本年度制造费用总额实际比计划降低了500元，这说明本年度制造费用计划执行情况较好。

需要指出的是，由于制造费用所包括的费用项目具有不同的经济性质和经济用途，各项费用的变动又分别受不同因素变动的影响，因此在对制造费用进行分析时，应按各组成项目分别进行分析，而不能只检查费用总额计划的执行情况，更不能用其中一些费用项目的节约来抵补其他费用的超支。此外，分析时还应注意以下问题。

（1）重点费用项目的分析

对制造费用各明细项目进行分析，分析的重点是实际脱离计划较大的费用项目，以及在制造费用总额中数额较大，所占比重较大的费用项目。

（2）分析费用项目的构成比例

在分析重点费用项目数额变动的同时，应当进一步分析制造费用各明细项目构成比例的变化情况，检查费用构成变化的合理性。

(3)分别对固定费用和变动费用进行分析

根据费用与产品产量之间的关系，将制造费用划分为固定费用与变动费用。在一定产量范围内，固定费用总额应是相对固定的，变动费用总额则随产品产量的变化而变化。在分析时，固定费用项目可以直接对比；变动费用项目可以先按产品产量的变化情况，对本年计划进行调整再将本年实际数与调整后的计划数进行对比。

(二)期间费用明细表的分析

广义的成本包括产品成本和期间费用。因此，还需对期间费用计划执行情况进行分析。企业销售费用、管理费用、财务费用等期间费用计划执行情况的分析，与制造费用计划执行情况的分析基本相同，本书不再叙述。

【任务小结】

成本报表是会计报表体系的重要组成部分，是企业内部报表中的主要报表。成本报表编制、成本报表分析是本项目的两大工作任务。成本报表编制和分析是成本会计的重要内容，是产品成本控制的重要手段。编制成本报表，可以综合反映企业产品生产的耗费与成本水平，反映各成本中心的成本管理业绩；分析成本报表，有利于日常成本控制，并为企业成本和利润预测提供信息。成本报表编制是成本报表分析的基础；成本报表分析是成本报表编制的目的和归宿。通过分析，可以揭示成本差异，分析成本升降的原因。成本分析方法通常有比较分析法、比率分析法、因素分析法等，通过比较分析，可揭示成本的差异，分析成本升降的原因。成本分析的内容包括产品生产成本完成分析、主要产品单位成本分析、费用预算分析。

【任务强化与实操】

一、单项选择

1.按照企业会计准则的规定，成本报表是( )。
A.对外报表　　　　　　　B.对内报表
C.既是对内报表，又是对外报表　　D.对内还是对外，由企业自行决定

2.成本报表是服务于( )的报表。
A.企业债权人　　　　　　B.企业管理者
C.有关管理当局　　　　　D.各有关投资人

3.成本报表的分析方法很多，如果通过计算两个性质不同而又相关的指标的比率进行数量分析，则应采用的方法是( )。
A.比率分析法　　　　　　B.相关指标比率分析法
C.构成比率分析法　　　　D.对比分析法

4.在进行成本报表分析时，分析各因素对某一指标的影响程度时，可采用( )。
A.对比分析法　　　　　　B.结构分析法
C.比率分析法　　　　　　D.因素分析法

5.下列指标中，不属于构成比率的是( )。
A.利润占销售额的比率　　B.材料费用占产品成本的比率
C.折旧费占制造费用的比率　D.某种产品成本占全部产品总成本的比率

6.技术经济指标对产品成本的影响主要表现在对（　　）指标的影响。
A.产品总成本　　　　　　　B.产品产量
C.产品单位成本　　　　　　D.产品总成本和产品产量

7.产品产量、产品品种结构、产品单位成本是影响（　　）变动的主要因素。
A.产品生产、销售总成本　　B.产品销售总成本
C.全部产品生产成本　　　　D.主要产品生产成本

8.产量变动之所以影响产品单位成本,是因为（　　）。
A.产品全部成本中存在变动费用
B.产品全部成本中存在相对固定的费用
C.产品总成本不变
D.产品产量增长超过产品总成本增长

9.进行（　　）变动分析时,应从单位产品工时和小时费用率两个因素着手。
A.计时工资　　　　　　　　B.营业费用
C.管理费用　　　　　　　　D.制造费用

10.只影响可比产品成本降低额,不影响可比产品成本降低率的因素有（　　）。
A.产品产量的变动　　　　　B.产品品种结构的变动
C.产品单位成本的变动　　　D.产品投产量的变动

二、多项选择

1.成本报表分析的方法,包括（　　）。
A.对比分析法　　　　　　　B.比率分析法
C.因素分析法　　　　　　　D.趋势分析法

2.企业可以自行决定本企业成本报表的（　　）。
A.报表格式　　　　　　　　B.编报项目
C.编报时间　　　　　　　　D.报送对象

3.既影响可比产品成本降低额变动,又影响成本降低率变动的因素有（　　）。
A.产品产量变动　　　　　　B.产品价格变动
C.品种结构变动　　　　　　D.单位成本变动

4.用来分析各因素对总体指标影响程度的分析方法是（　　）。
A.对比分析法　　　　　　　B.比率分析法
C.因素分析法　　　　　　　D.差额分析法

5.企业编制成本报表的主要依据是（　　）。
A.报告期的成本账簿、成本计划、费用预算资料
B.以前年度的成本账簿、成本计划、费用预算资料
C.以前年度的成本报表资料
D.业务核算资料

6.商品产品生产成本表反映的是（　　）的总成本和单位成本。
A.全部产品和主要产品　　　B.自制材料
C.自制工具　　　　　　　　D.工业性劳务

7.下列各项中,属于产品成本(按产品种类反映)表提供的资料有（　　）。

A.按品种反映的上年实际单位成本　　B.按品种反映的本年计划总成本

C.按品种反映的上年累计总成本　　D.按品种反映的本年累计总成本

8.影响可比产品降低额变动的因素有(　　)。

A.产品产量　　　　　　　　B.产品价格

C.产品品种结构　　　　　　D.产品单位成本

E.产品的性能

9.主要产品单位成本表反映的单位成本,包括(　　)。

A.本月实际　　　　　　　　B.本年累计实际平均

C.本年计划　　　　　　　　D.上年实际平均

10.影响单位产品直接材料费用变动的因素主要有(　　)。

A.单位产品直接材料消耗数量　　B.材料领用差异

C.材料单价　　　　　　　　D.材料价格差异

三、判断

1.会计报表按期报送对象可以分为对外报表和对内报表,成本报表属于内部报表,不对外报送。(　　)

2.成本报表与财务报表的不同之处主要表现在它的编报时间、格式和内容是由企业自己决定的。(　　)

3.在商品产品成本表中,本年累计总成本的"按上年实际平均单位成本计算"栏数字,是根据上年累计实际产量乘以上年实际平均单位成本之积填列的。(　　)

4.可比产品成本降低额的计算结果若为负数,则表示可比产品成本的降低额;反之,则为超支额。(　　)

5.制造费用明细表中各项制造费用是基本生产车间的制造费用。(　　)

6.不同企业的成本报表可以存在差异。(　　)

7.商品产品成本报表中各主要产品的成本只列示总数。(　　)

8.主要产品单位成本表是按产品的成本项目分别反映产品单位成本资料。(　　)

9.成本报表的数字准确是指报表中的各项数据必须真实可靠。(　　)

10.商品产品成本报表只反映可比产品的有关情况。(　　)

四、任务实操

(一)商品产品成本表编制

1.实训目的

练习商品产品成本报表的编制。

2.实训资料

江南工具厂设有两个基本生产车间。第一车间生产甲产品,第二车间生产乙、丙两种产品。其中,甲、乙产品为可比产品,丙产品为不可比产品。该厂2020年12月有关成本资料如表9—1—1所示。

表 9—1—1　　　　　　　　　　商品产品生产资料

2020 年 12 月　　　　　　　　　　　　　单位:元

	可比产品(甲)	可比产品(乙)	不可比产品(丙)
单位生产成本(元)			
上年实际成本	600	420	
本月实际	555	414	276
本年累计实际平均	573	417	273
本年计划	590	400	270
生产量(件)			
本月实际	90	105	60
本年累计实际	765	960	630
本年计划	720	990	650
销售量(件)			
本月实际	75	105	60
本年累计实际	790	970	49
年初结存数量	120	90	135

(1)可比产品本年计划降低额 32 200 元。
(2)可以产品本年计划降低率 4%。
(3)按现行价格计算的商品产值为 1 699 450 元。
(4)本年计划的产值率 56 元/百元。

3.实训要求

根据上述资料,编制江南工具厂2020年12月的商品产品成本报表,如表9—1—2所示。

表9—1—2 **商品产品成本表**

编制单位:江南工具厂　　　　　　2020年12月　　　　　　　　　单位:元

产品名称	计量单位	实际产量		单位成本				本月总成本			本年累计总成本		
		本月	本年累计	上年实际平均	本年计划	本月实际	本年累计实际平均	按上年实际平均单位成本	按本年计划单位成本	本月实际	按上年实际单位成本	按本年计划单位成本	本年实际
		(1)	(2)	(3)	(4)	(5)=(9)÷(1)	(6)=(12)÷(2)	(7)=(1)×(3)	(9)=(1)×(4)	(9)	(10)=(2)×(3)	(11)=(2)×(4)	(12)
可比产品合计													
甲产品	件												
乙产品	件												
不可比产品合计													
丙产品	件												
全部商品产品成本													

补充资料(本年实际累计数):

(1)可比产品成本年降低额:　　　　　(本年计划降低额)

(2)可比产品成本降低率:　　　　　　(本年计划降低率)

(3)按现行价格计算的商品产值　　　　元。

(4)产值成本率　　　　元/百元(本年计划为　　　　元/百元)。

(二)主要产品单位成本表编制

1.实训目的

练习主要产品单位成本表的编制。

2.实训资料

江南工具厂甲产品2020年12月的有关资料如表9－2－1、表9－2－2所示。

表9－2－1　　　　　　　　　　甲产品成本资料
2020年12月　　　　　　　　　　　　　　　单位:元

单位生产成本	直接材料	直接工资	制造费用	合计
历史先进水平	279	135	114	529
上年实际平均	315	156	129	600
本年计划	300	150	130	590
本月实际	295	147	123	555
本年累计实际平均	294	153	126	573

表9－2－2　　　　　　　　　　甲产品其他资料
2020年度

项目	单位	上年实际	本年实际
单位产品售价	元	900	930
单位产品税金	元	120	123
产品计划销售量件	件	765	770
产品实际销售量	件	750	790

3.实训要求

根据以上资料,编制该厂甲产品的主要产品单位成本表,如表9－2－3所示。

表9－2－3　　　　　　　　　　主要产品单位成本表
编制单位:江南工具厂　　　　　　　2020年12月　　　　　　　　　　单位:元

产品名称			本月实际产量		
规格			本年累计实际产量		
计量单位			销售单价		
成本项目	行次	历史先进水平 (××年) (1)	上年 实际平均 (2)	本年 计划 (3)	本月 实际 (4)	本年累计 实际平均 (5)
直接材料 直接工资						制造费用
产品生产成本						

(三)制造费用明细表编制

1. 实训目的

练习制造费用明细表的编制。

2. 实训资料

江南工具厂2020年12月生产车间制造费用的有关资料如表9—3—1所示。

表9—3—1　　　　　　　　　　　　制造费用明细资料

2020年12月　　　　　　　　　　　　单位:元

项目	12月资料			1—11月实际累计
	上年同期实际	本月计划	本月实际	
职工薪酬	3 695	3 972	394 942 720	
办公费	700	900	900	9 200
折旧费	3 000	3 300	3 350	36 960
运输费	1 390	1 500	1 300	15 700
租赁费	450	600	650	7 400
保险费	700	900	920	9 120
水电费	400	500	500	5 460
劳动保护费	300	400	430	4 990
机物料消耗	190	210	220	2 470
其他	127	153	170	1 400
合计	10 932	12 135	12 199	135 210

3. 实训要求

编制江南工具厂2020年12月的制造费用明细表,如表9—3—2所示。

表9—3—2　　　　　　　　　　　　制造费用明细表

编制单位:江南工具厂　　　　　　2020年12月　　　　　　　　　　单位:元

费用项目	行次	本月计划	上年同期实际	本月实际	本年累计实际
职工薪酬	1				
办公费	2				
折旧费	3				
运输费	4				
租赁费	5				
保险费	6				
水电费	7				
劳动保护费	8				
机物料消耗	9				
其他	10				
合计	11				

(四)商品产品成本表分析

1. 实训目的

练习商品产品成本表的分析方法。

2. 实训资料

绿地公司商品产品成本表资料,如表9-4-1所示。

表9-4-1　　　　　　　　　**全部商品产品成本项目构成资料**

　　　　　　　　　　　　　　　　2020年度　　　　　　　　　　　　　单位:元

成本项目	全部商品产品成本	
	计划	实际
直接材料	599 690	655 995
直接人工	249 450	219 560
制造费用	149 670	135 210
生产成本	998 810	1 010 765

3. 实训要求

(1)编制该公司全部商品产品生产成本计划完成情况分析表,如表9-4-2、表9-4-3所示,并对全部商品产品生产成本计划完成情况进行分析。

(2)分析可比产品成本降低任务完成情况,如表9-4-4、表9-4-5所示。

表9-4-2　　　　　　　**全部商品产品成本计划完成情况表(按产品类别)**

编制单位:　　　　　　　　　　　2020年度　　　　　　　　　　　　单位:元

产品名称	单位	产量		单位成本			总成本			降低指标	
		计划	实际	上年	计划	实际	按上年计算	按计划计算	按实际计算	成本降低额	成本降低率
可比产品											
甲	件										
乙	件										
不可比产品											
丙	件										
全部商品产品											

表9-4-3　　　　　全部商品成本计划完成情况表(按成本项目类别)

编制单位：　　　　　　　　　　　2020年度　　　　　　　　　　　　单位:元

成本项目	全部商品产品成本		降低指标	
	计划	实际	成本降低额	成本降低率
直接材料				
直接人工				
制造费用				
生产成本				

表9-4-4　　　　　　　可比产品成本降低任务完成分析表(一)

编制单位：　　　　　　　　　　　2020年度　　　　　　　　　　　　单位:元

可比产品名称	计划产量	单位成本		总成本		计划成本降低任务	
		上年	计划	上年	计划	成本降低额	成本降低率
甲							
乙							
合计							

表9-4-5　　　　　　　可比产品成本降低任务完成分析表(二)

编制单位：　　　　　　　　　　　2020年度　　　　　　　　　　　　单位:元

可比产品名称	实际产量	单位成本			总成本			降低情况	
		上年	计划	实际	上年	计划	实际	降低额	降低率
甲									
乙									
合计									

(五)主要产品单位成本表分析

1. 实训目的

练习主要产品单位成本表的分析方法。

2. 实训资料

春城公司2020年主要产品单位成本表中有关数据,如表9—5—1所示。

表9—5—1　　　　　　　　春城公司甲产品单耗资料
2020年度　　　　　　　　　　　　　　　　　　单位:元

成本项目	本年实际	本年计划
直接材料		
消耗量(千克)	12.50	12.50
单价(元/千克)	23.52	24.00
直接工资		
生产工时(小时)	50	50
小时薪酬(元/小时)	3.06	3.00
制造费用		
生产工时(小时)	50	50
小时费用(元/小时)	2.52	2.60

3. 实训要求

根据上述资料对春城公司甲产品的单位成本计划完成情况和单位成本项目变动情况进行分析,编制表9—5—2、表9—5—3、表9—5—4、表9—5—5,并作出简要评价。

表9—5—2　　　　　　　　甲产品单位成本分析表
编制单位:　　　　　　　　2020年度　　　　　　　　　　单位:元

项目	计划成本	实际成本	升降情况		各项目升降对单位成本影响的(%)
			降低额	降低率(%)	
直接材料					
直接人工					
制造费用					
合计					

表9—5—3　　　　　　　　甲产品单位材料成本对比表
编制单位:　　　　　　　　2020年度　　　　　　　　　　单位:元

计划			实际		
单耗(千克)	材料单价	材料成本	单耗	材料单价	材料成本

表 9—5—4 甲产品单位人工费用对比表

编制单位：　　　　　　　　2020 年度　　　　　　　　单位：元

项目	计划	实际	差异
单位产品工时			
小时薪酬率			
单位产品工资成本			

表 9—5—5 甲产品单位制造费用对比表

编制单位：　　　　　　　　2020 年度　　　　　　　　单位：元

项目	计划	实际	差异
单位产品工时			
小时制造费用			
单位制造费用			